高等院校通识教育
新形态系列教材

大学生创新创业教程

慕课版·双色版·第3版

卢晓慧 胡希冀◎主编
陈艳丽 吕治萍 薛伟◎副主编

人民邮电出版社
北京

图书在版编目（CIP）数据

大学生创新创业教程 : 慕课版 : 双色版 / 卢晓慧，
胡希冀主编. -- 3版. -- 北京 : 人民邮电出版社，
2022.11
高等院校通识教育新形态系列教材
ISBN 978-7-115-59864-6

Ⅰ. ①大… Ⅱ. ①卢… ②胡… Ⅲ. ①大学生－创业
－高等学校－教材 Ⅳ. ①G647.38

中国版本图书馆CIP数据核字(2022)第147564号

内 容 提 要

本书以通俗易懂的语言、系统的知识和丰富的案例，全面介绍了大学生创新创业的相关知识，内容包括创新与创新能力、创新思维与创新方法、创业与创业政策、创业精神与创业能力、创业机会发掘与团队组建、编写创业计划书与风险防范、新创企业的设立与管理、大学生创新创业案例分析、中国国际“互联网+”大学生创新创业大赛等。本书通过系统的知识与丰富的案例介绍，引导大学生树立正确的创业意识，培养创新创业的能力，合理规划自己的创业梦想。

本书既可作为高校“大学生创新创业”课程的教材，也可供有志于创业的社会人士参考。

◆ 主　　编　卢晓慧　胡希冀
副 主 编　陈艳丽　吕治萍　薛　伟
责任编辑　祝智敏
责任印制　王　郁　陈　犇
◆ 人民邮电出版社出版发行　　北京市丰台区成寿寺路 11 号
邮编　100164　　电子邮件　315@ptpress.com.cn
网址　https://www.ptpress.com.cn
三河市祥达印刷包装有限公司印刷
◆ 开本：787×1092　1/16
印张：13.5　　2022 年 11 月第 3 版
字数：264 千字　　2022 年 11 月河北第 1 次印刷

定价：49.80 元

读者服务热线：(010)81055256　印装质量热线：(010)81055316
反盗版热线：(010)81055315
广告经营许可证：京东市监广登字 20170147 号

前言

PREFACE

近年来，随着“大众创业、万众创新”的不断推进，创新创业成为当前社会的热潮，被各行各业所重视。企业需要创新型人才，高校也格外注重对创新型人才的培养。培养大学生和更多青年成为具备创新思维、创业精神与创新创业能力的人才，已成为当代大学教育的重要使命，是大学内涵式发展的重要目标。

事实上，随着我国创业环境的改善、创业文化的逐步形成，我国大学生的创业意愿日渐高涨。受创业启动资金的限制及创业能力、技能、资源等的欠缺，大学生创业要想取得成功，还是挺困难的。大学生创业不仅需要结合自己的兴趣和专业，选择适合自己的创业项目，发挥自己的特长和优势，还要紧贴市场需求，在“新、奇、特”上下功夫。针对大学生创业能力不足的问题，各级政府采取了很多措施来扶持大学生创业，一些高校也开设了“大学生创新创业”课程。为了更好地帮助大学生创新创业，帮助高校开设相应课程，我们特地编写了本书，并不断进行修订完善。

自本书第 1 版和第 2 版出版以来，大学生所面临的创新创业环境已经发生了一定的变化。为了适应这些变化，我们在第 2 版的基础上进行了优化，如调整了章节结构、删减了部分冗余的内容，并增添了新的内容，如企业家责任意识、创业团队、中国国际“互联网 +”大学生创新创业大赛等，以帮助大学生更好地开展创业实践与创业活动，进一步提升创业者素质。

作为大学生创新创业教材，本书与目前市场上的其他同类教材相比具有以下特点。

（1）内容切合实际。本书立足生活实际，从大学生的能力要求、心理素质、创业环境、创业能力与创业流程等方面进行详细阐述，引导大学生树立创新意识，培养创业精神和创业能力，对大学生创新创业素养的提高有较大的帮助。

（2）知识分布合理。本书涵盖了创业各个环节的知识，第一章和第二章通过丰富且联系紧密的案例，介绍创新思维的相关知识，帮助大学生提升创新能力、培养创新思维、掌握创新方法。第三章至第九章侧重介绍创业政策、创业精神、创业能力、创业机会、创业团队、创业计划书、创业融资、企业设立、创新创业案例与中国国际“互联网 +”大学生创新创业大赛等内容，通过系统全面的知识介绍来激发大学生创业的意愿，鼓励大学生开拓进取、自立自强。

（3）案例丰富。本书附有大量阅读材料，这些案例真实典型，具有很强的可读性和参考性。大学生可以从中获得感悟和经验教训。

（4）注重素质提升。这一点体现在素养目标、课堂活动、思考与练习等栏目上，希望在培养大学生创新创业能力的同时也能提高大学生的道德品质和修养。

（5）寓教于乐。本书配有大量的课堂活动和测试题，课堂活动可以引导学生在活动中理解课堂知识，提升对知识的认知；测试题可供学生主动进行自我评估，以加深对自我的认识。课堂活动和测试题既具有教学作用，又可以增加趣味性，使学生在学习理论知识的同时，能够保持轻松、愉悦的心情，增加对理论知识的学习兴趣。

（6）丰富的配套资源。本书配有丰富的学习资源，学生通过扫描书中的二维码即可获取。此外，本书还提供 PPT、教学教案、教学大纲和练习题等教学资源，有需要的读者可从人邮教育社区（www.ryjiaoyu.com）免费下载。

本书由卢晓慧、胡希冀任主编，陈艳丽、吕治萍、薛伟任副主编，参与编写的还有许茂伟等。本书在编写过程中参考和使用了有关资料，在此谨向这些资料的作者致以诚挚的谢意。

编者

2022 年 6 月

目录

CONTENTS

目录

CONTENTS

目录

CONTENTS

目录

CONTENTS

CHAPTER 01

第一章　创新与创新能力

学习目标

认识创新的内容与特征。
了解创新能力的构成要素与提升方法。

素养目标

有意识地提升创新能力，并能将其运用于创新实践活动中。

案例导入

随着时代的发展，各行业都产生了一些新变化。例如，随着电子商务行业的崛起，在该行业的发展过程中，直播和短视频成为电商行业的转型重点。就电商直播而言，虽然现在各类企业通过直播推广产品已经成为日常现象，但创新直播形式的第一家企业却是美宝莲。

2016 年 4 月，美宝莲在新品发布会中请来嘉宾助阵，并进行全程视频直播。从堵车在途与观众闲聊，到后台补妆时与观众分享自己的美妆小技巧，嘉宾的每个赶场细节都被收录进直播镜头中，营造出一种观众与嘉宾触手可及的氛围。另外还有 50 位美妆主播参与同步直播，从 50 个视角、以不同的解说方式向观众展示后台化妆师为模特化妆的全过程。这场直播带来了 500 多万人次的观看和 1 万多支口红的销售量。

在此之后，伴随着电商 App 的不断完善，直播卖货变成了如今的电商常态。

案例思考

1. “直播 + 电商”的形式是否属于一种创新？
2. 你如何看待创新？

美宝莲在推广产品时引入直播，无疑是为电商行业开创了一种新形态，是一种创新理念的体现。创新是我国科技发展的重要方向，早在2014年，我国政府便提出“大众创业，万众创新”的口号，号召全国人民积极主动参与创新。党的十八届五中全会提出，创新是引领国家发展的第一动力。国家将创新发展列为五大发展理念之首，强调把创新摆在国家发展全局的核心位置。“十三五规划”“十四五规划”同样坚持创新在全局中的核心作用，以创新驱动发展。那究竟什么是创新？

第一节 认识创新

课堂活动

活动主题：发现生活中的创新

活动内容：2022年2月4日，北京冬奥会隆重开幕，随着冬奥会的进行，有不少的创新“好物”赢得了网友们的关注，如冬奥村智能床、可穿戴创可贴体温计、智能垃圾桶、调酒机器人等，科技助力冬奥。在生活中，相信同学们也发现过让自己眼前一亮的新奇事物。在生活中，你见过哪些创新呢？请与同学们交流分享。

“创新是一个民族进步的灵魂，是一个国家兴旺发达的不竭动力。”在从个人层面、群体层面到社会层面都提倡创新的时代，大学生应该时刻牢记“创新”的理念，主动去认识创新，培养自己的创新能力。

一、什么是创新

在英文中，创新是“Innovation”。这个词起源于拉丁语，它包含3层含义：更新、创造新的东西及改变。创新作为一种理论形成于20世纪。

创新的定义有很多，目前被引用得较多的是1912年美国经济学家熊彼特在他的著作《经济发展理论》中提出的创新定义。熊彼特将创新引入经济领域，认为“创新”是把新的生产要素和生产条件重新组合后引入生产体系，即“建立一种新的生产函数”，其目的是获取潜在的利润。他从企业角度提出创新包括以下5个方面。

（1）采用一种新产品。

（2）引入一种新的生产方法。

（3）开辟一个新的市场。

（4）获得原材料或半成品的一种新的来源。

（5）实现任何一种工业的、新的组织形式。

熊彼特对创新给出的定义存在一定的局限性，并不完全客观。该定义偏向于经济学领域的创新，没有包括思想上的理论创新，也没有考虑创新环境的问题，实际上这个定义是在美国当时的环境下提出的。那么，当下我们该如何对创新进行定义呢？

阅读材料

最早的鼠标

1968年，美国斯坦福大学的博士道格拉斯·恩格尔巴特展示了世界上第一个鼠标，如图1-1所示。在当时，计算机操作多使用键盘输入指令，十分烦琐，于是他想设计一个东西来代替从键盘输入指令，以使计算机的操作变得简便。

图1-1 最早的鼠标

他选用了一个块头和一个小铁轮，首先在木头的底部装了两个互相垂直的片状圆轮，然后每个圆轮分别带动一个机械变阻器，通过底部的圆轮带动枢轴转动，从而改变变阻器的阻值，进而产生位移信号，再将信号传至主机。这个发明成功了，由此诞生了世界上最早的鼠标。

分析：一个事物从无到有，就是一种创新，鼠标的出现就是如此。

鼠标的出现是一次创新。事实上，人类创造的一切事物都有创新元素，创新遍布人类社会的方方面面，如观念、知识、技术的创新，经济、商业、艺术的创新，以及工作、生活、学习、娱乐、通信等的创新。

我国在20世纪90年代把“创新”一词引入科技界，形成了“知识创新”“科技创新”等各种提法，进而扩展到社会生活的各个领域，由此使创新的说法无处不在。

清华大学科学与社会研究所的李正风教授认为，“创新”一词在我国存在两种理解，一种是从经济学角度来理解的创新，另一种是根据日常含义来理解的创新。目前，人们经常谈到的创新，实际上是“创新”的日常概念，简单地讲就是“创造和发现新东西”。神舟飞船原总设计师、中国工程院院士戚发轫认为：“创新是根据中国的需要，运用中国的办法解决中国的问题。”

二、创新的内容和特征

创新的定义多种多样，没有具体的衡量对错的标准，但创新的内容和特征可以按照一般规律进行总结和归纳，而了解创新的内容和特征能够帮助我们更好地理解创新。

1. 创新的内容

创新的内容主要包括创新的主体、创新的客体、创新的过程、创新的核心、创新的结果及创新的作用等。

（1）创新的主体。创新的主体指具有创新能力并实际从事创新活动的人或社会组织。

（2）创新的客体。创新的客体指客观世界，包括自然环境、社会环境及生活环境等。

（3）创新的过程。创新的过程指不断拓展和改变人们对客观世界认知与行为的动态活动本身。

（4）创新的核心。创新的核心是创新思维，指人们的思维不断向有益于个体或组织发展的新方向变化。

（5）创新的结果。创新的结果有两种，一种是物质的，如蒸汽机、计算机等；另一种是非物质的，如新思想、新理论和新经验等。

（6）创新的作用。简单地讲，创新的作用是满足个体或组织生存与发展的需要。

人要有所创新，则必须具备创新思维，通过创新思维才能构思出开拓性的创新想法，并付诸实践。

2. 创新的特征

除人类外，其他动植物只能进化和演化，而不能创新。创新是人类特有的活动，它具有以下5个方面的特征。

（1）超前性。创新必然具有超前性，它是以“求新”为灵魂，但这种超前是从实际出发，实事求是的超前，属于创造性实践活动的总结。

（2）新颖性。创新具有新颖性。创新将摒弃现有不合理的事物，革除过时的内容，然后再确立新事物。

（3）变革性。创新是一种深刻的变革，是对已有事物的改革和革新。

（4）目的性。任何创新活动都有一定的目的性，这个特征贯穿整个创新过程。

（5）价值性。创新有明显、具体的价值，对社会经济具有一定的效益。

三、创新的原则

创新的原则是指开展创新活动所依据的法则和判断创新构思的标准，它体现了创新的规律和性质。按创新的原则去创新，可使创新活动更优化、更安全、更可靠。

1. 科学原理原则

创新必须遵循科学原理，不能违背科学规律，因为任何违背科学原理的创新最终都是无法获得成功的。例如，历史上许多才思卓越的人前仆后继地去力图发明一种既不消耗任何能量又可源源不断运行的“永动机”，但无论他们的构思如何巧妙，“永动机”无一成功，其原因在于他们的创新违背了“能量守恒”的科学原理。

2. 机理简单原则

在现有科学技术条件下，如果不限制实现创新的方式和手段，所付出的代价可能远远超出合理范围，使创新的结果得不偿失。在科技竞争日趋激烈的今天，结构复杂、功能冗余、用法烦琐已成为技术不成熟的体现。因此，在创新的过程中，要始终贯彻机理简单原则，在同等效果下，机理越简单越好。为使创新的设想或结果更符合机理简单原则，可进行如下检验。

（1）新事物依据的原理是否重叠，超出应有范围。

（2）新事物拥有的结构是否复杂，超出应有程度。

（3）新事物具备的功能是否冗余，超出应有数量。

铱星的陨落

20世纪90年代，美国摩托罗拉公司一位叫巴里·伯蒂格的工程师提出了一个构想：制造一台在全世界任何地方、任何时间都能通话的手机。这个构想得到了摩托罗拉公司管理层的赞赏，摩托罗拉公司原董事长加尔文下定决心要将其付诸实践。

1991年，摩托罗拉公司正式决定建立由77颗低轨道卫星组成的移动通信网络，并命名为“铱星”。“铱星”计划是通过建立由77颗（后减至66颗）低轨道卫星组成的移动通信网络，达到覆盖整个地球的目的，使其成为地球上最大的无线通信系统。

经过长达6年的研发后，1997年铱星系统投入商业运营，铱星移动电话成为唯一在地球表面任何地方都能拨打电话的公众移动通信工具。1998年5月，铱星公司的股票也从发行时的每股20美元飙升到每股70美元。

虽然铱星公司的确实现了高科技通信，开创了全球个人通信的新时代，但是50多亿美元的研发费用和系统建设费用使铱星公司背上了沉重的债务负担。

另外，在全球科技飞速发展的环境下，普通移动电话技术也已经满足了大众的需求，铱星公司的市场状态并不理想。

在资金和市场的双重压力下，1999年8月，铱星公司因为无力偿还债务而被迫申请破产。这个被评为美国最佳科技成果的技术，仅仅运营一年就宣告失败了。

分析：铱星的失败，本质上就是因为其创新成本太高，代价超过合理范围，且其个人卫星通信在移动智能手机日益普及的发展趋势下缺乏市场竞争力。

3. 构思独特原则

构思独特的创新往往能出奇制胜，创新贵在独特和新颖。在创新活动中，可以通过新颖性、开创性、特色性这几个方面来考量创新构思是否独特。

4. 相对较优原则

创新事物不可能十全十美，因此，创新不能盲目追求最优、最佳、最先进。许多创新设想各有千秋，这就需要人们按相对较优的原则，对设想进行判断选择。

（1）从创新技术先进性上比较哪个创新更领先和超前。

（2）从创新经济合理性上比较哪个创新更合理。

（3）从创新整体效果上比较哪个创新更全面和更优化。

5. 不轻易否定且不简单比较原则

不轻易否定且不简单比较原则包括两个方面：一方面，不轻易否定指在分析评判各种产品创新方案时，应避免轻易否定创新方案；另一方面，不简单比较指不要随意在两个事物之间进行简单比较。

在飞机发明之前，科学界曾在“理论”上进行了否定的论证，然而最后飞机却出现了，并给人们的生活带来了极大的便利。显然，由于人们的主观武断，用常规思维分析某项发明而得出的结论可能是片面的。在避免轻易否定时，也不能以简单的方式对创新项目的优势进行比较，因为创新的广泛性和普遍性源于创新的相融性，就像人们经常使用的钢笔和铅笔互不排斥，即便是铅笔，也有木质的普通铅笔和金属（或塑料）材质的自动铅笔之分，它们之间并不存在相互排斥的问题。

第二节 认识创新能力

课堂活动

活动主题：传话游戏

活动内容：同学们分为6～8人一组，每个小组排成一列。小组排在第一位的同学在抽签桶内随机抽一张准备好的纸条（纸条内容要求：长句子），并记忆纸条上的内容，然后小声地传给下一个同学，逐个传话完成后，由最后那位同学将句子写在黑板上。传话完成速度快、准确率高的那组获胜。

在进行传话游戏的过程中，相信有不少同学都会在原句的基础上“创新”。每个小组游戏最终的准确率取决于每个人的“创新能力”。大学生要参与创新、实现创新、努力成为创新型人才，就必须具备创新能力。

一、创新能力的特征

创新能力指创新主体从事创新活动的能力，是运用一切已知信息，包括已有的知识和经验等，产生某种独特、新颖、有社会或个人价值的产品的能力。创新能力具有以下特征。

（1）普遍性。每个人都具备创新能力，人类具有改变现实的本能，以及创新所需的想象力、实践力，所以，每个人都具有创新的能力。

（2）潜在性。创新能力是一种潜在的能力，每个人都有创新能力，但是每个人都不会一直进行创新，只有受到外界的刺激，如迫切需求、灵感、目标等刺激，人的创新能力才会得到激发，人才会主动进行创新活动。

（3）综合独特性。创新能力并非单一的能力，而是几种能力的综合，这种综合能力是独特的，在每个人身上的体现都不同。

（4）结构优化性。创新能力呈现出明显的结构优化特征，正是这种特征让创新能力呈现出各式各样的功能。

二、创新能力的构成要素

每个人的创新能力都有不一样的构成要素，但是通常情况下，创新能力强的人在以下7种能力上表现也更加优秀。

（1）学习能力。学习能力指获取、掌握知识、方法和经验的能力，包括阅读、写作、理解、表达、记忆、搜集资料、使用工具、对话和讨论等能力。

（2）分析能力。分析能力指把事物的整体分解为若干部分进行研究的能力。

（3）综合能力。综合能力强调把研究对象的各个部分结合成一个有机整体进行考察和认识，将研究对象的各个要素、层次用一定线索联系起来，由此发现研究对象的本质和发展规律的能力。

（4）想象能力。想象能力，指以一定知识和经验为基础，通过直觉、形象思维或组合思维，不受已有结论、观点、框架和理论的限制，提出新设想、新创见的能力。

（5）批判能力。在学习、吸收已有知识和经验时，批判能力保证人们批判性地、选择性地吸收和接受知识与经验，去粗取精、去伪存真。

（6）实践能力。产生创造发明成果，只是创新活动的第一阶段，要使成果得到承认、传播、应用，实现其学术价值、经济价值和社会价值，则必须和社会打交道，实践能力是指为实现这一目标而进行各种社会实践活动的能力。

（7）组织协调能力。组织协调能力指通过合理调配系统内的各种要素，发挥系统的整体功能以实现目标的能力。对创新人才来说，要完成创新活动，就要协调各方，当拥有一定资源时，就可通过沟通、说服、资源分配和荣誉分配等手段来组织协调各方，以最终实现创新目标。

第三节 大学生如何提升创新能力

课堂活动

活动主题：创新能力话题探讨

活动内容：2021年10月29日，国家统计局发布了2020年中国创新指数。数据显示，2020年，中国创新指数达到242.6，比2019年增长6.4%，创新能力和水平持续提升。目前，我国正在大力培养和发展创新型人才，而作为推动社会进步、推动国家战略目标顺利实施的主力军，大学生应当不断培养自己的创新能力。中国科学院吴培亨院士在一次演讲中提到："宽阔的视野、深入细致的观察及专业的敏感性，都有助于我们创新能力的提升。"你对这句话有怎样的看法？你认为大学生应当从哪些方面来提升创新能力？

虽然创新能力具有普遍性，人人都具有创新的潜力，但是大学生也需要有意识地开发自己的创新潜力，培养创新能力。当今时代对创新能力的要求越来越高，大学生只有不断培养和提升自己的创新能力，才能在迎接挑战的过程中把握机遇。大学生一般可通过配合学校教育、接受社会引导和有意识地提升自我这3个途径来培养创新能力。

一、配合学校教育

学校是教育的主导者，也是当前培养大学生创新创业能力，实施创新教育的主力军。创新教育是当前高校教育工作的重点之一，学校创新教育工作主要涉及课内、课外两个方向。

1. 课内

课内主要指课堂教育。课堂教育是学校教育的基础。各高校纷纷开设了创新类课程，教授学生关于创新的系统性的理论知识，并根据课程设计对大学生进行创新训练，锻炼大学生的观察能力、联想能力、合作能力、分析能力等各项创新能力。

2. 课外

许多高校设计了多项课外创新实践活动，这也是对课堂教育的积极补充，例如，鼓励大学生参与创新创业大赛，为大学生提供举办、组织和参与各项文娱活动与课外教学活动等的机会，帮助大学生走出教室，将课堂上的知识应用于实际，锻炼大学生的创新思维能力与动手能力。

大学生应当全力配合学校的创新教育活动，抓住这些实践活动机会，在锻炼中不断提高自己的创新能力。

二、接受社会引导

社会正在积极营造一种正视创新、鼓励创新、支持创新的氛围，通过讲座、海报、展览等方式宣传创新，积极提倡和鼓励大学生广泛参与创新。除此之外，一些企业和社会组织也参与到创新引导中，通过各种奖励、补贴及活动来推动社会创新。大学生要积极关注，主动参与到这些活动中来。

近年来，党和国家非常重视创新创业，各地政府也不同程度地开展了免费的创新创业培训，大学生创业者应该积极地向当地政府部门、就业部门了解这些培训活动并积极参与，从而提升自己的创新创业意识和能力。

文化、创意与产业的融合

2020 年 8 月，为深入贯彻党的十九大精神，落实《国务院关于推进文化创意和设计服务与相关产业融合发展的若干意见》(国发〔2014〕10 号)要求，响应国家构建“成渝双层经济圈”的战略规划号召，坚持文化自信，坚持守正创新，坚持中华传统文化创造性转化、创新性发展，推动文化创意和设计服务与相关产业深度融合，四川省图书馆面向全社会征集文创创意产品，举办了 2020 文创设计大赛。

大赛设置“全场创意大奖”，奖金高达 3 万元，还有若干一等奖、二等奖、三等奖 (10 个)、优秀入围奖、网络人气奖等。参赛作品可围绕六大主题——“四川省首批及第二批十大历史文化名人”、天府“三九大（三星堆、九寨沟、大熊猫）”、以书籍与阅读为题材的“书香四川”、以成都中医药大学疫情防治典籍为题材的“众志成城，抗击疫情”、以“扎染”为题材的 2020 精准扶贫收官年的礼赠、以四川省图书馆“馆藏遗迹”为题材的馆藏建议，以及“图书馆 + 科技”5G 数字文创加分主题进行。参赛作品可涵盖漫画书籍、文具、伴手礼及其他类，材质不受限，并倡导环保理念，鼓励系列化作品参赛。

这类创意设计大赛还有很多，如紫金奖文化创意设计大赛、“这礼是成都”成都博物馆文化创意产品设计大赛等，这些大赛都为大学生创新能力的提高提供了机会。

分析：不管是企业发展还是社会进步，都需要创新型人才。为体现对创新的重视，许多地区也开展了有关创新的各项活动和比赛，大学生可以酌情选择参与适合参赛的项目，以培养自己的创新能力。

三、有意识地提升自我

大学生是实施创新活动的主体，因此，大学生可以从提升自我的角度去培养创新能力，主要可以从以下 3 个方面入手。

1. 树立正确的创新观

创新观是人对创新的认识和评价，对大学生创新活动具有指导作用。大学生要认识到，创新是核心竞争力，无论是国际竞争，还是个人人生中的竞争，都是“惟创新者进，惟创新者强，惟创新者胜”。大学生应正确意识到创新的深刻作用，认识到创新的价值和方法，积极进行创新活动。

2. 重视知识积累

知识是创新的基础，能为创新提供方法论的指导。大学生需要丰富自身的知识储备，完善自身的知识结构，这样才能更好地进行创新活动。

3. 注重单项能力的培养

创新能力是多种能力的复合，大学生要通过参加实践活动着重培养自己在发现问题、处理信息、构思创意、解决问题等方面的能力。

提高发现问题的能力

生活中从来不缺少问题，而是缺少发现问题的眼睛。创新能力的提升离不开观察力的培养，大学生只有在日常生活中做到多听、多看、多问，才能发现问题并找到解决问题的方法。

提高处理信息的能力

当今社会是一个信息化的社会，如何快速获取最新、最有效的信息，对大学生而言非常重要。创新者通常有敏捷的思维，能够快速识别和发现问题，甚至会不断开发新点子并进行试错尝试，而高效处理信息的能力无疑能加快创新进程。大学生可以通过圈点、勾画新知识，练习构建思维导图、知识框架或提纲等方式，来锻炼自己的信息处理能力。

提高构思创意的能力

创意是创新的灵感来源，是创新的必备条件之一，大学生通过主动训练自己的记忆力、想象力等，可有效提高创意思维能力，培养创新能力。

提高解决问题的能力

创新也是一个解决问题的过程，因此，大学生要有意识地提高自己解决问题的能力。例如，主动尝试解决生活中的问题。这一般要求大学生在发现问题后，对问题的现状及解决方法进行全面分析和评估，在当前状态下，确定解决问题的最优方案，并判断和论证该方案的合理性。

创新能力不局限于以上几方面，除此之外，还有分析能力、组织协调能力等，而且要求大学生将之付诸于实践活动。因此，创新能力还包括实践能力。实际上，创新往往在实践中产生，建议大学生多参与创新实践活动，在实践活动过程中全面发展自我。

随车水壶

有一次，IDEO 公司接到了一份设计自行车“随车水壶”的委托。设计小组没有选择闭门造车，而是在每周三晚上前往斯坦福大学的小山丘上观看骑手们骑车，希望借此了解水壶该怎样设计才能方便车手在骑车时使用。

设计小组观察到骑手骑车时，眼睛必须目视前方，想在骑行过程中饮水，只能一只手握把，另一只手从水壶架上拿起水壶，用牙齿咬开壶盖，喝完后再把水壶塞回水壶架，非常麻烦。

设计小组立即想到可以将水壶底部变窄并在壶身绕上橡皮圈，这样就能让骑手很方便地拿取与紧握水壶。同时，原来的水壶需要骑手用嘴咬开盖子，既不方便，又不卫生，可要是不盖壶盖，水又会洒出来，要怎样才能使骑手便捷地喝到水呢？设计小组犯了难，试了很多种方法都不满意，于是从其他行业寻找答案，希望能够找到一个“自动的液体阀门”，这种阀门在平常能够关闭，在受到一定刺激时则会打开，将这种阀门运用到水壶嘴上就能够解决壶盖的问题。

最终设计小组在心脏的三尖瓣上受到了启发，三尖瓣是心脏右房室口的 3 个三角形瓣膜，作用是使血液固定由右心房向右心室方向流动而不会逆流。设计小组将一片橡胶切成“X”状作为壶嘴，水流平常无法通过这个壶嘴，但是骑手只需挤压瓶身，气压就会让“X”状壶嘴张开，使水能够流出。

现在，骑手们在骑行中只需要单手取出随车水壶，将壶口放到嘴边稍一挤压就可以喝到水。

分析： 随车水壶的创新过程中，设计小组成员们先是通过敏锐细致的观察找到了要解决的问题，然后通过运用强大的分析能力、想象能力、实践能力及组织协调能力，完成了随车水壶的制作，体现了多种创新能力。

第四节 拓展阅读——不断创新的工人楷模

2011 年，在新华网访谈室与网友在线交流时，许振超说：“咱当不了科学家，但可以做一个能工巧匠。”“干活不能光用力气，还要动脑筋，干一行，就要爱一行，精一行。”如今，70 多岁的许振超已是青岛前湾集装箱码头有限公司工程技术部固机高级经理，现任全国人大社会建设委员会委员、中华全国总工会兼职副主席，曾被评为“全国优秀共产党员”“100 位新中国成立以来感动中国人物”“最美奋斗者”，被誉为新时期产业工人的杰出代表。

1950 年 1 月，许振超出生在一个普通的工人家庭。1974 年初中毕业后，他便到青岛港当了一位码头工人，操作当时较先进的机器之一——门机，勤学苦练后，他 7 天就掌握了方法，成了一起学习的工人中第一个可独立操作的人。后来在将矿石装到火车作业中，他发现矿石装多了，工人需要扒拉出去，矿石装少了，货主又不干。为了提高工作效率，他经常练习停钩、稳钩，以使门机钩头起调平稳，正好装满一车，就此练就了“一钩准”的绝活。后来又为了散粮装火车不撒漏，他通过吊水练习走钩头，练就了“一钩清”的绝活，降低了装卸工们的劳动强度，大家都愿意和他搭班。

随着改革开放、对外贸易的发展，许振超成了青岛港第一批吊桥司机。据许振超回忆，当时他看到了工人面临的发展机会，但又觉得自己掌握的知识和技术还差得很远。为此，他又继续钻研业务。1984 年，许振超又有了新的改革成果。由于桥吊作业有一个高、低速减速区，减速早了装卸效率下降，减速太迟又影响货物装卸安全，于是他带上测试表反复测试，终于成功地将减速区调到最佳位置。以前一台桥吊一小时吊 14 ~ 15 个集装箱，改革后能吊近 20 个集装箱，作业效率提高 1/4。1987 年，许振超又创出 2 小时卸载 120 个集装箱的记录，而当时青岛港的装卸记录为每小时 30 多个集装箱。但随后的一件事刺痛了许振超，让他不仅想要开好桥吊，还想做更多的事。一次，桥吊桥坏了，国内没有人会修，外国专家到来后，不允许港口工人看维修过程，12 天便拿走了 4.3 万元人民币，相当于许振超 10 年的工资。于是许振超发誓：“我们要在全世界港口行业中把集装箱装卸速度干到第一。”

他开始自学，苦练技术，逐渐成长为一名学习型、创新型、充分掌握现代技能的新时期优秀产业工人。后来许振超不仅研究吊桥构造，帮助维修，还成功练就了“无声响操作”的绝活，并在担任吊桥队队长后，在新岗位上迅速带出了一支“技术精、作风硬、效率高”的优秀团队，开发完成了集装箱岸边智能指挥系统，在世界集装箱码头率先实现集装箱作业“无人桥板头”，完成了业界首创“无动力自动摘锁垫”项目，打造了“48 小时泊位预报、24 小时确保”服务品牌，先后 8 次刷新集装箱装卸世界纪录。

“振超效率”产生了巨大的名牌效应，青岛港在世界航运市场的知名度越来越高。时至今日，“振超效率”仍名扬四海、享誉全球，是青岛港的一面金字招牌。

（材料改编自青岛日报《许振超 新时代产业工人的楷模》。）

案例启发

“振超效率”的背后，是一个工人一次次的创新实践，是一双善于观察与发现的眼睛，一个不断探索与解决问题的强大灵魂。许多人以为创新只是科学家与发明家的事，其实不然，我们每个人都有创新的潜能。大学生应当正确认识创新，努力提升自己的创新能力，这样才能更好地立足未来，实现自己的人生价值。

第五节　自我评估

有的人习惯按照既有模式思考与处理事情，有的人则喜欢不断去创造或尝试，每个个体的创新能力也因此显露出不同。以下为思考与创新能力测试，大学生可以根据测试结果，来判断自己的思考与创新能力。注意，测试结果仅供参考。

〖测试说明〗

表 1-1 中有 10 道题目，请认真阅读与思考每道题目，并根据自己的实际情况与想法做出判断。可供选择的答案有 5 个，分别为：0 分，代表很不同意；1 分，代表不太同意；2 分，代表稍许同意；3 分，代表比较同意；4 分，代表非常同意。在符合你的情况中打“√”，最后计算出总分。

表1-1 思考与创新能力测试表

题号	问题	0分	1分	2分	3分	4分
1	打印在纸上的主意、想法，其价值还不如承载它们的纸张					
2	世界上有两种人，一种人追求拥护真理，另一种人排斥真理					
3	大多数人并不知道什么才是对其有益的					
4	人生中的大事就是去做自己认为重要的事					
5	在这个复杂的世界里，要了解事情的演变情形，唯一的途径就是依赖自己，而不是某些领导或专家					
6	在当代哲学家中，不可能只有一两位其观点是正确的					
7	大多数人都应替别人稍微设身处地地想一想					
8	最好听取自己所尊敬的人的意见，但最终做判断和决定时要自己拿主意					
9	只有投身追求一个理想，才能使生命变得有意义					
10	当有人顽固地不肯认错时，我不会很急躁					

总分：________

〖测试分析〗

若总分在0～15分，则说明你的思考与创新能力较弱，需要加强培养与提升。

若总分在16～30分，则说明你有一定的思考与创新能力，但仍需借鉴别人的经验，不断提升自己。

若总分在31分及以上，则说明你的思考与创新能力较强，如果想借鉴别人的经验，可以根据自己的需要，选择性地使用。

第六节 思考与练习

1. 你认为下列行为哪些属于创新？说说你的理由。

（1）刘某发现了一条离图书馆更近的路。

（2）张某为自己的短袖加上涂鸦，并对短袖做了部分剪裁。

2. 从享誉世界的我国古代四大发明——造纸术、指南针、印刷术、火药，到如今由“一带一路”沿线20国青年评选出的“新四大发明”——高铁、支付宝、共享单车和网购，我国再次以创新向世界展示自己的发展理念。创新对企业变革、社会进步、国家发展具有重大意义。试从这些角度谈谈你对创新重要性的认识，以加深对创新的认识。

3. 从发现问题的能力、处理信息的能力、构思创意的能力、解决问题的能力 4 个方面分析和评估自己的创新能力，仔细思考并在表 1-2 中填写自己各方面能力的优势和劣势。通过认真分析和评估，找出自己还需要改进的地方，以帮助提升自己的创新能力。

表 1-2　创新能力分析和评估

发现问题的能力	处理信息的能力	构思创意的能力	解决问题的能力

4. 阅读以下材料，回答问题。

肖猛在大学毕业后和几个志同道合的朋友一起创业，开发微博移动客户端。在他们做这个项目时，国内市场上已经有了几款不错的同类产品，并且这些产品的市场占有率不算低。不过他们并不觉得晚，因为在知识经济时代，任何一个厂商都不可能占据绝对垄断的地位，只要一款产品没有过时，并且还没有达到极致，那么它就还有创新的空间。

在随后的 6 个月中，肖猛和他的团队也确实做到了创新。他们对官方微博客户端存在的相关问题做了总结。首先，官方微博客户端的标识太单调，而且界面较老气。其次，在操作上，官方微博客户端不够流畅，原因是官方微博客户端的加载方式是一次性的，也就是说，一个页面如果有 50 条微博，那么这 50 条微博就是同时加载的。肖猛的团队对此进行了创新，在不转换页面的情况下，一次只加载 10 条微博，同时将有图片的微博进行特殊压缩，从而使加载速率大大提高。

此外，他们在用户界面中不采用图片作为表现形式，而是使用色块，这样微博在加载的时候，就只需加载代码而非图片文件，这也能够帮助移动客户端用户节省流量。这款微博客户端推出后，迅速获得了广大用户的欢迎，下载量飙升，而肖猛的团队也顺利获得了投资。不过他们很清楚，他们的创新不可能止步，因为每一天都可能会有成百上千的人模仿甚至抄袭他们的创意，他们只有不断创新才能赢得这场赛跑，让自己始终处于领先的地位。

（1）你如何看待肖猛团队的成功?

（2）你认为大学生可以从哪些方面来提升自己的创新能力?

CHAPTER 02

第二章　创新思维与创新方法

学习目标

了解创新思维的不同阶段和创新思维训练方法。
熟练掌握各种不同的创新方法。

素养目标

在生活、学习与工作中能运用创新思维与创新方法解决实际问题，激活自身的创新意识和创新潜力。

案例导入

某主营女装的服装店，因为产品优质、价格实惠，且客源充足，在前些年生意一直不错。然而受网购行业兴起的冲击和人们消费习惯改变的影响，近几年其店内人流量和成交量都降低不少，甚至多家分店出现了亏损。

在看到一些固守原本销售模式的实体店陆续倒闭，而一些实体店却通过拼多多等平台实现店面转型，将产品销往全国各地后，店主开始意识到线下流量的有限性，暗想：自己何不也转型线上，实现线上线下一体化？

于是店主很快开通了微信公众号和线上网店，将微信公众号和网店小程序的二维码摆放在店里，方便进店的顾客扫码关注，让顾客可以自助下单，并为线上引流。由于有一定的老顾客，门店很快就有了一定的成交量。除此之外，还得发展新顾客，店主不仅在各新媒体平台上传新品视频，还在网店开展了限时抢购和特价活动，并以提供折扣、优惠券的方式吸引用户在小红书、朋友圈、抖音等分享店内好物，促进引流。如此种种，为线上店铺吸引了不少全国各地的顾客，订单量开始稳步上升，业绩又创新高。

案例思考

1. 该服装店的生意为什么能迎来好转？
2. 你看过该案例后有何感想？你认为大学生应如何培养创新思维？

服装店店主设法拓展销售模式的做法本质上是一种创新。在当前复杂的社会环境中，各行各业都在快速迭代升级，如果大学生缺乏创新思维与方法，墨守陈规，就很难抓准市场机会，不断提升个人价值。创新思维与方法不仅是大学生找到问题解决方法的利器，更是灵活思维的体现，是大学生实现个人发展的财富。那什么是创新思维？创新方法又有哪些呢？下面就针对这些方面进行讲解，以帮助大学生更好地认识创新思维，掌握创新方法。

第一节　探索创新思维

课堂活动

活动主题：制作孔明锁

活动内容：孔明锁，也叫八卦锁、鲁班锁，是我国古代传统的土木建筑固定适配器，不用钉子和绳子，完全靠自身结构部件的连接支撑。本活动材料为每组 3 根短木条，工具为简易木工工具，如小刀等。每组 3 ～ 6 人为宜。要求各小组成员自主寻找思路，将 3 根短木条拼合为立体“十”字的孔明锁，材料与成品如图 2-1 所示。制作的孔明锁需满足以下要求：

（1）完成后的孔明锁必须能够紧密结合，不得松脱；

（2）不得使用胶水等黏合剂，以及螺丝、钉子等固定工具；

（3）3 根短木条均不可从中断开。

图 2-1　孔明锁材料与成品

一、什么是创新思维

思维是人类基于客观事实并利用主观经验对事物进行认知的过程，是人类独有的高级认识活动。创新思维是创新的灵魂与核心，指以新颖独创的方法解决问题的思维。创新思维通常能让人突破常规思维的局限，转而以超常规甚至反常规的方法或角度思考问题，提出与众不同的解决方案，从而产生新颖独到、有实际意义的思维成果。

从创新活动的整个过程来看，从意识到创新机会，并明确要解决的问题后，就需要运用创新思维，以新的角度、新的思考方法来解决问题。因此，创新思维是创新能力的重要组成部分，对个人的创新行为与活动具有指导作用。

创新思维常能带给人新的思考，使人想出与众不同的解决问题的方法，从而获得独特、有效的结果。一般来说，创新思维具有如下特征。

（1）发散性。创新思维是发散思维，发散性也是创新思维的核心。发散思维往往不受任何条件的限制，这样可以促使多种解决方案的产生，其中往往就有别出心裁的有效的解决方案。

（2）逆向性。长期沿着常规思维或以往固有的思路去思考问题将难以使人进步，要想开拓创新，就要学会逆向思考，这样可以激发人们的创新思维活动，促进创新成果的形成。

（3）求异性。要想创新，需要学会用批判、怀疑的眼光看待事物，这样才可以有新发现，因此，创新思维要求人们具备求异性。

（4）联想性。所谓的“触类旁通”即联想性，意味着可以通过某类事物的规律发现其他事物的规律。创新思维的联想性是指人们可以利用他人的发明、创造去创新，这也有助于新事物的产生。

（5）独创性。创新性是创新思维的标志，创新成果往往具有唯一性和新颖性。

（6）综合性。创新思维是多种思维的综合体，如发散思维、联想思维、聚合思维等，多种思维的综合与矛盾运动推动了创新思维的发展。

二、创新思维的 4 个阶段

创新思维是以发现问题为中心、以解决问题为目标的高级心理活动。关于这种心理活动的阶段和过程的研究理论五花八门，其中最有影响、传播最广的是由英国心理学家华莱士提出的 4 个阶段理论，即准备阶段、酝酿阶段、顿悟阶段和验证阶段，这一理论较为科学地描述了创新思维过程，且具有较强的实用性。

1. 准备阶段

准备阶段是准备和提出问题的阶段。创新思维是从发现问题、提出问题开始的，提出问题后必须为着手解决问题做充分的准备，这种准备包括必要的事实和资料的搜集、必需的知识和经验的储备、技术和设备的筹集，以及其他条件的提供等。爱因斯坦认为：“形成问题通常比解决问题还要重要，因为解决问题不过是运用数学上的或实验上的技能而已，然而明确地提出问题并非易事，需要有创新性的想象力。”他还认为，对问题的感受性是人进行创新的重要资质。准备阶段可分 3 步进行：第一步是对知识和经验进行积累和整理；第二步是收集必要的事实和资料；第三步是了解自己提出问题的社会价值，即它能满足社会的何种需要及是否看好它的价值前景。由此可见，准备阶段往往要经历相当长的时间。

2. 酝酿阶段

酝酿阶段也称沉思和多方思维发散阶段。酝酿阶段要对准备阶段获得的各种事实和资料进行消化吸收，从而明确问题的关键所在，并提出解决问题的各种假设和方案。这个阶段可能是短暂的，也可能是漫长的，需要花费巨大精力。

在这一阶段，要进行思维发散，让各种解决问题的设想在头脑中反复组合与交汇，然后按照新的方式进行加工。加工时应主动地运用创新方法，不断选择，力求形成新的创意。此时，有些问题经过反复思考与酝酿，仍不能获得完美的解决方案，并且思维常常会出现“中断”的现象。然而，当问题不时地在头脑中出现并转化为潜意识时，就为顿悟阶段打下了基础。

将思考范围从熟悉的领域扩展到其他有关联的陌生领域，可以使酝酿过程更加深刻和宽广。这既有利于冲破传统思维和打破成见，又有利于获取更全面的信息，在更高层次上把握创新活动的全局，从而寻找创新的突破口。

3. 顿悟阶段

顿悟阶段是要找到解决问题的方法，即指明朗期或突破期。人们通常说的“豁然开朗”“众里寻他千百度，蓦然回首，那人却在灯火阑珊处”以及“山重水复疑无路，柳暗花明又一村”等描述的都是这个阶段的状态。顿悟阶段来得突然，也很短暂，在酝酿阶段对问题的长期思考，久盼的创造性突然在瞬间显现，思考者大有豁然开朗的感觉，这一心理现象就是灵感或灵感思维。如果说“踏破铁鞋无觅处”描述的是酝酿期的话，那么“得来全不费功夫”则是对明朗期的形象刻画。

在顿悟阶段，灵感思维往往起决定作用，如德国数学家高斯为证明某个定理，被折磨了两年仍一无所得，可是有一天，正如他自己后来所说：“像闪电一样，谜一下就解开了。”由此，我们就可以理解阿基米德获得灵感后狂呼“我发现了！我发现了！”时欣喜若狂的心情了。

4. 验证阶段

验证阶段是对灵感或点子进行完善和充分论证的阶段。突然获得的突破，结果难免稚嫩、粗糙甚至存在缺陷或漏洞。因此，在验证阶段，人们需要把在顿悟阶段获得的结果加以整理、完善和论证，并进一步充实。创新思维取得的突破以及得到的解决问题的构想和方案需要在理论上和实践中进行验证，如果不经过验证，就不能取得有效的创新成果。

另外，创新成果经验证后，可能得到确认，也可能需要改进，还可能被完全否定，进而再回到酝酿阶段。总之，通过创新思维获得的构想必须经过理论和实践的验证。

第二节 创新思维训练

课堂活动

活动主题：传钥匙

活动内容：同学们分为6～8人的小组，每组准备一把钥匙。将钥匙放在地上，要求每个小组从地上捡起钥匙然后进行传递，钥匙需依次经过所有组员的手，然后摆放到地面上。每个小组自行寻找方法，用时最短者胜利。请同学们尽可能地发挥创新思维，打破思维定式，找出用时最短的方法。

创新思维是指对事物间的联系进行前所未有的思考，从而创造出新事物的思维方法。一切需要创新的活动都离不开思考、离不开创新思维，可以说，创新思维是一切创新活动的开始。一个人只要学会运用创新思维，就可以具有创造力，从而具备成为一名成功企业家的潜质。

一、突破思维定式

思维定式是指我们用一种固定的思维模式来思考问题的习惯，它会使人的思维沿一定的方向、一定的次序思考，这让思维受到了限制，从而阻碍新观念和新想法的产生，抑制人的创造性。生物学家贝尔纳说："妨碍人们创新的最大障碍，并不是未知的东西，而是已知的东西。"因此，要想挖掘无穷的创新能力，就必须跳出思维定式的框框，开阔视野与思路。

思维定式适合用在人们遇到同类或相似问题的时候，但对创造性问题来说却是十分不利的，因为它会让人的思维活动逐渐形成既定的方向和模式，束缚人们的创造性思维。对创新者来说，突破思维定式是十分重要的。我们在思考问题时，可以从以下几个方面来打破常规的思维模式。

（1）这个问题还能用其他方式来表示吗？

（2）可以将问题颠倒过来看看。

（3）能不能用另一个问题来替换目前的问题？

（4）将自己的思考方向转换一下。

（5）将思考问题时脑海中出现的想法记录下来，并认真思考。

（6）把复杂问题转换为简单问题。

（7）把生疏的问题转换为熟悉的问题。

二、拓宽思维视角

"视角"就是思考问题的角度、层面、线索或立场。思考问题时，若仅从一个视角出发，得到的结论往往是不全面的，因此大学生创业者要尽量拓宽思维视角，学会运用不同的思维方法从多种角度来观察问题，从而提高发现新事物或解决问题的能力。

1. 发散思维训练

发散思维又称辐射思维、放射思维、扩散思维或求异思维，是指人在思考的过程中，不受已经确定的规则、方式和方法的约束，思维呈现扩散状态的模式（见图 2-2）。

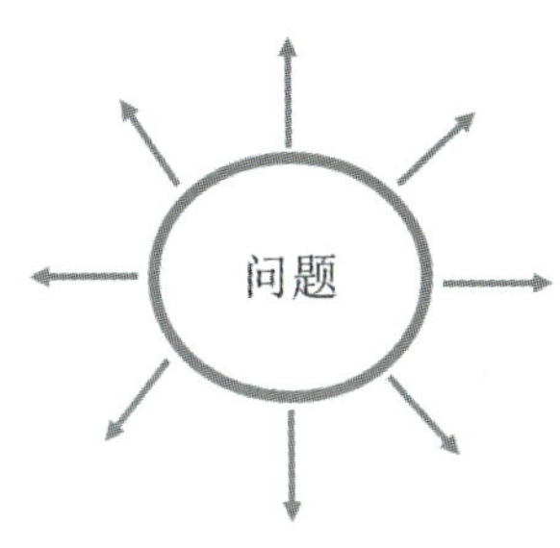

图 2-2 发散思维

发散思维就像一棵树，想法就像树枝从树干向四面八方伸展出去，这样就能从多个方向、多个角度扩展思维的空间。我们在进行发散思维训练的过程中，要做到思维的流畅、变通和新颖。

流畅

流畅指能在较短时间内产生或表达尽可能多的思想和观念，大学生可以通过一定的方法来训练思维的流畅性，例如，在 1 分钟内，至少说出 25 个偏旁带"米"的字。

变通

变通性也叫灵活性，是指思维转换的类别和不同方面，它意味着克服已有的思维框架和模式，利用某种新视角、新观念、新途径来思考问题。变通的主要特点表现在对待同样的问题，能够从许多不同的角度进行思考，一旦思维出现困难，就能自动地改变思路，从其他角度重新考虑问题。

新颖

新颖指用与众不同的新观点和新认知来反映客观事物，对事物萌生出独特的见解。新颖既是发散思维结果的最高目标，也是创新思维的本质。作为大学生创业者，更要努力开阔自己的思维独特性，以获得解决新问题、孕育新思想和发现新事物的能力。

2. 逆向思维训练

逆向思维是指朝着与固定思维相反方向进行思考的思维模式，它是一种从问题的对立面出发进行思考和从问题的相反面进行分析的方法。比如，我们熟知的电动吹风机和电动吸尘器就是发明者从相反的原理方向进行研究而发明的。

逆向思维的主要目标是要形成一种观念，即在思维过程中并不局限于一条思维道路，而要对客观事物从相反的方向进行分析和思考，这样才能改变传统的立意角度，产生全新的见解。逆向思维的方法有如下几种。

（1）对待事物，要以怀疑的眼光来看待。

（2）在思考问题时，既要看到事物之间的差异，又要看到事物因存在的差异而产生的互补性。

（3）要积极主动地从正反两方面进行思考，以便发现问题存在悖论的地方。

（4）对问题进行分辨、评断和剖析，以发现客观事实。

3. 联想思维训练

联想是指思路由此及彼的过程，即由所感知和所思考的事物、概念和现象而想到其他事物、概念和现象的心理过程。联想思维是指在人脑内的记忆表象系统中，由于某种诱因，不同表象发生联系的一种思维活动。比如，美国工程师斯潘塞在做雷达起振实验时，发现口袋里的巧克力融化了，最后发现原来是雷达电波造成的。由此，他联想到用雷达电波来加热食品，进而发明了微波炉。

联想是一种创造性的思维活动，它可以通过对事物的对比和同化等手段把许多事物联系起来，从而加深对事物之间联系的认识，由此形成新的构想和方案。联想要求我们在大脑内为事物建立某种联系。因此，大学生创业者必须广泛实践、接触和了解事物，然后再结合思维训练，将大脑中存储的经验和知识联系起来，最后达到形成创造性思维的目的。

锯子的诞生

相传，古时有一个名为鲁班的匠人，在一次建造宫殿的任务中，上山时手被无意中抓到的野草划破了，这让鲁班很诧异，为何一根小草如此锋利？他摘下叶子仔细观察才发现，叶子两边长着许多小细齿，用手一摸就能感受到这些小细齿的锋利。后来他又看到一只蝗虫吃叶子，很快就吃下一大片，他仔细观察蝗虫牙齿的结构，发现它的两颗大板牙上同样有许多细齿，这给了鲁班很大的启发。他先是做了带许多小细齿的竹片去实验，发现不够锋利，后来便联想到坚硬的铁皮，于是请铁匠做出了铁锯子，自己和徒弟各自紧握一端，在一棵树上拉了起来，他俩一来一往，不一会儿就把树锯断了，又快又省力，锯子就这样被发明出来。

分析：鲁班发明锯子，就是从叶齿联想而来的，这是创新过程中联想思维的体现。

三、水平思考法

水平思考法又称德博诺理论、发散式思维法和水平思维法，是被誉为“创新思维之父”的爱德华·德·博诺博士在20世纪60年代末倡导的广告创意思考法。该方法旨在摆脱“非此即彼”及逻辑思维和线性思维的思维手段，让人们从多角度、多侧面观察和思考同一件事，捕捉偶然产生的想法，从而萌生意料不到的“创意”，学会创造性地看待问题和解决问题，跳出“思考的盒子”，丰富思考的内容，提高思考的质量。

比如，一个需要解决的焦点问题“创业者如何鼓励员工创新”，一个人提出解决思路“用巨额奖金来鼓励创新”。在这个想法基础之上，可以提取一个概念“让员工有成就感”。然后再以“成就感”为基点进行思考，就会产生更多主意，比如，对公司创新有特殊贡献的员工，奖励其创业基金，给予其为新产品命名的权利等。当然，也可以提取更多的概念，然后以这些新的概念为基点，提出更多新想法。

水平思考的关键在于联想力，而不是判断力。在水平思考的过程中，不需要做非常慎重或严密的判断，即使是判断，也是非常迅速而简单的判断。这是水平思考的一个重要特性。

日本植条则夫教授在其著作中为水平思考法归纳了以下 4 条原则。

（1）找到支配性的构想。

（2）寻找各种各样的看法。

（3）从垂直性思考的强烈习惯的束缚中挣脱出来。

（4）有效地利用偶发性机遇。

四、六顶思考帽法

六顶思考帽法是英国学者爱德华·德·博诺博士于 20 世纪 80 年代中期开发的一种思维训练模式，至今仍被采用。该方法强调的是“能够成为什么”，而非“本身是什么”，寻求的是一条向前发展的路，而不是争论谁对谁错。它提供了一个“平行思维”工具，避免将时间浪费在无谓的互相争执上。六顶思考帽分别如下。

（1）白色思考帽：关注客观的事实和数据。

（2）绿色思考帽：代表创造力和想象力，即提出如何解决问题的建议。

（3）黄色思考帽：代表价值与肯定，即从正面考虑问题，评估建议的优点。

（4）黑色思考帽：运用否定、怀疑和质疑的态度，合乎逻辑地进行批判，尽情发表反面的意见，找出逻辑上的错误。

（5）红色思考帽：通过直觉、感受或预感等进行判断。

（6）蓝色思考帽：负责规划和管理整个思考过程，并给出结论。

六顶思考帽法已经被全球很多学校设为教学课程，同时也被许多著名企业采用。例如，有公司通过使用六顶思考帽法将会议时间减少了 80%。

以在会议中使用六顶思考帽法为例，其在会议中典型的应用步骤如图 2-3 所示。

五、思维导图

思维导图又叫心智导图，是表达发散性思维的有效图形思维工具。思维导图的实质是可视化图表，其最大特点在于围绕中心主题展开多项次级主题，再围绕次级主题展开更多的子主题，以此类推。这样展开的各种主题呈现树状的放射结构，中心明确，各部分关系清晰。

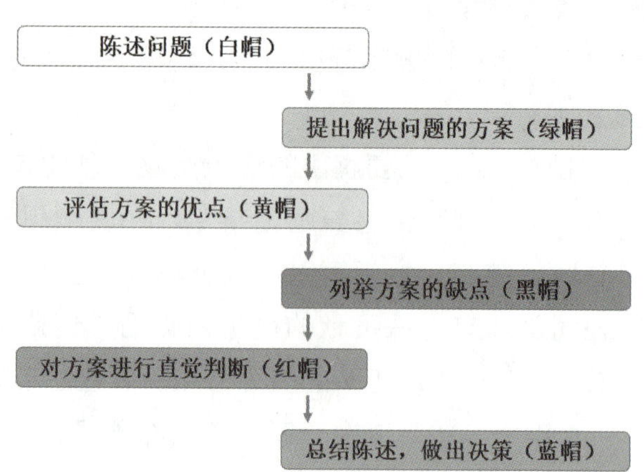

图 2-3　六顶思考帽法

思维导图同时注重思维的发散性、联想性及条理性，更重要的是能将思维具体化、直观化、形象化，方便记忆，并方便后续补充与完善，是一种优秀的辅助思维工具。图 2-4 所示为围绕“如何理解和介绍新媒体广告”这一问题进行思维发散所形成的思维导图。

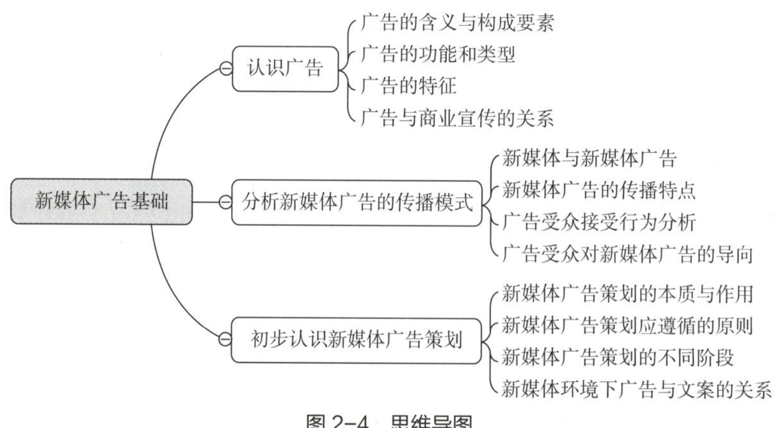

图 2-4　思维导图

现在互联网上有很多思维导图制作工具，如 XMind、百度脑图、MindMaster、Mindmanager、FreeMind 等。这些思维导图制作工具支持多种类型与效果的思维导图制作，并且支持文件导入、导出和分享等功能，熟练使用这些工具可以快速、便捷地制作思维导图。

六、设计思维

设计思维是指“为人类设计更好的生活”的创意思维。一方面，设计思维是一种积极改变世界的信念体系；另一方面，设计思维又是一种思考如何触发创意并进行创新探索的方法论。

设计思维的特点在于它并非从问题出发，而是从解决问题的结果出发，是以解决方案为思维导向，通过对当前和未来的关注，同时探索问题中的各项参数变量及解决方案。举一个简单的例子，如果一个人整天坐在椅子上感觉腰酸背痛，那么常规的解决思路为“要创造出一把更舒适的椅子”，其实这样的思维已经扼制了很多创新机会；而从设计思维出发，解决思路为“人类需要一种减少肌体负担的支撑方式”，这样的思维就超越了“椅子”这一概念，使思维进入更广泛、充满无限可能的思维空间。

设计思维的实现过程通常包括以下 5 步。

（1）同理心思考。设计思维是以人为中心、以人类需要为原点来设计产品的思维模式，所以，我们需要以同理心设身处地地思考目标群体有什么样的需求，一般可以通过访谈、观察与体验这 3 种方式来建立同理心。

（2）需求定义。在设身处地地思考了目标群体的需求后，就需要将他们的需求提炼为一个需要达成的目标，这个目标一定要明确而具体，如“让学生好好学习”就不能被定义为目标，而“让学生在课堂上保持专注”则可以。

（3）创意构思。明确目标后，需要围绕该目标给出不同的解决思路，此时可以充分使用发散思维，以求产出尽量多的想法，然后将所有想法都记录下来，然后对这些想法进行初步筛选，留下可靠易行的想法。

（4）原型实现。将上一步中的想法转化为粗糙、简单的产品或产品中特定功能的原始模型，在转化过程中不断对想法进行验证和优化。

（5）实际测验。将制作出的原型放入实际使用环境中进行测验，查看需求能否被满足。在这一步也能对成果进行进一步优化。

阅读材料

改造购物车

某广播公司节目组曾与以“设计思维”著称的全球顶尖设计咨询公司 IDEO 合作推出一期节目——5 天时间内重新设计超市购物车，让观众“亲眼见证创新的诞生”。接下来，IDEO 的设计师们这样安排他们的时间。

第一天，创新团队成立。团队汇集了多个学科的设计师，他们分工明确，有的人负责观察消费者的购物过程，有的人负责研究购物车技术及其发展历程，有的人负责向采购和维修购物车的专业人士“取经”，有的人负责到大型超市考察购物流程……最后经过汇总，团队最终锁定 3 个目标：新购物车要体贴儿童；新购物车要提高购物效率；新购物车要提高安全性。

第二天，开会讨论，大家各抒己见。上午10点，各种点子写满了白板。之后大家在便利贴上写下自己认为较好的5个点子，通过统计确定了最受大家认可的想法，由此进行产品原型设计。下午7点，第一台原型车出炉，这台购物车外形优雅，购物篮可放置在车架上，有一个可向客服人员询问的麦克风，还有可节省结账排队时间的条码扫描器等。

第三天早晨，焊工完成了购物车车架的制作，负责制造模型的设计师则在辛苦地改良车轮，以在保证购物车易用的条件下加强安全性。

第四天，所有部件完工，大家一起组装车体。在将购物篮放入购物车时，有设计师指出："我们需要一个新式的、配得上这种车的购物篮。"于是，设计团队在现场用几张树脂板制作了全新的购物篮。

第五天上午，第一台创新购物车正式亮相，谁也想不到这是辆购物车：车体两侧倾斜成如同跑车线条的弧线；开放式的车架设计，上、下两层可以整齐码放5个标准购物篮；车上附带儿童座椅并配备安全扣、儿童趣味游戏板；配备了条码扫描器可直接结账；两个咖啡杯架，让顾客可以一边逛超市一边享用咖啡。取下购物篮的购物车几乎派不上用场，有效规避了被偷盗的风险。

分析：IDEO设计团队在这次创新活动中充分考虑了顾客的需要，按照一定的流程选出了最受认可的方法，最终成功设计出了有很多创新元素的购物车。

第三节 掌握创新方法

课堂活动

活动主题：关于曲别针的创新用途

活动内容：曲别针是生活中的一个物件，可以用来别相册、夹文件……你还能想到曲别针的哪些用途？请发散思维，就此谈谈你的想法。

通过思考，人们总能获得一些新的成果，得出一些新的结论。事实上，创新成果多来源于一些创新的方法。"工欲善其事，必先利其器。"有效的创新方法可以提高大学生的创新能力，获得创新成果，下面将对重要的创新方法进行介绍。

一、头脑风暴法

头脑风暴法又称智力激励法，是由美国创造学家奥斯本于1953年正式提出的一种激发性思维方法。它是指一群人（或小组）围绕一个特定的兴趣或领域，无限制地自由联想和讨论，进而产生新观念或激发新设想的一种方法。

1. 头脑风暴法的基本原则

在头脑风暴中，每一个人都被鼓励发表就某一具体问题及其解决办法的看法，从而产生尽可能多的观点，以达到创新目的。在使用头脑风暴法进行会议的过程中，与会者需要严格遵守4项基本原则，这4项基本原则分别是自由畅想、以量求质、见解无专利及延迟评判。

（1）自由畅想。与会者应尽可能地说出想到的任何意见，不要害怕自己的意见不被采纳，彻底解放自己的思想，就问题各抒己见，自由发言。

（2）以量求质。头脑风暴不是要一步到位，得出解决方案，通常设想与意见越多，就越容易产生互激效应，最后产出好创意。因此，看法越多越好，主要着重于看法的数量，而不是质量。

（3）见解无专利。会议中，与会者除了提出自己的意见，还可以鼓励其他与会者对自己提出的设想进行补充、改进，并产生不同的设想，不必担心自己的设想被人抢走或抢走了别人的设想。见解无专利是产生“互激效应”的基础。

（4）延迟评判。不要在思考的过程中评价想法，一定要完成头脑风暴后再进行评价。一旦产生批评，就很可能使其他与会者不敢提建议，最后无法产出创新成果。

2. 头脑风暴法的具体运用

明确了头脑风暴法的原则后，还需要了解其具体运用方法，头脑风暴会议的操作步骤通常可分为准备阶段、畅谈阶段和评价选择阶段。

准备阶段

在准备阶段，主要有以下3项工作内容。

（1）明确会议需要解决的问题和与会人员的数量，提前向与会者通报会议议题。

（2）确定会议的主持人和记录者。主持人要彻底掌握头脑风暴法的基本原则和操作要点，并能够营造融洽、不受任何限制的会议气氛；记录者要认真记录，便于进行会后总结。

（3）与会人员要提前获取与会议议题相关的基础知识，并掌握头脑风暴会议的原则和方法。

畅谈阶段

畅谈阶段是头脑风暴会议的关键阶段。由主持人引导与会人员围绕会议议题进行自由发言，提出各种设想，并彼此相互启发、相互补充，尽可能做到知无不言，言无不尽；记录者需将所有设想都记录下来。直到与会人员都无法再提出构想时，该阶段结束。

评价选择阶段

讨论结束后，对所有提出的构想进行分类和组合，形成不同的解决方案。这一阶段需要对每个提出的构想进行全面评价，评价的重点是研究该设想实现的限制性因素及突破这些限制性因素的方法。在质疑过程中，可能产生一些可行的新设想。

按照此方法不断优化方案，最后选择其中最受大家认可、最优化的方案，如果没能形成令人满意的方案，可再次畅谈。

提醒

头脑风暴法又可分为直接头脑风暴法（通常简称为头脑风暴法）和质疑头脑风暴法（也称为反头脑风暴法）。前者是参与者或专家群体决策，以便尽可能地激发参与者的创造性，从而产生更多设想的方法。后者则是对前者提出的设想、方案逐一进行质疑，分析其现实可行性的方法。

阅读材料

运用头脑风暴变废为宝

在武昌工学院机械工程学院工业设计教研室，一些废弃物随处可见，生锈的钢管、废弃的轮胎、自行车架、玻璃瓶、易拉罐……正是在这样的环境下，两个班 63 名同学生产出了无数独特的工业设计模型，如用轮胎做的沙发、用车架做的灯、用废弃钢管做的工艺品，还有用废旧水龙头上的钢管拼接而成，并在顶端配上小灯泡，名叫“思考中的火柴人”的灯具（见图 2-5）。

机械工程学院工业设计 1401 班的熊中锦这样评价自己的“思考中的火柴人”：“先搜集制作所需的材料，再将水泥倒进固定好的模具中，等待水泥风干成型，再加以打磨，一个灯具就做成了。所有制作方法在之前的课程中都已学习，但此课程最大的困难就是找材料和制作，因为理论和实操毕竟有巨大的不同。”

图 2-5 思考中的火柴人

这些废旧材料是怎么华丽转身变成工业设计模型的呢？原来老师常常组织学生围绕这些废旧材料进行头脑风暴，同学们会从各个角度思考并发言，最终迸发出各种创意，如自行车把很像一对牛角、塑料瓶剪开形似瓦片、轮胎可以用来坐等，这些创意最终就变成了一件件兼具实用性与艺术性的创意家具。

分析：武昌工学院机械工程学院的同学们在老师的引导下，运用头脑风暴法想出了很多创意，并将这些创意运用到了工业模型制作中，为废旧材料赋予了新价值。

二、试错法

试错法是指通过不断实践，并在实践过程中总结成功与失败的经验，最终实现成功的创新方法。每个人天生都会使用试错法，都是在不断尝试、失败后才能得到正确的答案。试错法是最原始的求新方法，也是历史上技术创造采用的第一种方法，所谓“失败是成功之母”就是对试错法最好的解读。

暗示试错法是一种通过排除错误选项来解决问题的方法，通常不需要以相关问题的专业知识为支撑，即便对相关领域只拥有少量的知识，仍然可以很好地应用试错法。试错法的运行非常简单，只有猜测和反驳两个过程，猜测需要基于对问题的认识与判断，反驳则是对猜测的验证与评判，从而刷新对问题的认识。试错法的过程是一个“错误 - 排除错误 - 再次错误 - 再排除错误”，最终得到有效成果的过程。试错法的思路如图 2-6 所示。当然，这也决定了得出的成果可能不是最优解，这是大学生需要了解的。

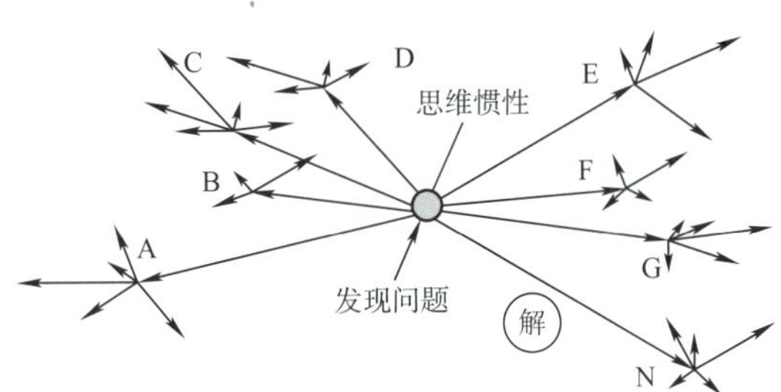

图 2-6 试错法的思路

试错法在创新中有非常广泛的运用，其中最为人们乐道的是爱迪生为了发明电灯泡尝试了数千种灯丝材料。

阅读材料

机械手的进步

近几年，人工智能（Artificial Intelligence，AI）一直是我国及世界关注和研究的重点，人工智能领域也有了许多杰出成果，如人机对弈、自动驾驶、专家系统等，被运用到各个领域，甚至已经开始研究人工智能如何实现类似于人类的“学习”。

有些公司已经在研究智能机械手臂，以实现机器假肢与残疾人的高度融合，或者用于帮助人从事某些工作。有些公司及组织还在尝试混搭活体肌肉，以“复制出复杂的肌肉动作，构建与手、胳膊或人体其他部分一样的机器”。OpenAI公司曾实验了一款智能机械手，并不停尝试教会机械手如何像人类的手一样灵活操作，这并不容易。

这款机械手完全模仿人类手的形状和结构，同样是5根手指、14个指关节。但依靠人工编程不可能包含人手的全部动作，只能寄希望于其人工智能的“自我学习”。研究者为这款机械手的控制程序搭载了6 144块中央处理器（Central Processing Unit，CPU）内核和8块强大的图形处理器（Graphics Processing Unit，GPU），使其拥有了强悍的信息处理与计算能力。

接下来就是反复试错，研究者训练该机械手在掌心翻转一个六面立方体。研究者不断改变机械手和立方体的颜色，并分配随机大小的立方体给机械手，不同的立方体表面光滑度不同，质量也不同，甚至还将机械手放到了不同的重力环境中进行测试。

在这样的环境下，机械手表现得像一个笨拙的孩童，手指稍一倾斜，立方体还没等翻面就掉在了地上，这样的结果被反馈到AI程序中，紧接着又进行下一次翻转立方体的实验……如此往复，机械手逐渐能够慢慢“把玩”立方体。据研究者介绍，机械手50小时的训练量相当于人类100年的手指运动量。这是一个艰难的试错过程，立方体一次次掉落，机械手的动作也越来越流畅，虽然该机械手尚不能达到如人手一般的自如效果，但向目标迈进了一大步。

分析：在科技高速发展的今天，试错法仍然是一种非常常见且行之有效的创新方法，案例中的机械手，就是使用试错法，逐渐提高了性能的。

三、设问法

设问法是指针对创新目标不断提问来扩展思维的方法。通过提问，人们可以认识到现有事物的各种不足，从而有针对性地加以解决，产出创新成果。

设问法的效果取决于提出问题的质量，通常可以从以下7个方面提出问题。

（1）为什么。为什么要进行创新？为什么现有产品的销量下滑？为什么生产过程中浪费了很多原材料？通过提出“为什么”的问题可以弄清楚创新的现实基础。

（2）是什么。需要改进的问题是什么？新产品的要求是什么？通过提出“是什么”的问题可以明确创新的目标。

（3）什么人。创新需要哪些人员？需要什么样的人员？创新成果需要面对哪些人群？通过提出“什么人”的问题可以明确创新团队。

（4）什么时间。新产品要在什么时间上市？在什么时间段内使用？通过提出“什么时间”的问题可以合理分配创新进程与工作时间。

（5）哪里。创新成果要应用在哪里？通过提出“哪里”的问题可以明确创新成果的用途和使用环境。

（6）怎么做。怎么达成目标？怎么使产品具有相关功能？怎么打动服务对象？通过提出“怎么做”的问题来解决创新过程中面对的各个问题。

（7）多少。产量是多少？成本是多少？原材料是多少？通过提出“多少”的问题对创新活动进行定量分析，确保创新成果能够满足需要。

运用设问法，可促使人们通过不同的角度来思考问题，从而得到对问题相对完善和系统的认识，产出具有深度和科学性的成果。

阅读材料

运用设问法创新产品

某家具厂接到一笔来自屠宰厂的订单，要求制作一批用于放置冷冻肉的架子，这种架子要承受半只冷冻的牛，且冷冻的牛呈类圆柱形，易掉落。这让厂长犯了难，他决定召集团队，使用设问法来创新产品。

为什么：现有的家具产品在承受力和防护性上都不足以达到客户的需求，需要开发新的、符合要求的架子。

是什么：需解决的问题是要通过各种办法提高架子类产品的承受力与防护性。

什么人：工厂里的设计部门、制造部门、技术部门负责该产品的研发和制造。

什么时间：用户要求 3 个月后到货，生产、包装及运输至少需要 1 个月，产品的开发只有 2 个月的时间。

哪里：这批架子会被放置在冷库中，冷库气温为零下 5 摄氏度。

怎么做：本厂已生产置物架，可参考置物架的基本结构，然后将架子的板面换为具有一定弹性的胶合板，将原来的支架材质换为钢管，并在连接处添加紧固件，以达到增加承压力的目的；对板面进行粗糙化处理，并在四边加上 10 厘米的栅格式护栏，以达到防止物品掉落的目的；全架连接处留出适当缝隙以应对热胀冷缩。

多少：需制作 38 套该产品，预计材料成本 1.3 万元，25 个工作日左右生产完成。

通过设问法找到思路后，设计部门很快给出了图纸，生产车间依照图纸很快做出了样品，客户也非常满意。

分析：为了满足客户新的需求，家具厂领导使用设问法对面临的问题进行了梳理，最终实现了产品创新，取得了满意的结果。

四、奥斯本检核表法

奥斯本检核表法由美国创新技法和创新过程之父亚历克斯·奥斯本提出。该方法根据需要研究的对象的特点列出有关问题，形成检核表，并将研究对象与检核表项目一一比对，以得到大量创新的设想。奥斯本检核表包含 9 个维度、75 个问题，这些都能为改良研究对象提供思路。9个维度具体如表2-1所示。

表2-1 奥斯本检核表

序号	检核项目	检核内容
1	能否他用	现有事物有无新的用途？保持现有事物原状不变能否扩大其用途？稍加改变，现有事物有无别的用途？能否改变其现有的使用方式？如灯光除了照明还能用作信号
2	能否借用	有无与现有事物类似的东西？能否模仿或超越？能否借用他人的经验或发明？现有的发明能否引入其他的创造性设想中？如利用超声波的特性进行碎石手术
3	能否改变	能否改变现有事物的形状、颜色、味道、外观、音响？是否还有其他改变的可能性？如改变灯泡的颜色和光的种类，制成了灭蚊灯
4	能否扩大	能否增加现有事物的使用时间？能否为现有事物添加部件，以延长它的使用寿命，提高它的性能？能否扩大现有事物的使用范围？如扩大望远镜使用范围，使其变成天文望远镜
5	能否缩小	能否将现有事物微型化？可否将其缩短、变窄、分割、减轻？能否将其进一步细分？能否将其变成流线型？如将小型计算机改良为微型计算机，再改良成笔记本计算机
6	能否代用	能否由别的东西代替现有事物？可否使用别的材料、零件、工艺、能源？如用氢燃料代替石油
7	能否调整	现有事物能否变换一下先后顺序？内部元件可否互换？可否变换模式、操作工序、因果关系、工作规范、速度和频率？如瓷器上釉工艺的改良和发展
8	能否颠倒	能否颠倒现有事物的正负、里外、上下、主次、因果？如两面可穿的衣服
9	能否组合	能否将各种想法进行综合？能否进行材料组合、部件组合、功能组合？如将和面机、削面机和锅炉组合制成自动刀削面机

奥斯本检核表法不仅提供了创新的9个思路，还将思考变成了一种强制性过程，能有效克服人们的思维惰性，突破不愿提问的心理障碍。该方法在改良产品方面具有非常好的效果，其具体运用包括3个步骤，分别是提出问题、列出设想、筛选设想。

（1）提出问题。根据已掌握的关于研究对象的知识提出需要解决的问题。

（2）列出设想。按照奥斯本检核表的事项，逐一提出改良研究对象的设想，并将所有设想一一列出。

（3）筛选设想。筛选出能够解决问题且具有可行性的设想，并完善这个设想，使之成为一个明确的创新方案。

提醒

运用奥斯本检核表法进行创造性设想时，还有以下3个技巧：一是按照奥斯本检核表逐条核对，不可遗漏；二是反复进行检核，列出尽可能多的设想，这样能够提高创新的成功率；三是将对每一项目的思考作为一个单独的创新项目来看，不要被前面的思考影响，形成惯性思维。

多面的灯泡

爱迪生发明了灯泡，电灯走进了人们的生活。经过 100 多年的发展，如今的灯泡样式繁多，功能各异，被运用到了不同的场合、不同的设备上。从最开始的白炽灯到现在各式各样的灯泡，灯泡的发展历程其实可以用奥斯本检核表来展示。

能否他用：灯泡最原始的作用是照明，但是后来人们用灯光传递信息，如交通信号灯、指示灯等；人们还利用昆虫的趋光性制造出灭蚊灯、灭虫灯等。

能否借用：人们将光反射与折射的原理应用到电灯上，给电灯装上反光罩，增加了电灯的亮度。

能否改变：人们对灯泡的灯丝与灯管进行改良，创造了节能灯；将灯泡发出的光的颜色进行改变，发明了验钞、搜寻血迹等用途的紫光灯；通过改变电流使灯泡能够间歇性发光并能变色，研制出了霓虹灯等。

能否扩大：通过技术改良，灯泡的使用寿命大大提高，人们研制出了亮度高、照明范围大的射灯，以及将多个灯泡同时使用的无影灯等。

能否缩小：使用电池供电，将固定的电灯变成便携、随处可用的手电筒；将灯泡缩小并串联，人们研制出灯带等。

能否代用：使用发光二极管代替灯丝来发光。

能否调整：通过更换元件制造出各种功率、各种亮度的不同型号的灯泡。

能否颠倒：灯光本来是用以照明，使人能够看见东西的，但是通过加大亮度来造成炫目效果，使人无法视物甚至睁眼，这就是强光灯。

能否组合：将灯泡安装在相机上就成了有补光作用的闪光灯，还可以将灯泡装在手机、计算机等一系列电器上。

分析：奥斯本检核表法为一个事物的创新与改进提供了多种方向，运用奥斯本检核表法后，产生了非常多的灯泡新产品。

五、属性列举法

属性列举法也称特性列举法，由美国尼布拉斯加大学的罗伯特·克劳福德教授提出。该方法列举事物的所有属性，然后针对这些属性来进行创造思考。属性列举法特别适用于老产品的升级换代。

属性列举法在具体实施时分为以下 4 个步骤。

（1）确定一个目标明确的研究对象或研究课题。

（2）列举出该研究对象或研究课题的全部属性或特征，包括物理特性、化学性质、结构、功能、形态、颜色等。

（3）对列出的属性进行分析，并与其他物品进行对比，采用替代的方法对原属性进行改造，得到创新的思路。

（4）根据整理出的创新思路，继续深化、具体化，最终得出创新方案并对其进行评价与优化。

通过属性列举法，可以对研究对象或研究课题的所有属性进行全面研究，能够对产品进行全面、系统的创新。

运用属性列举法分析烧水壶

烧水壶是人们日常生活中常用的工具，人们熟悉它，并且它已经很久没变过样了，似乎很难再有改进之处。但现在，某创新团队决定运用属性列举法来分析烧水壶，找到改良烧水壶的创新方法。

烧水壶具有很多属性，首先，烧水壶这个整体有壶嘴、壶把手、壶盖等组成部件，使用的材料有铝、铁皮、铜等。针对每一个属性我们都可以找到创新的思路，例如：壶嘴的长度是否可以加长？更换壶把手的材质是否可以防止烫手？是否还有更适合的用来制作烧水壶的材料？是否可以防止壶盖被水蒸气顶起？

其次，从烧水壶的制作方法中可提取出冲压、焊接、浇铸等方法属性，我们可以思考：是否可以改进技术使烧水壶一次成型？是否可以使壶底的传热效率更高？

从烧水壶的性质、状态、颜色、形状可以提取出轻、重、美观、清洁、高低、大小、圆形、椭圆形等属性，我们可以思考：可否使烧水壶便于清洁？可否改变其形状以减少水垢的沉淀？可否使烧水壶能够根据水温变色？

从烧水壶的功能可以提取出加热、储存、保温等属性，我们可以思考：能否在壶体外增加隔热材料，以提高烧水壶的保温性能？能否增加烧水壶的储水容量？能否使烧水壶在水烧开后发出提示声音？

创新团队通过技术改造制作出了一款智能烧水壶，其特点在于壶嘴上有一哨子，开水的水蒸气会使哨子蜂鸣以提醒烧水者，同时壶身上添加了会随温度变色的标签，壶盖上也做了防溢流的设计，有效地提高了水壶的安全性。

分析：通过属性列举法，可以轻松地提取出烧水壶的种种属性，通过对属性进行一一分析，就能找到烧水壶这一产品的改良方法。

六、综摄法

综摄法由美国麻省理工学院教授威廉·戈登提出。它是以外部事物或已有的发明成果为媒介，并将它们分成若干要素，对每个要素进行研究，综合利用所激发出的灵感来发明新事物或解决问题的方法。其优势在于能够吸收其他产品的优点来设计新产品及制订营销策略等。

1. 综摄法的思考原则

综摄法的核心是以已知事物为参考来解决问题，思考时主要从“变陌生为熟悉”和“变熟悉为陌生”两个角度展开。

（1）变陌生为熟悉。变陌生为熟悉又叫异质同化，是指在面对陌生事物时，可以通过对陌生事物的分析，来发现其中包含的自己熟悉的要素，将其与具有同种要素的熟悉事物相比较，从而建立对于这个陌生事物的认识。

（2）变熟悉为陌生。变熟悉为陌生又叫同质异化，是指在面对一个熟悉的事物时，需要摆脱固定的观察模式，采用新的视角对其进行重新认识，从而产生新的想法。

2. 综摄法的运用

运用综摄法，一般通过会议的方式来集中群体的智慧，其具体实施分为两个阶段，每个阶段又有其特定的步骤。

准备阶段

综摄法的准备阶段主要包括 3 个具体步骤。

（1）确定会议时间和明确人员分工。

（2）确定与会者的数量。与会者可以有不同的专业背景，但必须具备一定的行业知识。

（3）选择主持人。主持人需对综摄法的相关知识有足够的了解。

实施阶段

综摄法的实施阶段包括 7 个步骤。

（1）提出问题。主持人介绍背景情况、相关资料，然后宣布需要解决的问题。

（2）分析问题。与会者轮流发言，发表自身对于问题的想法，各抒己见。

（3）明确方向。总结所有与会者的想法，将其抽象为一个明确的方向。

（4）探求原理。讨论这个研究方向所需运用的原理性知识。

（5）灵活类比。寻找同样运用了相关原理的事物，分析其对原理的运用方式。

（6）适应目标。将上面讨论出的运用原理的方式移植到需要解决的问题上，并根据该问题的实际情况进行调整。

（7）得出方案。对讨论得出的解决问题方法进行总结，形成最终的方案。

综摄法实质上是一个“具体问题 - 抽象原理 - 具体运用 - 解决问题”的思维过程，运用综摄法的重点在于寻找熟悉的事物作为原理与问题之间的媒介。

阅读材料

鼠患

某县的农村集体经济合作社喜获丰收，但是没过几天，村民就发现仓库里鼠患严重，库存的粮食被糟蹋了不少。鼠患自古便是农业的大敌，这个坏消息一下子冲淡了村民们因丰收而产生的喜悦之情。

合作社求助于某农业大学，没几天，黄教授就带着他的学生来到了县里，想要因地制宜地帮助合作社解决鼠患问题。经过实地考察，黄教授的团队决定研发一种高效的捕鼠器来一劳永逸地解决鼠患问题。但是传统的捕鼠器，无论是弹簧的、重力的还是胶粘的，捕鼠效果都不是很好，能捉到一些老鼠，但是消灭不了整个鼠群。

黄教授向学生们提出问题："我们需要一个怎样的捕鼠器？"

学生小刘："老鼠在自然界中的天敌主要是猫科动物、小型犬科动物、蛇类和食肉鸟类，它们的共同特点是灵活而敏捷，我觉得捕鼠器也要这样。"

学生小李："但是捕鼠器总不可能自己去找老鼠，老鼠的天敌都很灵活敏捷是因为老鼠自身的反应就很快，我们的捕鼠器应有很高的反应效率和击发速度，这样才能在老鼠反应过来之前抓住它。"

黄教授："很好，捕鼠的难点就在于老鼠反应快、感知灵敏。"

小刘："老鼠很警惕，感知灵敏，要想避开其反应快的特点可以使用老鼠感知不到的东西，比如超声波、红外线、电等。"

小李："我们可以结合老鼠的习性，在地面3厘米高处布设红外线，如果老鼠打断了红外信号，就可以使用超声波或发出高压电来消灭它。"

小刘："还需要使用诱导素，用气味来吸引老鼠。"

经过讨论，黄教授设计了捕鼠装置，将一些气味能吸引老鼠的东西放在墙角作为诱饵，并在诱饵旁边布置了一圈红外线，一旦红外线信号中断就会释放高压电瞬间将老鼠杀灭。这套捕鼠装置战果颇丰，很快除去了鼠患。

分析：黄教授的团队从老鼠的天敌身上寻找到了灵感，将捕鼠的问题转化为避开老鼠感知的问题，随即使用红外线和高压电成功地达到了捕鼠的目的，这是对综摄法一次极佳的运用。

七、形态分析法

形态分析法由瑞士天文学家弗里茨·兹威基于1942年提出，其特点是将事物进行不断的分解，得到若干不可再分解的要素，再对每一个细分要素进行独立的分析与构想，找出每一个要素的可能形态。这些可能形态经过不同的组合就构成了解决问题的方案，方案的个数就是各要素形态的组合数。

因为各要素的组合关系不同，所以得到的各方案也不相同，该方法通过要素的重新排列、组合，可以促进许多解决方法与创新想法的产生。需要注意的是，一旦任何一个要素或者其形态有问题，就会导致整个方案出现问题，因此，需要分析每一个方案的可行性。

形态分析法的实施主要分为以下 5 个步骤。

（1）明确对象。明确要用形态分析法解决的问题（如发明、设计等）。

（2）要素分解。将要解决的问题，按重要功能等基本组成部分，分解为创造对象的主要组成要素。

（3）形态分析。对每一要素进行分析，列出其所有可能的形态。

（4）形态组合。按照研究目标，将各要素的不同形态进行组合，得到尽可能多的创新方案。

（5）方案选择。对得出的各个创新方案进行分析与比较，从中选出一个最佳的组合方案为最终方案。

阅读材料

装配拉链头

拉链头是人们生活中非常常见且不起眼的小物件，虽然其结构简单，但由于体积小、连接处多，拉链头的装配非常麻烦，长期以来都只能人工装配。某公司想生产一种自动装配拉链头的机器，为此，需要先明确拉链头的装配程序，该公司使用形态分析法来分析拉链头。

该公司事先已经明确研究的问题为拉链头装配方案。公司研究人员经过细分，发现拉链头具体可分为 5 个部分，即帽盖、本体、中圈、铜马、拉片。

经过研究分析，公司研究人员发现拉链头的本体有 7 种可能形态，铜马有 7 种可能形态，中圈有 6 种可能形态，拉片有 6 种可能形态，帽盖有 5 种可能形态。

按照对设计对象的总体功能的要求，分别将各要素的不同形态进行组合，以获得尽可能多的设计方案。最终得到可能的方案一共是 8 820 种（$7\times7\times6\times6\times5$）。

但是其中很多形态不可兼容，充分考虑装配可能性后，最终得出 7 种具有装配可能性的方案。在认真比对各方案的实现难度、装配效果及成品质量后，该公司最终选择了 3 种装配方案进行具体生产试验。

经过同步试验，该公司收到了生产部门的多项反馈，最终选择了其中一种装配方案作为最终方案，以此方案为基础，生产自动装配拉链头的机器。

分析：该公司在设计拉链头装配方案时使用的是典型的形态分析法，通过找出所有可能的装配方案并一步步进行筛选和优化，最终得出了最优的装配方案。

第四节 拓展阅读——冬奥会的“黑科技”

2022 年，第 24 届冬季奥林匹克运动会在我国首都北京举行，自各国参赛选手入住奥运村之后，伴随着比赛的开展，各项中国“智造”吸引了全国乃至世界观众的目光，2022 北京冬奥会无疑向世界展示了中国“智造”。

“科技冬奥”是本届北京冬奥会的主要特点之一，本届冬奥会运用了众多当前高新技术，涉及整个冬奥会的各个方面。

从交通来看，本届冬奥会有 3 个赛区，为了方便运动员和媒体在不同赛区流动，我国为冬奥会修建了第一条智能高铁——“京张高铁”，这是本次冬奥会的重要交通保障设施。我国还为冬奥会量身定制了专属列车。列车融合“高铁 +5G+4K”技术，全程全自动无人驾驶，时速达到每小时 350 千米；沿途有上百个冬奥 5G 基站，使该列车在过隧道时也能高速上网；列车中配备有 5G 超高清奥运演播室，可实现 5G 高清赛事直播，具备 6 个频道 4K 直播能力。围绕服务冬奥会和冬残奥会的宗旨，该列车组 5 号车厢为多功能车厢，设置媒体工作区，提供 12 个办公桌及国际通用插座、可推拉小桌板等设施，可容纳 48 人就座，为媒体工作者提供办公便利。1 号、4 号、8 号车厢二位端设置滑雪器材存放柜，用于滑雪爱好者存放滑雪板等器材，并设有滑雪器材锁，保证存放安全。另外，4 号车厢还设置了轮椅存放区、无障碍卫生间及站台补偿器，便于轮椅无障碍存放和通过，满足冬残奥会需要。

防疫方面，当涉奥人员抵达冬奥村后，将面对“智能防疫员”，该防疫机器人自带感知设备，在“智能防疫员”的屏幕前，参会者无须摘掉口罩，只需轻刷一下相关身份证件，1 秒内即可实现身份识别、智能测温、健康宝、核酸检测等共计 8 个查验环节，并可保证人体温度检测精准度在 0.2 摄氏度以内。场馆内还设有消毒机器人，据悉，该机器人每天只需提前加好消毒液，到设定时间自己就可以执行消杀任务。本次冬奥会还有一个防疫利器——腋下创可贴，这是一种可穿戴的智能体温计，在使用时，工作人员只需将这款手指肚大小的产品贴在皮肤上，下载手机应用程序后绑定，即可测得体温数据。此外，还有承担消毒和配送功能的“烛光机器人”，实现室外清扫、垃圾回收的“阳光机器人”，以及只需照射 5 秒即可完成消杀的大型表面消杀设备“冷链物流紫外光催化复合消杀机”。

场地方面，本次冬奥会新建了被称为“冰丝带”的国家速滑馆，该场馆选用二氧化碳跨临界制冷系统，冰面温差控制在 0.5 摄氏度以内，碳排放量接近于零，同时通过冷热联供一体化设计对制冷余热进行回收利用，能效提升 30% ～ 40%。这项技术被大规模应用于冬奥会也是奥运史上首次。

吃住方面，冬奥村配备了智能床，每张床都配有 8 个按钮的遥控器，可以将床调成不同的高度，保证运动员更舒适地休息。为各国记者准备的媒体餐厅由机器人掌厨，在自助点餐之后，菜品会直接通过餐厅天花板上的云轨“从天而降”，直接投放到点餐人的饭桌上，此外还有智能餐台、智能取餐柜等设施。

另外，在 5G 大规模覆盖下，AR/VR 设备、高清视频、短视频等为大家带来了随时随地、全新视角的观赛体验。同时，人工智能合成视频技术对运动员的动作瞬间进行 360 度捕捉，这是传统的转播技术无法达到的。冬奥会的科技运用还有很多，如打造的可以在大风、低温环境稳定燃烧的“永不熄灭的火炬”；通过机器人完成的水下火炬传递；专用于冬奥会速度滑冰赛事转播工作的“超高速 4K 轨道摄像机系统”（网称“猎豹”）；中央广播电视总台打造的 AI 手语翻译官“聆语”；我国自主设计、采用 360 度全身防切割技术、强度达到了钢丝的 15 倍，为我国短道速滑运动员提供全方位防护的“中国龙战袍”等。

更多拓展阅读

据科技部社会发展科技司司长介绍，“科技冬奥”不仅满足北京冬奥会筹办和参赛的重大科技需求，同时将对后奥运时代的经济社会高质量发展发挥积极作用。

案例启发

科技与奥运的结合，不仅体现了本届冬奥会“零排供能、绿色出行、5G 共享、智慧观赛、运动科技、清洁环境、安全办赛、国际合作”的理念，还进一步向世界展现了我国的科技与创新实力，是利用高新技术实现绿色低碳理念的创新实践，为世界探寻了更好的未来城市生活解决方案，满足人们对美好生活的新要求。大学生应从中学习开拓创新的精神，培养创新意识，关注各领域创新发明，发明创新成果，推动实现我国“2030 年跻身创新型国家前列，2050 年建成世界科技创新强国”的战略目标。

第五节　自我评估

下面为创新思维能力测试，大学生可以通过该测试评估自己的创新思维能力，并根据测试结果有意识地提升自己的创新意识与能力。

〖测试说明〗

本测试共有 10 道题目，请根据自己的实际情况与想法做出判断，如果符合你的情况，则回答“是”，拿不准则回答“不确定”，不符合则回答“否”，评分标准如表 2-2

所示。注意，测试结果仅供参考。

1. 你认为那些使用古怪和生僻词语的作家，纯粹是为了炫耀。（ ）

2. 无论什么问题，要让你产生兴趣，总比让别人产生兴趣要困难得多。（ ）

3. 对那些经常做没把握事情的人，你不看好他们。（ ）

4. 你常常凭直觉来判断问题的正确与错误。（ ）

5. 你善于分析问题，但不擅长对分析结果进行综合、提炼。（ ）

6. 你审美能力较强。（ ）

7. 你的兴趣在于不断提出新的建议，而不在于说服别人去接受这些建议。（ ）

8. 你喜欢那些一门心思埋头苦干的人。（ ）

9. 你不喜欢提那些显得无知的问题。（ ）

10. 你做事总是有的放矢，不盲目行事。（ ）

表 2-2 评分标准表

题号	“是”得分	“不确定”得分	“否”得分
1	−1	0	2
2	0	1	4
3	0	1	2
4	4	0	−2
5	−1	0	2
6	3	0	−1
7	2	1	0
8	0	1	2
9	0	1	3
10	0	1	2
总分			

〖测试分析〗

若总分在 22 分以上，则说明你有较高的创造个性，总能想出一些别出心裁的点子，喜欢与众不同。

若总分在 22 ～ 10 分，则说明你善于在创造性与习惯做法之间找平衡，既具有一定的创新意识，同时又很注意尊重人们的传统习惯，不会做出过于惊世骇俗的事情。

若总分低于 10 分，则说明你是一个循规蹈矩的人，在生活中可能较少运用创新思维解决问题。

第六节　思考与练习

1. 匈牙利生理学家、1937 年诺贝尔生理学或医学奖获得者阿尔伯特·森特·哲尔吉曾说过：“创新就是和别人看同样的东西却能想出不同的事情。”这句话被认为是对创新思维的阐述。你如何看待这种观点？谈谈你对创新思维的认识。

2. 奥地利医生奥恩布鲁格想解决检查胸积水的问题，然而想了很久也想不出办法。一天，他突然想起身为酒商的父亲只要一敲酒桶，凭叩击声就知道桶内有多少酒，推及胸腔与酒桶相似，他发明了“叩诊”。请问该故事体现了什么创新思维？大学生可以使用什么方法来训练该思维能力？

3. 和田十二法是我国学者许立言、张福奎在奥斯本检核表基础上提出的一种思维方法。该方法主要从 12 个方面为创新提供思考方向：加一加，减一减，扩一扩，缩一缩，改一改，变一变，学一学，搬一搬，代一代，联一联，反一反，定一定。请同学们在了解该方法的基础上，讨论该方法与奥斯本检核法的区别，并谈谈自己在创新思维与方法上有过哪些实践尝试。作为大学生，可以在哪些领域运用该方法？

4. 2015 年，长篇科幻小说《三体》英文版国外的发行令刘慈欣声名鹊起，刘慈欣也成为首位入围星云奖并斩获雨果奖的作家，并被许多科幻迷和文学评论家冠以“中国科幻第一人”的美誉。有人认为，科幻小说是一种让想象力得到驰骋与磨砺的文学体裁，它虽然不能直接授人以科学知识，却足以激发我们的创造力。请同学们讨论分享：科幻是否可以作用于创新实践？其中，创新思维与方法是否对我们有所帮助？

5. 阅读以下材料，回答问题。

有一家设计工作室接到订单，客户要求该设计室设计出与以往完全不同的杯子。总经理认为年轻人更有创造性，于是便选拔了几个新招的年轻人组建了设计团队，要求他们设计杯子，结果这些年轻人的设计成果都不够新颖。接下来，总经理重新选拔了一组成员，这次他没有告诉对方要设计什么，而是要求他们设计一件造型独特的工艺装饰品，所用材料不限，可以是木头、塑料、玻璃、瓷器等，然后再试着将这一工艺品中间挖空，并设计一件东西支撑住这一工艺品。结果，这些成员产生了许多新颖的构思，创造了不少创新十足的作品。总经理很快便顺利完成了任务，而且意外发现，他们设计的这些东西还可以用于椅子、碗等。

（1）总经理是如何实现这次杯子的创新的？

（2）为什么第二批组员产生了更新颖的创新成果？

CHAPTER 03

第三章　创业与创业政策

学习目标

了解创业的含义、类型、过程。

熟悉与大学生创业相关的帮扶政策。

素养目标

正确认识创业，并能够在创业时灵活运用各种创业优惠措施，避免创业资源的浪费。

案例导入

贾某虽然是一个大四学生，但未毕业，他便以创业“明星”的身份被许多校友熟知，而贾某的创业梦，早在其高三毕业时便已点燃。当时，贾某跟着朋友的创业团队“混”一圈，虽然没拉到赞助，但他开始留意身边的商机。

大一时，贾某知道许多人有考英语四、六级的需要，于是利用自己的4 000元存款批发了一批外语辅导书，打算以低于周边书店的价格售卖。通过在本专业和各大校园QQ群宣传，他一周便赚了400元。后来，他又看中了寝室零食销售，与人合伙在每晚9点之后在各宿舍楼销售零食，也赚了一笔钱。之后，贾某发现开学时，寝室床上用品等需求较大，便购买了以床上用品6件套为主的样品，并选定了货源合作商家，由于他的产品质高价廉，购买的人很多。

大三时，由于贾某所在学校扶持大学生创业，提供创业补贴和租金优惠，贾某便用赚的钱与同学合资，在学校附近开了一家杂货店，利用网络货源渠道，专门购进大学生需要的、感兴趣的生活用品。因为流量稳定、价格公道，一直到贾某毕业后再创业，该店一直在运营。

案例思考

1. 你如何看待贾某的创业行为？
2. 你对当前的大学生创业政策有何了解？

案例中的贾某对于创业，一开始就有清晰的认知，并瞄准了当前大学生的刚需不断尝试，并获得了一定的成绩。另外，他还抓住了当前高校鼓励大学生创业的利好政策，进一步推动创业顺利实施。这说明，有坚定创业信念并能抓住创业利好政策的人更容易创业成功。目前，国家已经出台了很多鼓励与扶持大学生创新创业的政策，各省区市有关单位和高校也积极开展了创业活动，这对于大学生开展创业活动、积累创业经验、成功创业有重要意义。本章将带领大学生认识创业与创业政策。

第一节　初识创业

课堂活动

活动主题：给创业下定义

活动内容：古有秦始皇统一六国、汉武帝开辟丝绸之路，今有马化腾创立腾讯、陶华碧打造“老干妈”，这些都属于创业吗？你身边是否有创业的人，他们是怎么开始创业的？你对创业有怎样的理解？带着这样的思考，请谈谈你能想到的关于创业的词语，并试着为创业下定义。

对于在校大学生或已经毕业的大学生，“创业”这个词并不陌生，大家或多或少接触过，也看到过很多创业的具体形式，比如：摆摊；开饮品店、服装店和快餐店；在网上销售商品、提供网络服务等。这些都属于创业的具体表现形式。但对有志创业的大学生而言，有必要更加系统地了解创业的内涵、创业者的类型、创业的过程等知识，从而对创业有更加清晰的认识。

一、什么是创业

《孟子·梁惠王》记载：“君子创业垂统，为可继也。”这里的创业，即指“创立基业”或“开创事业”。“创业”由“创”和“业”组成，所谓“创”就是创造，即创建、创立、创新之意；而“业”具有学业、业务、工作，专业、就业、转业、事业，财产、家业、企业等含义。

在现代社会中，“创业”被普遍用于描述开创某种事业的活动，它是一个过程，也是一个主体通过主观努力而取得的新结果。它意味着某个人或某个群体通过有组织的努力，以创新、独特的方式追求机会、创造价值和谋求增长。它也是一种着重于创新活动的行为过程，是创业者通过创新手段，将资源更有效地利用，为市场创造出新价值的过程。那么，作为大学生，该如何更好地理解创业的内涵呢？

1．创业是一种生活方式

创业对初入社会的大学生而言，充满魅力，同时又高深莫测、困难重重。实际上，创业只是一种生活方式而已，但需要创业者付出更多时间与精力，具备更多、更全的技能，还要求创业者勇于面对创业过程中的困难和挫折。创业成功，可以积累大量的财富，受人尊敬，甚至获得荣誉和地位，并过上更好的生活；而创业失败，也许会让创业者与富足的生活擦肩而过，甚至背负债务。但风险与收益并存，有志于创业的大学生可以主动尝试创业。

2．创业是实现梦想的途径

每个人都有属于自己的梦想，而创业是实现梦想的途径。一方面，创业有可能使创业者积累大量的财富。在财富的支持下，人们可以更容易地实现自己的梦想，例如，环游世界、让自己和家人生活得更加幸福，或者帮助更多需要帮助的人。另一方面，有人想当老板，或想为国家科技创新作贡献，那么创业无疑是有效途径。许多梦想都可以通过创业实现。

3．创业过程充斥着矛盾

创业的过程是创业者无法完全掌控的，充满不确定性。但明知这样，创业者仍然需要去做搜集、调查等工作，做到未雨绸缪。而且，有人创业是希望成功之后，有更轻松的生活、更多空闲的时间，然而创业可能需要其花费许多时间去安排、管理和做大量的事情，并不会有空暇，也不轻松。

4．创业是一个复杂的系统

创业可能会涉及金融、管理、工程、市场营销、法律等多方面的知识，创业者一般需要有较好的语言表达能力、销售能力以及和顾客、销售人员、供应商、代理商沟通交流的能力等。这意味着创业者应尽量做到全面发展，不仅要对自己和家人负责，还要对客户、合作伙伴及其他社会组织负责。

阅读材料

为实现家乡致富创业

刘某很小就立志要改变家乡的面貌，帮助家乡致富，因此，大学毕业后他便回到家乡，寻求创业与帮助家乡致富的机会。由于刘某毕业于某高校的生物专业，并对一些物种的改良及资源的利用有独特的见解，结合家乡实际情况，他打算搞生态种植和养殖。

刘某的想法得到了县里和乡里的支持，为了节省他的创业资金，乡里免费拨了一块山头给他做养殖中心，条件是有经济收入后，每年将年收入的5%用于改善乡里的教学环境，而且县里面还特批了5万元创业资金，让他无息使用。刘某先是化验了家乡的泥土，研究了当地的天气和水利情况，然后从国外引进了一些抗旱的经济作物，并且自己研发了一些常规蔬菜的抗旱品种。他首先从种植开始做起，仅一年时间就回收了一部分投资，第二年他培育的优质肉羊及肉牛品种开始被大量养殖，不到5年时间，原本杂草丛生的山头变成了蔬果飘香的“金山”。之后他还开创了一种新的养殖方法，即将自己养殖中心的动物免费送给附近的乡民喂养，并且对他们进行养殖培训，然后免费给他们提供种牛、种羊，只要求他们在种牛、种羊繁育后还给养殖中心一对幼仔。这些方法实施后，不仅他自己家中的条件开始变好，附近的乡亲们也都跟着致富了。后来刘某又成立了生物制品有限公司，将山里无污染的山珍药材制成成品，远销欧美。就这样，他一步一步带领乡亲们走上了致富路。

分析：刘某的创业建立在促进家乡致富之上，他通过走生态种植和养殖的创业之路，成功实现了自己的梦想。

二、创业的类型

按照不同的划分标准，创业可以分为不同的类型，常见的创业分类标准是创业动机和创业者情况。

1．根据创业动机分类

根据创业动机，创业分为生存型创业和机会型创业。

生存型创业

生存型创业指创业者对当前现状不满，受到一些非创业因素的推动而进行创业，可用“逼上梁山”来形容。

机会型创业

机会型创业指创业者在创业的吸引下，利用自身的特质和商业机会进行创业，是一种自发的创业。

在金融、保险、房地产等行业中，机会型创业较多，而在零售、汽车、租赁、个人服务、保健、教育、社会服务和娱乐等行业中，生存型创业较多。

2．根据创业者情况分类

根据创业者的情况，创业一般可以分为变现型创业和主动型创业。

变现型创业

变现型创业指创业者曾经在企业工作期间聚集了大量资源，他们利用这些资源，在机会适当的时候，自己开公司、办企业。其实质是将过去的无形资源变现为有形财富的创业行为。

主动型创业

主动型创业可以分为盲动型创业和冷静型创业两种。盲动型创业指创业者以一定的莽撞心理进行创业，这样的创业者大多极为自信，做事冲动。虽然他们很容易失败，但是一旦创业成功，往往能成就一番大事业。冷静型创业指创业者谋定而后动，做好充分准备后进行创业。这样的创业者或掌握资源，或拥有技术，一旦行动，创业成功率通常很高。

三、创业的过程

创业是一个阶段性的过程，甚至是一个可能比较漫长的过程。按时间顺序划分，创业可以分为 6 个阶段（见图 3-1）。

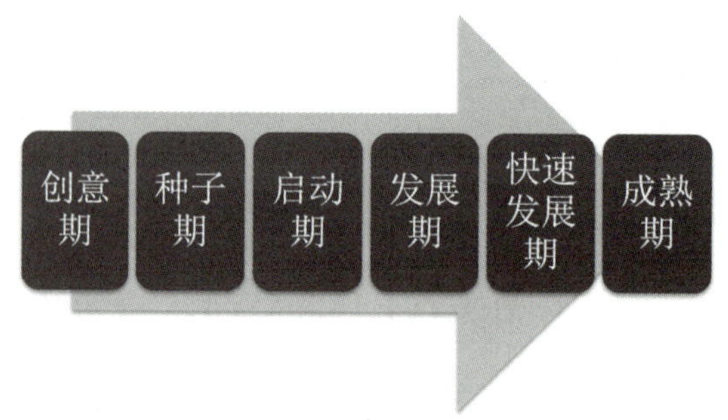

图 3-1 创业的过程

1. 创意期

创意期的企业和实体企业有较大的距离，不论是创业机会、商业模式还是团队构成，都还停留在创意的萌芽状态。未来什么时候企业能够创立并站稳脚跟，创业者这时还不能给出准确的答案。

创业者跨越创意阶段的标志是创业方向和目标市场的确定。创业者在寻找创业方向和目标市场的过程中，一定要不断积累知识与能力，可以通过课余时间兼职、参加社团、参加创业培训等活动，不断积累创业经验。

2. 种子期

这一时期的创业者已经初步选定适合的创业机会。为了使创业想法能够成为现实，创业者需要寻找合适的合作伙伴，吸收必要的有形及无形资源，构建可能的商业模式。

此时，企业尚未建立，也不涉及组织结构问题，只是几个志同道合的创业伙伴走到一起组成创业团队，进行相关技术的研究开发和前期的准备活动。这一阶段，创业者要特别关注创业机会，考虑创业技术是否成熟，考察市场发展前景是否良好，并编写创业计划书。

3．启动期

启动期属于企业的正式创立阶段。企业的创立时间基本明确，已经有了一个处于初级阶段的产品，可以初步投入市场，企业也组建成功，拥有一个分工较为明确的队伍，组织结构初步成形。

在企业搭建之后，创业者就要运用必要的竞争策略来应对市场压力。这一阶段的关键是要做好资金和人员的安排，选择合适的合作者，制订适合企业的管理制度和市场策略，确保企业稳步成长。

4．发展期

一般企业经过 1 年左右的初创期后，生存问题基本得到解决，进入了发展期，发展期一般需要 3 ～ 5 年。随着企业的发展，团队成员对企业的未来更加充满信心，同时创业者将面临迅速增多的管理事务，需要考虑进一步规范组织制度。

这一阶段创业者的主要挑战是规划企业的下一步发展。创业者需要有意识地从企业战略层面思考企业发展目标，同时进一步调整企业的商业模式，如果管理团队的能力和素质无法满足企业发展战略需要，则需要吸收新的团队成员。

在此阶段，要特别注意快速完成资本的原始积累，形成企业的主攻方向，实行粗中有细的管理模式，保证企业骨干的能力。

5．快速发展期

在经过 3 ～ 5 年的发展期后，企业开始进入快速发展期，在这一阶段，企业将会进一步确定发展目标和企业战略。以新的战略为基点，企业可能需要发展新的商业模式，创业者可能希望组建自己的销售队伍，扩大生产线，进一步拓宽市场。

这一阶段中，企业逐步形成规模，产品开始具有一定的市场占有率。在快速发展期，创业者不仅立足原有的创业点，而且试图开发相关产品及开展相关项目。企业拥有的资源较为丰富，管理制度也基本到位，且可能成为风险投资机构热衷的投资对象。创业者应致力于专业化的发展，即使要发展多元化的业务线，也应该是与主营业务相关的多元化。同时，要扩大企业规模，对产品和服务进行延伸，降低开支，减少浪费。另外，还要优化资金募集方式，细化分工，并做好知识产权的保护等工作。

6．成熟期

在成功发展 5 ～ 10 年后企业开始步入成熟期，此时企业核心产品已在市场上占有较大份额，利润额剧增。

成熟期的企业组织结构日趋完善，但也可能出现组织创新的惰性和障碍。经营中存在的潜在风险和管理者可能的失当举措使成熟期的企业可能出现衰退的端倪。对企业来讲，在这一阶段筹集资金的方法之一是通过发行股票上市。

企业成功上市筹集的资金一方面可为企业发展增添后劲，使企业拓宽经营范围和规模，另一方面也可为风险投资机构的退出创造条件。这一阶段，创业者要不断开发新产品、新服务和新市场，注重年轻干部的培养和继任者的选择等。

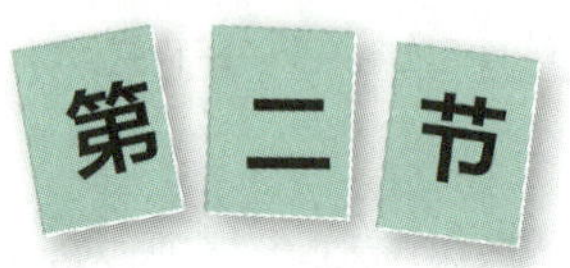

第二节 了解大学生创业政策

课堂活动

活动主题：借助多方渠道了解创业政策

活动内容：请同学们分为6～10人的小组，通过问卷调查、访谈、咨询或网络搜索等手段，收集有关大学生创业政策的内容、实施情况、在大学生中的普及度等信息。请各小组自行制订调查计划并根据调查结果生成调查报告。

通过上面的活动，相信你对创业政策已经较为了解。对社会创业而言，大学生创业是非常重要的一部分。多年来，国家和各级政府相继出台了许多大学生创业帮扶政策，了解大学生创业政策，将有助于大学生创业者从中寻求助力，更好地迈出创业第一步。

一、大学生创业现状与面临的问题

虽然国家大力支持与鼓励大学生创业，但因为各种各样的原因，例如，认为创业起步难、成功率低、自身能力不足等，大学生选择自主创业的比例仍旧不高。下面将介绍当前大学生的创业现状及创业可能面临的问题，这将有助于大学生评估自己能不能创业、如何创业，同时帮助创业的大学生少走弯路，增加创业成功的概率。

1. 大学生创业的现状

随着2015年“大众创业、万众创新”的提出，以及我国对具有创新创业能力的应用型人才需求的增加，大学生创业的总体形势有所好转，但仍有不足。当前大学生创业现状主要呈现以下几个方面的特点。

大学生成青年创业主体

由于创新创业教育在近几年备受重视，高校也积极响应国家号召，积极开展大学生创新创业教育工作，并为其提供一定的资金与理论帮助，因此大学生创业人数有所增加，且在青年创业人员中占比较大。《中国青年创业发展报告（2021）》显示，青年创业者中，19～23岁的大学在校生、应届毕业生、毕业后待业人员是创业主体，合计占比为51.3%。且从2015年至2020年，中国青年创业发展指数由100升至167.5，整体呈上升趋势。

中国青年创业发展指数体系从创业环境、企业家精神和创业结果3个角度构建中国青年创业发展指数框架，分别从政策环境、市场环境、创新精神、创业精神、创业活力、创业质量6方面进行分析，共涉及包括一般公共服务支出占比、财政科技支出占比、全社会研究与开发经费支出/GDP、每万人独角兽企业数等在内的17个具体指标。

创新创业意识不强

智联招聘发布的《2021大学生就业力报告》显示，2021年参与调研的应届毕业生中，仅有1.4%的人选择创业，较2020年提升了0.3%，但整体占比仍较小，大学生创新创业意识仍不够强。现在仍有很多大学生对创新创业的理解停留在做老板的阶段，还有许多对就业或创业难以取舍，或者对创业持“玩票”性质，不够重视，因此创业成功并取得突出成就的较少，这需要大学生端正心态，正确规划职业生涯，树立坚定的创业信念。

缺乏创业的基本素质

创业者要具备过硬的文化素质、心理素质，以及发现潜在商机的能力、长远目光、领导能力与团队精神等，这对缺少阅历的大学生而言较为困难，很多大学生或大学生创业者并不具备这样的素质。

创业项目与专业知识不能紧密结合

现在许多大学生将创业范围局限于餐饮、服装或网络App等，或在学校附近开设相关实体店，为大学生及大学附近的人服务，与所学知识脱节、与所学专业脱节，这就会导致创业缺乏理论与知识支撑，不利于大学生未来的创业发展。

有些高校仅提供了创新创业理论教育，却缺乏相关的实践场所，使大学生只有理论基础、创业创新精神而无实践经验，这是当前大学生的创业现状之一。

2. 大学生创业面临的问题

近年来，我国大学生创业处于逐步发展中。一方面，大学生有创业热情，敢于尝试；另一方面，国家的政策扶持也改善了大学生创业环境，让更多的大学生投身创业并获得了成功。但是，仍有很多大学生创业者遭遇了失败，大学生创业者时常会面临如下问题，这需要尽量避免，大学生应对此有所了解。

缺乏经验和技能

大学生长期生活学习在校园，对社会缺乏较深的了解和认识，特别是在市场运作、企业运营等领域缺乏相关的知识和经验。此外，大学生缺乏社会经验，对创办企业的各种办事流程不熟悉，社会交往、沟通能力也不够，对遇到的问题缺乏预见性，不会主动发现和解决问题。

选择的创业项目竞争激烈

服务业是大学生创业的首选领域。近年来，大学生自主创业最为集中的行业依次为中小学教辅、互联网、综合餐饮等。但这些行业市场饱和度高，竞争比较激烈，大学生创业者又缺乏社会经验，很容易在激烈的市场竞争中败下阵来。

未做好充分的创业准备

现阶段，有一部分大学生在加入创业队伍时，只是为了盲目寻求一条就业途径，并非有了明确的创业理想和充分的创业准备。在这种情况下，踏上创业之路的大学生独立性不强、抗挫折能力弱，但市场竞争是残酷的，大学生在创业过程中肯定会遇到各种挫折和打击。在创业初期，生意惨淡的情况时有发生，这些状况都会给未做好创业心理准备的大学生带来严重的打击，不少创业大学生甚至就此悲观消沉，最后选择退出创业，导致创业失败。

资金不足

很多大学生都有不错的创业项目或设想，但由于资金匮乏难以付诸实践。启动资金及后续经营资金的不足也是大学生创业者面对的一大难题。

二、大学生自主创业的帮扶政策

最近几年，越来越多的大学生毕业后选择创业，那么，国家出台了哪些扶持大学生创业的政策呢？为支持大学生创业，国家每年都会出台许多相关的政策方针，涉及税收、创业培训、创业指导等诸多方面，力图大力推进创新创业，以创业带动就业。对打算创业的大学生来说，了解最新的创业政策和方针有助于更好地走好创业的第一步。

阅读材料

创业政策助力大学生创业

某高校毕业生李某在一次逛街时，发现一条街上有许多特色小吃，而且每家店的生意都很好。这让李某突然想到了自己最喜欢吃的鸡汤银丝面。这是她家乡附近的特色美食，好吃又便宜，搭配辣卤，汤鲜味美，十分受人欢迎。

在李某看来，鸡汤银丝面经济实惠，口碑一直不错，选一个好位置，开在大学附近，应该有不错的人气。此外，李某进一步了解到，国家出台了一系列鼓励大学生创业的政策，按照规定，毕业年度内自主从事个体经营的高校毕业生，3 年内可享受月销售额不超过 2 万元暂免征收增值税等优惠政策。于是，李某通过银行贷款的方式凑齐了前期的启动资金，在大学旁边的一条小吃街上租了一间小铺面，开始了她的创业之路。自开业以来，小店的生意红火，不久税务部门就主动与她联系减免税费事宜。

分析：国家和各地方政府多年来一直在为大学生创新创业提供各种政策支持，比如李某，在创业时便可享受相关的大学生扶持政策。大学生主动了解并合理利用相关政策，可以为自己的自主创业活动带来很大便利。

1．国家创业帮扶政策与措施

为促进高校毕业生以创业带动就业，更大程度地实现知识的产业化，国家相关部门出台了一系列的帮扶政策与措施。2021 年，《国务院办公厅关于进一步支持大学生创新创业的指导意见》指出，近年来，越来越多的大学生投身创新创业，但也面临融资难、经验少、服务不到位等问题。为提升大学生创新创业能力，增强创新活力，进一步支持大学生创新创业，国务院办公厅特提出以下指导意见。

提升大学生创新创业能力

（1）将创新创业教育贯穿人才培养全过程。深化高校创新创业教育改革，健全课堂教学、自主学习、结合实践、指导帮扶、文化引领融为一体的高校创新创业教育体系，增强大学生的创新精神、创业意识和创新创业能力。建立以创新创业为导向的新型人才培养模式，健全校校、校企、校地、校所协同的创新创业人才培养机制，打造一批创新创业教育特色示范课程。

（2）提升教师创新创业教育教学能力。强化高校教师创新创业教育教学能力和素养培训，改革教学方法和考核方式，推动教师把国际前沿学术发展、最新研究成果和实践经验融入课堂教学。完善高校双创指导教师到行业企业挂职锻炼的保障激励政策。实施高校双创校外导师专项人才计划，探索实施驻校企业家制度，吸引更多各行各业优秀人才担任双创导师。支持建设一批双创导师培训基地，定期开展培训。

（3）加强大学生创新创业培训。打造一批高校创新创业培训活动品牌，创新培训模式，面向大学生开展高质量、有针对性的创新创业培训，提升大学生创新创业能力。组织双创导师深入校园举办创业大讲堂，进行创业政策解读、经验分享、实践指导等。支持各类创新创业大赛对大学生创业者给予倾斜。

优化大学生创新创业环境

（1）降低大学生创新创业门槛。持续提升企业开办服务能力，为大学生创业提供高效便捷的登记服务。推动众创空间、孵化器、加速器、产业园全链条发展，鼓励各类孵化器面向大学生创新创业团队开放一定比例的免费孵化空间，并将开放情况纳入国家级科技企业孵化器考核评价，降低大学生创新创业团队入驻条件。政府投资开发的孵化器等创业载体应安排30%左右的场地，免费提供给高校毕业生。有条件的地方可对高校毕业生到孵化器创业给予租金补贴。

（2）便利化服务大学生创新创业。完善科技创新资源开放共享平台，强化对大学生的技术创新服务。各地区、各高校和科研院所的实验室，以及科研仪器、设施等科技创新资源可以面向大学生开放共享，提供低价、优质的专业服务，支持大学生创新创业。支持行业企业面向大学生发布企业需求清单，引导大学生精准创新创业。鼓励国有大中型企业面向高校和大学生发布技术创新需求，开展"揭榜挂帅"。

（3）落实大学生创新创业保障政策。落实大学生创业帮扶政策，加大对创业失败大学生的扶持力度，按规定提供就业服务、就业援助和社会救助。加强政府支持引导，发挥市场主渠道作用，鼓励有条件的地方探索建立大学生创业风险救助机制，可采取创业风险补贴、商业险保费补助等方式予以支持，积极研究更加精准、有效的帮扶措施，及时总结经验、适时推广。毕业后创业的大学生可按规定缴纳"五险一金"，减少大学生创业的后顾之忧。

加强大学生创新创业服务平台建设

（1）建强高校创新创业实践平台。充分发挥大学科技园、大学生创业园、大学生创客空间等校内创新创业实践平台作用，面向在校大学生免费开放，开展专业化孵化服务。结合学校学科专业特色优势，联合有关行业企业建设一批校外大学生双创实践教学基地，深入实施大学生创新创业训练计划。

（2）提升大众创业万众创新示范基地带动作用。加强双创示范基地建设，深入实施创业就业"校企行"专项行动，推动企业示范基地和高校示范基地结对共建、建立稳定合作关系。指导高校示范基地所在城市主动规划和布局高校周边产业，积极承接大学生创新成果和人才等要素，打造"城校共生"的创新创业生态。推动中央企业、科研院所和相关公共服务机构利用自身技术、人才、场地、资本等优势，为大学生建设集研发、孵化、投资等于一体的创业创新培育中心、互联网双创平台、孵化器和科技产业园区。

推动落实大学生创新创业财税扶持政策

（1）继续加大对高校创新创业教育的支持力度。在现有基础上，加大教育部中央彩票公益金大学生创新创业教育发展资金支持力度。加大中央高校教育教学改革专项资金支持力度，将创新创业教育和大学生创新创业情况作为资金分配重要因素。

（2）落实落细减税降费政策。高校毕业生在毕业年度内从事个体经营，符合规定条件的，在 3 年内按一定限额依次扣减其当年实际应缴纳的增值税、城市维护建设税、教育费附加、地方教育附加和个人所得税；对月销售额 15 万元以下的小规模纳税人免征增值税，对小微企业和个体工商户按规定减免所得税。对创业投资企业、天使投资人投资于未上市的中小高新技术企业及种子期、初创期科技型企业的投资额，按规定抵扣所得税应纳税所得额。对国家级、省级科技企业孵化器和大学科技园以及国家备案众创空间按规定免征增值税、房产税、城镇土地使用税。做好纳税服务，建立对接机制，强化精准支持。

加强对大学生创新创业的金融政策支持

（1）落实普惠金融政策。鼓励金融机构按照市场化、商业可持续原则对大学生创业项目提供金融服务，解决大学生创业融资难题。落实创业担保贷款政策及贴息政策，将高校毕业生个人最高贷款额度提高至 20 万元，对 10 万元以下贷款、获得设区的市级以上荣誉的高校毕业生创业者免除反担保要求；对高校毕业生设立的符合条件的小微企业，最高贷款额度提高至 300 万元；降低贷款利率，简化贷款申报审核流程，提高贷款便利性，支持符合条件的高校毕业生创业就业。鼓励和引导金融机构加快产品和服务创新，为符合条件的大学生创业项目提供金融服务。

（2）引导社会资本支持大学生创新创业。充分发挥社会资本作用，以市场化机制促进社会资源与大学生创新创业需求更好对接，引导创新创业平台投资基金和社会资本参与大学生创业项目早期投资与投智，助力大学生创新创业项目健康成长。加快发展天使投资，培育一批天使投资人和创业投资机构。发挥财政政策作用，落实税收政策，支持天使投资、创业投资发展，推动大学生创新创业。

促进大学生创新创业成果转化

（1）完善成果转化机制。研究设立大学生创新创业成果转化服务机构，建立相关成果与行业产业对接长效机制，促进大学生创新创业成果在有关行业企业推广应用。做好大学生创新项目的知识产权确权、保护等工作，强化激励导向，加快落实以增加知识价值为导向的分配政策，落实成果转化奖励和收益分配办法。加强面向大学生的科技成果转化培训课程建设。

（2）强化成果转化服务。推动地方、企业和大学生创新创业团队加强合作对接，拓宽成果转化渠道，为创新成果转化和创业项目落地提供帮助。鼓励国有大中型企业和产教融合型企业利用孵化器、产业园等平台，支持高校科技成果转化，促进高校科技成果和大学生创新创业项目落地发展。汇集政府、企业、高校及社会资源，加强对中国国际“互联网+”大学生创新创业大赛中涌现的优秀创新创业项目的后续跟踪支持，落实与科技成果转化相关的税收优惠政策，推动一批大赛优秀项目落地，支持获奖项目成果转化，形成大学生创新创业示范效应。

办好中国国际“互联网 +”大学生创新创业大赛

（1）完善大赛可持续发展机制。鼓励省级人民政府积极承办大赛，压实主办职责，进一步加强组织领导和综合协调，落实配套支持政策和条件保障。坚持政府引导、公益支持，支持行业企业深化赛事合作，拓宽办赛资金筹措渠道，适当增加大赛冠名赞助经费额度。充分利用市场化方式，研究推动中央企业、社会资本发起成立中国国际“互联网 +”大学生创新创业大赛项目专项发展基金。

（2）打造创新创业大赛品牌。强化大赛创新创业教育实践平台作用，鼓励各学段学生积极参赛。坚持以赛促教、以赛促学、以赛促创，丰富竞赛形式和内容。建立健全中国国际“互联网 +”大学生创新创业大赛与各级各类创新创业比赛联动机制，推进大赛国际化进程，搭建全球性创新创业竞赛平台，深化创新创业教育国际交流合作。

加强大学生创新创业信息服务

（1）建立大学生创新创业信息服务平台。汇集创新创业帮扶政策、产业激励政策和全国创新创业教育优质资源，加强信息资源整合，做好国家和地方的政策发布、解读等工作。及时收集国家、区域、行业需求，为大学生精准推送行业和市场动向等信息。加强对创新创业大学生和项目的跟踪、服务，畅通供需对接渠道，支持各地积极举办大学生创新创业项目需求与投融资对接会。

（2）加强宣传引导。大力宣传加强高校创新创业教育、促进大学生创新创业的必要性、重要性。及时总结推广各地区、各高校的好经验好做法，选树大学生创新创业成功典型，丰富宣传形式，培育创客文化，营造敢为人先、宽容失败的环境，形成支持大学生创新创业的社会氛围。做好政策宣传宣讲，推动大学生用足用好税费减免、企业登记等支持政策。

2．地方具体优惠举措列举

除了国家制定的扶持措施外，按照相关文件指示，各地方根据实际情况制定了具体的大学生创新创业优惠政策，大学生可以根据自己所处地域自行了解本地区大学生创新创业的具体优惠举措，包括涉及哪些方面、支持力度如何等。下面以四川省为例进行介绍。

四川省就业工作领导小组办公室会同省级相关部门（单位），汇总、编辑的《四川省大学生就业创业扶持政策清单（2021年版）》显示，四川省内普通高等学校全日制在校大学生和毕业5年内、处于登记失业状态的普通高等学校全日制毕业生（含国家承认学历的留学回国人员），可享受就业创业扶持政策。服务基层项目的大学生同等享受大学生创业培训补贴和创业补贴。大学生村官、服务期满“三支一扶”人员可按规定享受创业担保贷款政策。省内高校就读的港澳台学生，以及毕业5年内、国家承认学历、在川创业的港澳台大学生，同等享受创业扶持政策。具体优惠举措主要包括以下几个方面。

创业培训补贴

大学生在常住地（在校生可在就读高校）参加创业培训并取得培训合格证的，可享受培训补贴。在校大学生可以利用周末、节假日和晚自习等时间，在 40 天内完成规定的培训内容。

创业补贴

对大学生创业实体和创业项目，经确认，给予每个创业实体或创业项目 1 万元补贴。领创多个创业项目的，累计补贴最高不超过 10 万元。鼓励大学生领办创办家庭农场，并对其购置农机具累加补贴至 40%。

科技创新苗子项目支持

对“省科技创新苗子工程”培育项目给予 1 万元至 5 万元资金支持，对通过评审的重点项目给予 10 万元资金支持。

创新创业大赛获奖项目支持

对参加“创客中国”四川省中小企业创新创业大赛暨“创客天府”创新创业大赛的获奖项目，给予一定资金支持，同时其可享受“投贷服”联动机制等帮扶措施。

创业吸纳就业奖励

大学生创业实体吸纳劳动者就业并与之签订 1 年以上期限劳动合同、按规定缴纳社会保险费的，按其吸纳就业人数给予一次性创业吸纳就业奖励。招用 3 人（含 3 人）以下的按每人 2000 元给予奖励，招用 3 人以上的每增加 1 人给予 3000 元奖励，总额最高不超过 10 万元。

创业担保贷款贴息

高校毕业生创业可申请贷款额度最高不超过 20 万元、贷款期限最长不超过 3 年的创业担保贷款。对 2021 年 1 月 1 日起新发放的个人创业担保贷款，贷款市场报价利率 LPR—150BP 以下的利息，由借款人承担，剩余部分由财政部门给予贴息。对还款积极、带动就业能力强、创业项目好的借款人，可继续给予创业担保贷款贴息，累计次数不得超过 3 次。

青年创业贷款

创业大学生可向创业所在地市（州）团委申请 3 万～10 万元免利息、免担保，为期 36 个月的创业启动资金贷款，并配备 1 名志愿者导师“一对一”帮扶。在蓉在校大学生创业，可直接向省创新创业服务中心申请。

创业提升培训

对创办企业或从事个体经营的大学生，以及在创新创业园区（孵化基地）内有创业项目的大学生，可申请免费参加全省“我能飞”大学生成功创业者提升培训。

高素质农民培育

在项目区域内，将符合政策条件的从事农业就业创业的大学生纳入高素质农民培育对象。

税费减免

自2019年1月1日至2025年12月31日，持《就业创业证》（注明“自主创业税收政策”或“毕业年度内自主创业税收政策”）的大学生，从事个体经营的，自办理个体工商户登记当月起，在3年（36个月）内按每户每年14 400元为限额依次扣减其当年实际应缴纳的增值税、城市维护建设税、教育费附加、地方教育附加和个人所得税。

大学生创办的实体招用原建档立卡贫困人员及登记失业半年以上且持《就业创业证》（注明“企业吸纳税收政策”）的人员，与其签订1年以上期限劳动合同并按规定缴纳社会保险费的，自签订劳动合同并缴纳社会保险当月起，在3年（36个月）内按实际招用人数给予每人每年7 800元的定额税收优惠，依次扣减增值税、城市维护建设税、教育费附加、地方教育附加和企业所得税。

此外，还有扶持创业服务平台与创业指导专家的政策，例如，被认定为省级创业孵化基地（管理期3年）的创新创业服务平台，认定时给予90万元补助等。有些创业园区、高校或社会机构等也会为创业大学生提供支持，有志于创业的大学生要主动去了解。

三、大学生创业园区

我国正处于经济高速发展的阶段，创业正是推进我国经济持续发展的一个重要因素。大学生创业者是创业大军中重要的一股力量，他们体现了新一代创业者的素质。通过创业还可以创造社会财富，缓解我国的就业压力，促进经济有效发展。

为了帮助大学生提高创业能力，助其创业成功，在国家的帮助扶持下，部分大学生创业园区兴起，营造了支持大学生创业的社会氛围，并提供了有助于大学生创业的鼓励机制和帮扶机制。部分大学生创业园的相关情况及特点如表3-1所示。

表3-1 部分大学生创业园的相关情况及特点

创业园	相关情况	特点
浙商大学生创业园	浙商理念：“两低”优势——低门槛创业进入机制、低风险退出机制	连接了浙商资源和大学生创业群体
深圳大学学生创业园	每年投入100万元设立深圳大学学生创业基金	主要支持有市场潜力的科技创新项目以及在商业模式上有特色的项目
上海大学国家大学科技园	包含孵化基地、辐射区、工业园和创业园，以及产业化基地等	主要产业化方向为信息技术、新材料、生命科学、机电一体化、环境保护技术等

续表

创业园	相关情况	特点
湖南大学国家大学科技园	创业场所使用费、自主创业开办费和各类社保补贴，享受优先获得担保贷款、全额补贴各项税费等政策扶持	以优惠政策为引导，以创业培训为支撑，以全程专业服务为手段，打造大学生创业、就业、企业和事业四位一体的示范基地
杭州市大学生创业园（上城区）	联合中国美术学院建立大学生创业领导小组，成立大学生创业俱乐部，联合冰川投资管理有限公司创办上城区大学生创业园	搭建大学生就业创业一站式服务窗口、网上一站式服务平台和审批绿色通道，从就业创业信息公开、就业创业技能提升、就业创业服务整合等环节解决大学生就业创业中遇到的困难
成都高新区技术创新服务中心	园区由起步区孵化园、西区孵化园、高新孵化园组成；先后获得“国家级高新技术创业服务中心”“国家高新区先进孵化服务机构”“全国大学生创业基地”等称号，是国家人事部与地方政府共建的首家留学人员创业园	创新服务中心通过降低创业者的创业风险和创业成本，提高了创业的成功率，促进科技成果转化，培育科技型企业和企业家
江苏省大学生创业园	具有项目开发、风险评估、开业指导、创业培训、政策咨询、信息检索和融资等一系列创业孵化服务和相应的创业孵化扶持政策	可为入驻的创业企业提供人事代理、劳动保障、工商、税务、融资、信息检索和咨询等“一站式”服务
南京市大学生创业示范园	由南京市人力资源与社会保障局、鼓楼区人民政府与南京工业大学共建，是一个服务于大学生创客和初创小微企业，集“政策扶持、创业教育、创业服务、投融资服务”为一体的提供“一站式”服务模式的园区	园区设有每周创业门诊、每月劝业思享会（创新项目路演展示）和每季劝业大讲堂（优秀创业大学生汇报演讲），每年举办“南工劝业杯”创新创业系列大赛等，以优良的创业环境和精心的服务扶植、培养创业人才

拓展阅读——“一世花开”带农民走上致富路

2018 年 5 月，“月季王子”邓应龙“一世花开”创业团队积极投身乡村振兴的创业故事登上了《中国教育报》的头版。同年 12 月，山东农业大学园艺学院“一世花开：优质月季切花助力精准扶贫”项目也从 382 个项目中脱颖而出，获得了第四届中国“互联网 +”大学生创新创业大赛金奖。

说起做月季鲜切花创业项目的初衷，邓应龙毫不掩饰自己对农业的热情：“作为一名新时代的农大学生，我们更应该为农民和农业做一些事情。”出生于云南农村的邓应龙，从小父母因种地收入太低，不得不外出打工，深知农民的不易，很希望做些事帮助农民改善生活。再加上他对土地和鲜花有天然的情怀，2014 年 9 月，考入山东农业大学园艺学院果树系的邓应龙怀着对专业的热爱和做农业的情怀，一入校就组建了“一世花开”创业团队。此时，“南果北种”已不少见，但是作为高风险、高收入的“南花北引”，因为技术要求高，很少有人涉足，邓应龙看到了这一商机，决定将家乡的鲜花品种带到山东。

组建团队后，邓应龙带领团队成员参加了各类创业大赛，不断打磨项目，成功申报并主持了国家级大学生创业训练项目“优质月季鲜切花生产销售与精准扶贫”。次年，在老师的介绍下，泰安惠万家玫瑰有限公司免费为邓应龙团队提供了20亩实习基地。邓应龙硬着头皮从家里凑了两万元，将团队扩大到64人，还找了学院的两位老师做专业导师。

创业第一年，因为北方寒冷加之管理不善，试验田里引种的切花月季全部冻死，而再次引种后，一场夜间突如其来的冰雹又砸毁了大棚和所有的月季，邓应龙想尽办法，靠外部合作帮助团队熬过了技术、人力和资金链紧张的“寒冬期”。而在该时期，邓应龙一直在网上关注山东各地的花卉种植与市场，通过了解到的信息，邓应龙带着团队到临沂市沂南县蒲汪镇大于家庄村实地考察。他发现，这个地方气候适宜，光照充足，土层深厚，是南北气候的过渡地带，是苗木花卉“南花北迁”增加耐寒性和“北花南移”增加抗热性的理想中间站，而且这里有种植苗木花卉的传统，有良好的种植基础与技术。但专业化水平低、经营管理相对粗放、交易手段落后、产品档次不高、销售服务体系不健全、技术落后是当地面临的主要问题。

此时，该村村民孟凡好正在家里4亩地的月季大棚里剪枝，邓应龙与他交流了自己发现的种植问题后，该村民被邓应龙的专业与热情打动，同样拿出自己家里的花圃做邓应龙的试验田。那个寒假，邓应龙回到云南，到国家级花卉工程技术研究中心——昆明杨月季园艺有限责任公司实习，学习新品种的研发、新技术的推广和月季鲜切花的生产及销售技巧。年后，邓应龙把学到的“真本事”都用在了老孟家的花圃里。到了6月采花期，邓应龙要求老孟先不采花，而是将月季花成片压倒重发，两个月后采摘重发出来的新花。并且邓应龙还听从指导老师的意见，在花圃里做了一部分不压条的对照试验。果然到了8月，孟凡好家的月季从外观到品质，都出奇的好。邓应龙还根据前期网络布局的预售订单，将月季从山东卖到了江苏、北京……

后来，凡是在沂南种花的花农，都知道县里来了山东农业大学的会种花、更会卖花的云南小伙。沂南县蒲汪镇人民政府邀请邓应龙担任月季切花产业顾问，请他的团队为当地农民提供技术指导。邓应龙又和邢树堂联合申报了临沂市农业科技创新专项——月季鲜切花精准化优质高产栽培技术研究，注册了自己的公司——山东一世花开园艺有限公司，与蒲汪镇政府联合打造“江北玫瑰第一镇”，并培育了沂南县三源玫瑰种植专业合作社等5家龙头苗木花卉合作组织，带动全县1万多名农户参与花卉种植。

2017 年，沂南全县花卉面积发展到近 5 万亩，年产值达 9.622 亿元。蒲汪镇三源玫瑰种植专业合作社负责人于世理表示，希望更多像邓应龙这样的创业大学生成为乡村致富的带头人，他们更有学识和眼界，更容易被农民接受。

（材料改编自中国教育报《“月季王子”带着农民走上致富路——山东农大学生邓应龙“一世花开”创业团队的乡村振兴梦》。）

更多拓展阅读

案例启发

邓应龙凭借坚定的创业理想，在相关政策的扶持和不断实践下，最终实现了创业成功，对建设社会主义新农村做出了贡献，并产生了一定的社会影响力，这很值得大学生学习。创业作为一种创新活动，不仅是个人实现梦想的有效途径，也对创造就业岗位、促进社会发展有重要作用。大学生应正确认识创业的作用，自觉将个人发展和社会发展结合起来，开拓自主创业之路，在实现个人价值的同时，助力国家的繁荣与进步。

第四节 自我评估

创业的原因有很多，其中一部分人是为了实现自己的梦想，如让人们的生活更加智能化等，正是这些对未来美好生活的渴望，让他们更坚定地走上创业之路。你未来想过怎样的生活？你是否有什么想要实现的愿望？创业是否能实现你的愿望呢？

〖测试说明〗

回答下面 3 个问题，再根据表 3-2 所示的内容，完成对自己的创业概率评估，由此分析创业是否能实现自己的愿望，以及自己创业的概率，确认自己对创业的想法。

（1）未来想过的生活：____。

（2）未来想实现的愿望（不超过 3 个）：____。

（3）实现愿望的方法：____。

完成表 3-2，对自己的创业概率进行评估。

表 3-2　个体创业概率评估

题号	问题	答案
1	我为什么要创业？	○生存　○实现自我价值　○有趣 ○其他：________________
2	我是否有足够的信心，并愿意承担风险？	○是　○否
3	我是否愿意放弃现有的利益？	○是　○否
4	我是否具有创业者应有的素质和能力？	○是　○否
5	我是否能够承受可能遇到的压力？	○是　○否
6	我认为我能创业成功的核心资源优势是	○资金　○技术 ○经验　○商业运作能力
7	如果创业失败，我是否还有退路？	○是　○否
8	我是否能够承担创业失败带来的后果？	○是　○否
9	我创业可能遇到的最坏结果是	
10	我认为我创业的最大风险是	
11	我是否选择创业？	○是　○否
12	我选择的理由是	

〖测试分析〗

评估过程中，回答应详尽具体，选择“是”的选项越多，说明创业的概率越大，可以进行有针对性的周密计划；反之则无创业的想法，还需要做好对未来职业发展的思考与安排。

第五节　思考与练习

1. 有人说：“大学生创业不靠谱，钱少、人少、经验少，失败率太高了，想想还是算了吧！”你是否认同该观点？应该鼓励大学生创业吗？

2. 请同学们分为 5 ～ 8 人的小组，以小组为单位完成下列活动。

（1）以小组为单位，寻找一个创业案例，分析其创业过程。

小组成员：____

____。

案例描述：____

____

____

____。

创业过程分析：____

____

____

____。

（2）基于生存型创业和主动型创业两种类型进行讨论。如果是没有资源和技术优势的创业者，应该怎样初步确立自己的创业方向？如果是拥有一定资源和技术优势的创业者，又应该怎样构思自己的创业方向？

（3）根据自身的实际情况，即自己所属的创业者类型，尝试选择自己的创业方向。以主动型创业者为例，首先筛选自己感兴趣的创业领域，然后基于该领域展开创业构思。例如，平时比较关注短视频、直播、网络、电影或书籍评论的同学，可以简单构思在这些领域可进行哪些创业活动。

3. 以你准备创业为前提，预想一个创业项目与创业城市，搜集该城市的创业政策，完成表 3-3 的填写。

表 3-3　创业政策搜集

选择的创业城市	搜索途径	所得信息	搜索过程与结果评价

CHAPTER 04

第四章　创业精神与创业能力

学习目标

了解创业精神的构成要素与培养途径。
掌握培养创业能力的方法。
认识企业家精神与企业家应承担的基本责任。

素养目标

学会自我评估，提升自己的创业能力。
学习企业家精神，为做一个优秀的创业者蓄能。

案例导入

章名是一个专业能力非常出众的大学生，在校外实习时也获得了国内一流企业的青睐，大家都相信他未来不管去哪个公司，前景都会很好。但章名不喜欢受到束缚，打算自己创业。

章名成立了一家软件开发公司，他对电子图书领域很感兴趣，认为“全民读书”是一件有益于社会的好事。他希望越来越多的人爱上阅读，于是尝试开发一个电子阅读App，供用户阅读电子书，书品种类涉及当代文学、外国小说、网络小说和专业工具书等，范围较广，用户还可以在平台上发布读书感想。公司盈利方式主要是出售月卡、新出版书籍电子版、纸质书及文创周边等。

不久，章名的项目就获得了投资商的青睐，但投资商希望章名在软件中内嵌广告来增加盈利，章名认真考虑了软件的发展前景后拒绝了这一要求，投资商便果断拒绝投资。但章名并不轻言放弃，为了拿下投资，他多次与投资商磋商，耐心分析前期嵌入广告对发展的不利影响。最终投资商被章名打动，双方约定软件前期不嵌入广告，但后期需要嵌入投资商提供的广告，章名成功获得了投资。

案例思考

1. 你在章名的身上看到了怎样的创业精神？
2. 章名的创业能力如何？

案例中的章名在无法获得投资的情况下，仍然没有放弃，坚持自己的创业想法，并通过坚持、不轻言放弃，成功打动了投资商，这种精神值得我们学习。创业者在创业路上会遇到各种艰难险阻，而成功的创业者背后往往有一股强大的精神力量支撑，这就是创业精神。强大的创业精神的力量，将支持创业者在创业路上走得更远。

第一节　创业精神

课堂活动

活动主题：盲人方阵

活动内容：准备一根长绳，以小组为单位，共执该长绳。所有成员排成一排，闭着眼睛，然后由小组想办法将绳子首尾相连围成一个圆，之后各小组成员调整位置，尽量使绳圈出的面积增加，活动过程中不能有成员的手离开绳子，否则需重新退回直线位置，活动限时 3 分钟。时间到后将绳子放置在脚下，记录面积。绳圈出面积最大（即为正圆）的小组获胜。

在上述活动中，小组成员为了尽可能圈出最大的面积，往往会表现出激情、积极、理性、顽强、合作等状态，这样的精神品质体现在创业中，就是创业精神。创业精神是创业的重要支柱，也是一些企业家能够创业成功的重要前提。一家企业的成功很大程度上取决于创业者个人的精神气质、技能水平和经济状况，创业者在决定创办一家企业前，不仅要广泛地学习知识、不断积累经验，还要培养自己的创业精神。

一、什么是创业精神

创业精神是创业的心理基础，它指在创业者的主观世界中具有开创性的思想、观念、个性、意志、作风和品质等。美国安利公司的董事会主席史提夫·温安洛先生曾通过讲述自己了解和亲身经历的故事（见下面的阅读材料），阐述他对创业精神的理解。

阅读材料

利用电子商务实现创业

小文是某大学服装设计专业的大学生，她很喜欢设计制作服装，并梦想建立自己的品牌，让更多的人都能穿上自己设计的服装。但这一切，对一个普通的、没有积蓄的大学生来说很难实现。很快，国内的电子商务市场开始兴盛，小文敏锐地意识到了电子商务的发展前景，开始密切关注电子商务行业相关情况，并在大学期间在一家较大规模的淘宝女装店做兼职，积累了一小笔积蓄。

这次兼职，让小文决定利用淘宝开启自己的追梦之路，开设一家自有品牌服装网店。对服装店来说，货源非常重要，得益于小文之前的兼职经历，小文了解了一些服装进货渠道，刚好隔壁城市就有许多服装工厂。因此，小文精选了自己中意的服装厂商谈定了自己能接受的货品、货价，又说服了自己的同校好友作为服装模特，同时又找了自己爱好摄影的朋友一同创业……就这样，小文的服装网店在淘宝上线了。

由于电子商务市场持续火热，且小文的产品物美价廉，很快，小文的网店就积累了一批忠实顾客。随着店铺逐渐做大，小文又增设了一些岗位，如网店客服、网店运营等。同时，小文在店铺中不断融入自己的原创设计作品，进一步加深店铺的原创品牌设计定位，迎来其创业的另一个高峰。后来，小文的淘宝店名气越来越大，其服装品牌也开始广为人知。

分析：创业者需要有创业意识，敢于冒险、合作与拼搏。而这，也是创业精神的重要要素。

创业精神是创新精神、拼搏精神、进取精神、合作精神等多种精神特质综合作用形成的。创业需要冒险，创业精神就是将不可能变为可能，没有条件就自己创造条件，想前人之不敢想，做前人之不敢做。当然，创业精神具有鲜明的时代特征，当生存条件恶劣时，创业者需要将解决生存问题作为创业的方向，在满足物质和经济需求后，创业者就要勇于探索新领域，开创创新企业。

二、创业精神的构成要素

创业精神对创办新企业尤为重要。创业者如果没有创业精神，那么就会失去创业的动力，从根本上陷入创业的瓶颈。如果一个创业者具备全面的创业精神，那么他将在创业路途上勇往直前。创业精神包括以下 9 个要素。

1. 强烈的创业意识

创业意识指对创业者在创业过程中起动力作用的个性倾向，包括需要、动机、兴趣、理想、信念和世界观等心理成分，这些心理成分是创业活动的诱因。当创业意识非常强烈时，就会形成一股强大的精神力量，推动创业者创业活动的展开。可以说，创业意识不仅支配创业者的态度和行为，还规定创业者态度和行为的方向、力度。创业者创业首先必须树立正确的创业意识，使自己具备创造梦想、不懈追求、进取提升、敢于担当、直面挑战、自省自警的意识。

2. 充沛的创业激情

创业的过程总是困难重重、艰辛曲折的，创业者需要具备极大的创业激情，将创业团队凝聚在一起，克服困难。

3. 鲜明的创业个性

创业成功者一般有鲜明独特的个性品质：一是敢冒风险，敢于走别人没有走过的路，这样更容易抓住创业机会，创造出自己独特的东西；二是执着，全身心融入创业活动中；三是能独立自主地解决生活及创业过程中遇到的困难，不受各种外来因素的干扰。

4. 顽强的意志

创业者要拥有顽强的创业意志，百折不挠地将创业行动坚持到底。创业意志主要包括创业目的明确、决断果敢、具有恒心和毅力。

5. 批判精神

批判精神是一种十分宝贵的创业精神，是一个成功的创新企业领导者需要具备的精神品质。要想成为优秀的创业者，首先需要的就是敢于走出经验的误区，大胆地进行创新并实践，从而捕捉到商业机会。

6. 适应能力

具备适应能力是优秀创业者应具备的重要特质之一。具有创业精神的人，必然具有较强的环境适应能力，在人与环境的互动过程中，能够以前瞻性的眼光与思维做出预测与判断，并及时改进、提升或按照顾客意愿定制服务，以持续满足顾客所需，而不是被动地等待时机。

7. 领导力和亲和力

好的领导人一定具有很强的个人魅力和感召力，他能很好地凝聚创业团队，成为创业团队的精神力量和榜样。

8. 合作精神

现在是一个团队合作、抱团取暖的时代，没有合作精神，单纯依靠个人的力量创业会非常困难，而具备合作精神则能够寻找到更多的创业机会，拥有更多的创业资源。

9. 诚信精神

不管做的是小生意还是大买卖，创业者都需要具备诚信精神。一个创业者或一家企业，没有诚信就无法在竞争残酷的市场立足。

三、创业精神的培养

创业精神是一种天赋，但也可以经过后天培养来获得。企业家并非生来就与众不同，他们在没有运作大规模公司之前，可能有过在街边售卖饮料、在车库里生产些小玩意儿等经历，他们正是借着这些经历逐步提升自己的经商技能的。可见，某些商业技能是可以后天培养锻炼的。大学生创业者可通过模仿、历练、实践和培训等途径培养自己的创业精神。

1. 模仿

很多行业的“开宗立派”都是先通过模仿前人的经验，再加上自己的探索创新实现的。模仿是培养创业精神较便捷的方法，良好人格的养成需要榜样的引导和激励。很多成功的创业者都有这样一种感受：他们的成功离不开一个或几个特定的人物，在他们的人生奋斗中，他们会时时按这个或这些重要人物的言行来要求自己、鞭策自己。从身边的创业成功者身上吸取经验，学习模仿他们的创业精神，可以让创业者更快成熟起来。

2. 历练

创业是艰辛的，创业环境中处处充满竞争和困难，培养创业精神较有效的方法是让创业者在真正的创业环境中进行磨炼。

人们往往是在巨大的压力下做出一番出色事业的，在创业环境中切身感受残酷的竞争，能够帮助创业者培养出坚韧不拔的创业品质，成为一个敢想、敢做的人。同时，在实际的创业环境中，创业者可以感受创业团队的氛围，领略其他创业者的智慧和才能。

3. 实践

“实践出真知”，良好创业精神的形成重在实践经验的积累，积极实践能带来及时的反馈和成就感，也能带来成功的喜悦。尤其是大学生创业者，更应该真真切切地投入创业实践中，在校园内参与创业活动，如做校园代理、开办小卖部等，在从事这些小生意的过程中锻炼培养出合格的创业精神。只有通过创业实践，大学生创业者才能更加清晰地明确创业目标、制订创业计划，创业信念才会更加坚定，创业精神才能更加强大。

4. 培训

如今不只是一二线城市，甚至三四线的小县城，政府部门都开设有创业培训班。想要创业的应届大学毕业生或往届大学毕业生都可积极参与培训。有些社会组织也为创业者提供了个性化的创业辅导服务，这些培训服务是由经验丰富的企业家或职业经理人担任创业者的指导老师，对提高创业成功率起到了非常重要的作用。有不少大学生，正是通过参与培训课程、接受专业的指导，再加上老师的鼓励，才逐步养成了一些好的创业习惯和精神。

爱创业的徐路

徐路是工商管理专业的大学生，他的父亲经营着一家企业，希望徐路毕业后能帮他管理公司，但徐路更希望自己能创造一番事业。

受父亲的影响，徐路从小就喜欢做点小生意赚零花钱，例如，卖文具、零食，售卖二手书等。再大一点，他便参与了朋友的创业，约定给朋友15 000元的创业启动资金，每年分红10 000元。

徐路觉得淘宝的商业模式仍具有较大的市场发展空间，因此，在大三时，他组建团队创建了一个网购平台，然而由于创业后期资金不足、受众定位模糊、商品选品不当、营销推广没跟上，第一次创业就失败了。在短暂的失意后，想着别人也不是第一次创业就成功的，徐路便打起了精神，反思自己的创业之路。同时，秉着学习精神，徐路参与了政府组织的创业培训，这为他的二次创业提供了帮助。在老师的指导与鼓励下，徐路对于创业增强了信心。

在徐路看来，当地纺织业发达，有许多床上用品工厂，自己可以与这些工厂合作，创办一个专门销售床上用品的网站。徐路打算几个月后便开始自己的第二次创业，虽然不知道未来如何，但徐路对自己的创业之路仍充满期待。

分析：徐路从小对做生意感兴趣，甚至主动实践，这些经验的累积对培养其良好的创业精神很有帮助。再加上徐路能从他人身上汲取经验，鼓舞自己，甚至主动参与培训，因此，他能较持续地保持高涨的创业热情。大学生可以此为鉴，运用多种途径培养自己的创业精神。

第二节　大学生创业能力认识与培养

课堂活动

活动主题：你适合创业吗

活动内容：纵观当代优秀的企业家，我们能发现他们身上都有某种或多种杰出的能力与优秀的品质，有些甚至先天创业条件不好，但最终仍通过自己的努力收获了创业的成功。你对自己的能力与条件有怎样的认识？你认为自己适合创业吗？请同学们分组讨论，各组员轮流发言。

古语云："知己知彼，百战不殆。"这里的"知己"，就是指自我认识与剖析。"知己"要求创业者不仅要对创业过程中可能涉及的各个领域有所了解，更重要的是对自己有充分的认识。创业者要能够正确认识自己的优点、缺点，知道自己处于什么样的环境，思考自己是不是适合创业、当下最需要的是什么、未来要做什么、该怎么去做等。若创业者能对自己有冷静的分析和规划，就可以为以后的创业做好准备，避免因为盲目选择而导致创业失败。

一、做好自我认识

俗话说："人贵有自知之明。"会做人、会做事是基本且重要的处世原则，即知道什么可为，什么不可为。对大学生创业者而言，做好自我认识，不仅要了解创业应具备的条件、能力，还要了解自己的长处和短处，评估自己的创业能力，从而建立对自己的明确认知。

1. 了解大学生创业应具备的条件

大学生创业必须具备以下条件才有机会在创业浪潮中取得成功。

（1）资金准备。所谓"巧妇难为无米之炊"。资金是创业的基石，大学生在创业前，需要清楚自己需要多少资金、如何获得资金、资金的来源渠道，以及多种不同的融资渠道等，合理筹集创业基金。

（2）可行性的想法。创业项目要有可行性、市场性和成长性，不能是"纸上谈兵"。

（3）适当的基本技能。大学生创业者应当具备创办企业和管理企业的各项能力。

（4）技术和知识。用智力换资本，这是大学生创业的特色之路。一些风险投资家往往就因为看中大学生具备的创新思维和掌握的独特技术而愿意对其创业项目进行资助。因此，打算在高科技领域创业的大学生，一定要注意技术创新，开发具有独立知识产权的产品，吸引投资商手中的资金。除此之外，大学生创业者不能仅有创业的理想，还需要具备创业所需要的各种知识。

（5）才智。创业者不仅要善于把握时机，做出决策，还要善于识人用人。古人云："用人之长，天下无不用之人。用人之短，天下无可用之人。"因此，作为一个创业者，必须有足够的才智去相人、识人、用人。

（6）人际关系网。创业者应当充分积累人际资源，赢得尽可能多的支持。特别是大学生创业者，更要利用自己的优势去开创属于自己的人际关系，这是企业未来发展的动力。

（7）明确的目标。目标明确能帮助创业者集聚前进的力量，也能为创业者提供一个努力的方向。

2. 了解大学生创业应具备的技能

优秀的管理技能、专业技能、社交技能和规划技能是大学生创业必须具备的能力。

管理技能

管理技能是创业所需技能的核心，主要包括目标管理技能、财务管理技能、信息管理技能、团队管理技能和项目管理技能。

（1）目标管理技能。作为一个创业者，必须能制订目标、分解目标。目标包括长期目标（5～10年）、中期目标（3～5年）及短期目标（1年）。

（2）财务管理技能。作为一个创业者，必须具备管理公司财务资金流的能力。财务资金流是公司能够正常运营的核心，资金流断裂对新创立的企业来说是致命的。

（3）信息管理技能。作为一个创业者，必须具备掌握信息并有效使用信息的能力。随着互联网的快速发展，信息时代来临，掌握信息就意味着掌握市场和先机。

（4）团队管理技能。作为一个创业者，必须具备进行团队分工合作管理的能力。随着企业的发展和运作，不同个性的人汇聚在一起，他们之间需要不停地磨合，这就需要团队成员共同合作，通过团队成员的合作形成内部的合力，而不是分力。

（5）项目管理技能。作为一个创业者，必须拥有独立管理、策划、运作具体项目的能力。

阅读材料

错误经营理念使创业失败

马国峰作为一家公司的总经理，一直将公司的利益放在首位。在公司成立之初，他就对合伙人许下了以下承诺。

（1）3个月之内把公司的品牌推销出去。

（2）半年后公司开始盈利。

（3）一年后公司的盈利达50万元。

（4）3年后公司员工扩展到200人，每月盈利50万元。

（5）5年后在深圳、广州、上海等地开设分公司。

为了实现这些承诺，他将自己全部的精力都投入公司的运营中，积极开展市场调查，努力宣传公司的产品和业务。一开始公司的经营效果很好，但随着公司的发展，马国峰在管理方面的能力缺陷渐渐显现出来。他总是以非常强硬的态度给共同创业的同伴下达命令，要求他们一定要达到自己的目标，并且，他不听其他人的劝告，只注重产品销售数量和业绩高低，对产品的质量和服务却不注重。

后来，一位顾客去工商所投诉马国峰公司的产品质量不合格，经过产品检验和公司整顿，马国峰的公司停工了半年，一起合作的同伴也因为与他的经营理念不同而纷纷离开了他。

分析：马国峰虽然有目标管理能力，对公司发展有明确的规划，然而其在团队管理方面较弱，不能团结创业伙伴，刚愎自用，最终导致团队分崩离析。

专业技能

专业技能是大学生创业的一条特色之路。对打算创业但创业资金不够雄厚的大学生创业者来说，采取技术创新和开发具有独立知识产权产品的方式，可以吸引投资商，利用投资商手中的资金进行创业。

社交技能

对大学生创业者来说，多积累资源，扩大社交圈，通过结交更多的朋友掌握更多信息，以寻求更大发展，是成功创业的有效方法。尤其是随着互联网、移动时代的到来，创业者的社交能力变得越来越重要。

阅读材料

善于言谈得来的创业机会

李钰是某工商学院的大三学生，他为人和善，喜欢结交朋友。一次，他受朋友邀请去参观展会，由于在展会中发表了一番对电子商务未来发展的言论，他得到了一位投资商的青睐。在与投资商的交谈过程中，李钰更是充分发挥自己善于言谈的能力，对行业的发展前景、市场规模、产品特点等进行了详细分析，给投资商留下了很好的印象。

不久，李钰就接到通知，该投资商愿意将其工厂的产品投入电子商务市场，并注资50万元全权授予李钰代办。就这样，李钰凭借强大的社交技能得到了一个创业机会。

分析：社交能力对创业非常重要，李钰就是通过优秀的社交能力获得了创业机会。大学生创业者要主动积累资源，并善于利用自己的人际资源，这不仅有助于大学生创业者寻找创业合作伙伴，还可以助力投资、融资等。

规划技能

没有任何创业经验的大学生，首先应该学会按照自己的创业规划撰写创业计划书，然后根据实际情况审视创业计划的可行性。清晰的创业规划可以大大提高大学生创业成功的可能性。

3. 综合创业所需的条件、能力进行自我分析

人无完人，每个人都有自己的长处和短处，大学生要学会全面客观地分析自身的优劣势、精神品质，只有真正了解自己的优势，知道自己具备哪些创业精神，拥有哪些创业的条件和能力，而哪些条件和能力又是自己欠缺的，才能明确自己是否适合创业，才能在创业中取长补短，充分发挥自己的才智。

以技术优势收获成功

张帆是某科技大学物理系的学生，从小就喜欢研究汽车，经常利用自己的零花钱，购买一些与汽车相关的模型和书籍，了解汽车的构造和品类，将收藏汽车模型作为自己的兴趣。大学读书期间，他意识到：在汽车普及的时代，作为汽车电气系统的核心部件，汽车蓄电池在我国将有十分广阔的市场。因此，张帆开始着手研究汽车蓄电池。课余时间里，张帆不是在摆弄蓄电池，就是去图书馆查阅资料，凭借对蓄电池研究的兴趣和对技术的执着追求，张帆义无反顾地走上了这条艰苦的技术创业之路。

功夫不负有心人，经过一年半的努力，张帆的节能汽车蓄电池改良技术得到国内多家汽车蓄电池生产厂家的青睐。凭着过硬的技术，张帆得以和一家科技公司签订以技术入股的合约，成功成为一个大学生股东。

分析：张帆之所以创业成功，与他的兴趣和专业知识密切相关，他以自己的专业发明为立足点，成功入股科技公司，实现了技术创业。

每个人都有自身的特点，当各种各样的机会摆在眼前时，如果能够找到符合自身特点的机会，就有利于自己发展。当然，创业者也应该对自己创业的能力和未来充满信心，做一个自信的创业者，给自己和别人带来动力。

二、培养自己的创业能力

认识自己后，如何培养自己的创业能力对大学生创业非常重要。根据创业者应当具备的能力和条件，大学生可以从以下几方面不断培养自己的创业能力。

1. 找准目标并拉近距离

在创业的过程中，创业者也需要精神榜样，这样能激发创业者形成坚定的创业信念，树立创业信心，提升创业能力。因此，大学生创业者不妨问问自己，自己所向往和崇拜的人是谁？以自己的榜样为目标，关注和学习其好的方面，这就是一个成功的开始。在追随、学习自己榜样的过程中，大学生可以激发使自己变得更好、与偶像比肩的激情，从而在创业过程中保持充分的活力，培养创业能力，并积极拓展创业资源。

创业者要想创业成功，就要多与优秀、成功的企业家来往，学习他们身上的优点，而不是与悲观者为伍。要转变自己的心态，以一个企业家的标准要求自己，使自己逐渐具备一个企业家应有的眼光、心态、思维模式和分析处理事务的能力。

创业者要想拉近与目标之间的距离，就要不断向这个方向努力。把自己目前拥有的和将来自己想要达到的情况相比较，明确二者之间的差距，将差距转换为动力，通过不断学习和积累新的知识、经验，慢慢缩短自己与目标之间的距离。要坚信，只要坚持不懈地努力，自己一定可以成为一名优秀的企业家。

如果创业者身边没有可以作为参考的成功企业家，那么创业者可以通过阅读世界上知名成功企业家的传记来学习他们的心态和他们具备的能力。久而久之，在潜移默化中创业者自身会受到这些成功企业家的影响。

2. 获得良好的人际关系

人际关系代表了创业者构建的人际网络或社会网络，良好的人际关系可以帮助创业者减少创业过程中的阻力，使其领先于其他没有人际网络的创业者。一个目标明确的创业者，在创业之前就应该注重积累，扩展自己的人际圈。大学生拓展人际圈的途径主要有以下几种。

加入社团组织

高校中的社团组织包括学生会、社团、高校自建的基金组织等，多种多样，因各高校的差异而有所不同。有志于创业的大学生可以加入这些组织，一方面可以锻炼自己的综合能力，另一方面可以结交一些有能力的学生、老师和其他社会工作人员，为今后的创业打下基础。

参加社会实践

大学生应该多参与校内、校外的竞技比赛，还可以利用课余时间多参加一些志愿者活动，这不仅是大学生展现自我的机会，还是一个与志同道合的同伴结交的机会。

此外，大学生还可以主动利用空闲时间参与兼职活动。大学生不仅可以借此获得一些收入，还可以锻炼自己的人际交往能力、为人处世能力，促进自我成长。

保持定期联络

随着人际圈的不断扩大，与某些朋友的接触时间可能会变得越来越少。此时，就需要大学生对自己的人际关系进行梳理和维护，比如，通过聚会、聚餐等形式定期和朋友保持联系；如果没有时间，也可以通过打电话的方式予以问候，拉近与朋友的距离。

身边的同学、朋友等是离创业者最近的人际资源，创业者在人际交往的过程中，要有选择、有取舍，多与心态良好、积极进取的人结交。

3. 做好创业前的心理准备

创业的过程是艰辛的，创业的结果却不一定是成功。创业是一项具有风险且需要创业者长期坚持、付出努力的活动。创业者在进行创业前，应该有良好的心理准备，不要因为后期的压力或挫折半途而废。要有成功的信心，相信自己能行，不畏惧创业过程中遇到的任何挫折。既然立志通过创业改变自己，就要始终坚持自己的目标。

创业需要一颗永恒不变的心

考上大学后的何某从大一开始就做一些兼职积攒资金，在大二开始摆地摊、做手机贴膜，之后销售手机、计算机等电子器材，持续不断地积累创业经验。

但何某的创业道路并非一帆风顺，在学校鼓励创业的措施出来后，学校周边的摊位越来越多，为了自己的“生计”，他不得不把摊位搬迁到邻近大学的夜市。这个地方比较远，何某每天往返都需要一小时的车程，然而不管刮风下雨，何某都坚持着，但是他不想一辈子摆地摊。一年后，他将摊位转让给了一个师弟，在这一年中，何某也掌握了管理、沟通、组织、协调等各方面的技能，为以后创业奠定了基础。

毕业后，何某换过两次工作，他内心深处的创业想法一直没有放下，最终，他决定做一番自己的事业。

2016年6月，何某与合伙人一起创办了一家科技有限公司，他出任公司副总经理兼市场部经理，负责销售。在公司初创阶段，他们只有10万元的启动资金，为了节省成本，他们租了一间15平方米的临时办公室，每个人都身兼数职，一个人负责很多个岗位的事情，他甚至与合伙人一起给办公室装修，自己拆装桌椅、贴墙纸、设计规划办公室格局。

努力和坚持总会有收获，2016年8月，公司实现回本，员工增加到10人，每月稳定纯利润达到10万余元，公司资产达100万元。公司还成立了批发部、市场部两个新部门，何某用自己坚定不变的创业之心实现了创业的成功。

分析：创业并不是一帆风顺的，也不是一蹴而就的，何某的成功在于他有坚定的创业信念，并能长期坚持，不轻易退缩，因此，他最终创业成功。

第三节 培养企业家责任意识

课堂活动

活动主题：介绍你认可的企业家

活动内容：古往今来的企业家留下了许多创业故事，这些创业故事深刻体现了企业家的创业精神，其中不乏为社会、为人民作贡献的事迹，更体现了企业家应承担的社会责任。相信同学们对企业家都有一定的认识，请同学们自主搜索相关资料，整理出自己感兴趣的企业家的故事，选择自己最认可的企业家，将他的故事讲给全班同学听。

从优秀企业家身上，我们可以看到许多可贵的品质，而强烈的责任意识是企业家最可贵的品牌。这样的人，不仅尊重员工、爱护员工，还能回馈社会，承担企业应承担的责任。要想成为一个优秀的创业者，大学生还应认识企业家精神、培养企业家责任意识，这样才能保证企业尽可能长久地生存和发展。

一、认识企业家精神

现在人们普遍认为，企业家应该是能够带领组织成功发现、创造财富的人，他们敢于冒险，能成功把握商机，善于决策，具有吸引力与凝聚力，有丰富的学识和将学识转化为处理问题的智慧的能力，有很强的社会责任感和崇高的民族精神与爱国精神……可以说，具备许多优秀的人格品质，而这些，就汇聚成企业家精神。企业家精神本质上是企业家的共性，通常可以理解为企业家在所处社会经济体制下，在从事工商活动过程中体现的价值观念、思维方式和精神素质等，用于支撑企业的生产经营活动。企业家精神通常包括以下6个方面。

1. 进取精神

企业家需要有进取精神，这样才能主动发现与创造财富，才能开拓创新。商业活动常需要企业家奔波各地，从当前著名企业的现状来看，其商业版图大多拓展至世界各地，而贸易活动遍布世界，这些成绩的背后，是企业家不辞辛苦、积极进取、奔波各国。

2. 创新精神

创新的本质是推陈出新，它是创业活动的手段和基础，创业则是创新的载体，许多优秀的企业都是建立在颇具社会价值的创新成果之上的，而创新效果则可以通过创业实践来衡量。此外，企业的发展也需要不断创新，企业家应当具备将自己管理的企业变成一个创新组织的能力，推动企业的技术创新、体制创新等。企业家只有懂得创新、坚持创新、用智慧寻求市场，才能赢得广袤的市场。

3. 契约精神

契约精神是一种追求并严守公平制度的精神，一个成功的企业家，不仅要在企业内部弘扬契约精神，制订规章制度，创造公平的环境氛围，还要努力为构建公平的社会商业环境奋斗。好的社会契约制度也能反作用于企业，保证企业家合法合理经营，并使其企业发展为一个成功的企业。

4. 诚信精神

诚信为立人之本，也是企业经营的基本原则，是企业家最大的无形资产。诚信精神要求企业家不仅自身要遵守诚信做人做事原则，还要有将企业打造成一个诚实守信、遵守道德的诚信组织的能力。只有诚信的企业，才能有良好的口碑和恒远发展的能力。

5. 敬业精神

敬业精神指的是企业家对自己从事的商业活动入迷的心态，是一种全身心投入事业的精神。有敬业精神的人往往热爱事业，有创业的激情与活力，敢想敢做。敬业精神也能极大地激发人的胆识，甚至让人充满奉献的精神，有更高的境界，愿意将自己的生命融入事业，让事业能造福社会。

对企业家来说，奉献与责任应该伴随其一生。新时代的企业家，在顺应全球发展的情况下应该有更开阔的视野，更大的格局，更好地服务社会、奉献社会，承担起更多的社会责任，将个人利益、企业利益与社会责任相结合。

6. 民族精神

在经济全球化时代，企业家还应有民族精神。民族精神是一种奋斗精神、爱国情怀，一种复兴中华民族的强国精神，一种海纳百川、有容乃大的包容气度，一种责任担当的宽广胸襟，是企业家生生不息的智慧源泉、强大的精神动力。民族精神有助于激发企业家建立起发展民族企业、振兴民族工业、创造民族品牌的理想信念，企业家理应具备高昂的民族精神。

二、企业家应承担的基本责任

俗话说：“能力越大，责任越大。”企业活动范围较大，其决策与活动等对企业员工、周边经济、人们的生产生活，甚至自然环境等有较大的影响。作为企业的管理者，企业家在追求利润最大化的同时，也应当自愿维护商业运作里利益相关者的利益，自觉承担社会责任。总的来说，在企业运营发展的过程中，企业家主要需在以下几个方面承担责任。

（1）对员工承担责任。企业家与员工之间以合作为主，企业家对员工负责，则双方互信、和谐，企业也可以得到良性发展。其行为包括坚持“以人为本”，依法订立劳动合同，注意劳动保护和安全，按照规定支付劳动报酬等。

（2）对股东承担责任。股东是企业的投资者，企业家是企业的决策者，企业家需要对股东负责。从企业的角度来看，企业家应该保持科学、积极的经营理念，为企业谋求更大的发展，为股东创造更多的收益。从股东的角度来看，股东也应该严格划分企业的经营权和所有权，支持企业家的工作，确保企业运营自由。

（3）对行业承担责任。这意味着企业家在主导企业运营的过程中，必须保持正当竞争，不恶意散播谣言中伤其他竞争者，不窃取竞争者的商业机密，不做违法、侵权或具有危害性、破坏性的事，维护整个行业的健康发展。

（4）对消费者承担责任。企业通过为消费者提供产品和服务，满足消费者的真正需求来赚取利润，企业与消费者之间是公平交易关系。在交易过程中，企业家应该坚持以消费者为中心，不断提升产品和服务的质量，真诚、真心地为消费者提供价值、创造价值。

（5）其他企业责任。企业家在主导企业生产的过程中，还有对环境、社会的责任，例如，关注国家利益、绿色环保、教育、人权、慈善公益、可持续发展等，保护资源与环境，缓解就业问题与贫富差距，依法纳税等。企业家必须树立起严格的社会责任意识，遵守法律法规，为社会发展做出贡献，为城市建设提供支持，为解决社会问题贡献力量。

提醒

税收是国家财富之源，依法纳税是每位公民应承担的社会责任。企业是一个较大的经济活动团体，更应该尽到依法纳税的责任。税收是国家维护社会公共设施、提供公共服务、保障人民安全的重要经济来源。国家获得足够的税收，才能更好地维护社会发展，为经济发展提供一个制度更健全的市场。企业作为社会财富的创造者和利益的既得者，必须在享受权利的同时，自觉履行法定义务，及时准确足额纳税，为经济社会发展和改善民生做出重要贡献。

三、企业家应具备的基本素质

要想成为一位成功的创业者甚至企业家，需要具备一些基本的素质。企业家作为管理人员，理应在多方面具备较为优秀的素质，因为他们面临复杂多变的环境，承担更大的压力。企业家应具备以下基本素质。

（1）知识素质。知识是实践的基础，企业家不仅要有广博的科学文化知识、相关的专业特长，还要有金融、管理、法律等方面的知识。

（2）智力素质。企业家要有敏锐的观察力、丰富的想象力、超出一般的预见力和分析力，这样才能带领企业走得更远。

（3）能力素质。这主要包括社交能力、指挥协调能力、思维能力、适应能力、表达能力、决策能力、组织管理能力、执行能力、合作能力、洞察能力等。

（4）品质素质。这主要包括诚实、负责、重承诺、尊重各方、感恩、公正、正直、可靠、坚韧、勤奋等。

（5）心理素质。企业家要有足够的抗压、抗挫折能力，有较强的团队意识，足够自信，胜不骄败不馁，能做到良好的情绪管理，做到良好的自我调节，保证心理健康。

大学生可以通过阅读相关书籍，参与社会实践、学校活动与相关培训等，不断有意识地培养自己认为自己有所不足的素质，努力成为一个具有较高企业家潜力的人，做好自我管理与团队管理，助力未来创业活动的实施。

阅读材料

李书福的企业家精神

1986 年，浙江吉利控股集团（以下简称吉利）始建，1997 年进入汽车行业，坚定不移地推动企业转型升级和可持续发展。至 2022 年，吉利业务涵盖乘用车、商用车、出行服务、数字科技、金融服务、教育等诸多领域，旗下拥有吉利、沃尔沃、路特斯、曹操出行等多个品牌。吉利在全球拥有 12 万多名员工，并连续 10 年上榜《财富》世界 500 强。

吉利创始人李书福多年来一直带领吉利创新创业、大胆实践，不断转型升级，不管是生产装潢材料、电冰箱配件及摩托车来取代进口产品，还是生产汽车以促进汽车价格下降，都在发展过程中切实为消费者带来了实惠，并将沃尔沃轿车全球研发中心和全球生产基地转移至中国，成功实现了沃尔沃豪华轿车中国制造、出口全球的目标。

李书福领导的吉利也积极履行社会责任，如坚持非盈利办学，培养技师、技工等应用型人才，创办 10 所院校，累计输出人才超过 15 万名。他还设立了“李书福公益基金会”，致力于慈善和社会公益事业。2020 年，吉利成为第 19 届杭州亚运会合作伙伴，在 2022 年全方位赋能亚运会。2021 年，吉利正式启动吉利共同富裕计划，包括全员家庭健康保险计划、全员职业提升计划等。

分析：李书福作为汽车行业的实干企业家，多年来一直带领吉利创新发展、锐意进取，并积极履行社会责任，同时为实现中国汽车强国梦不懈努力，值得年轻创业者学习。

第四节 拓展阅读——任正非：狼性的企业家

1987 年，43 岁的任正非在经历重重打击下，因生活所迫，向朋友借款，与志同道合的朋友季平、郭艳艳等人共同筹集资金，成立了一家技术公司——华为技术有限公司。谁能想到，这家在当时注册资金为 21 000 元、员工 14 人的公司，在未来会改变中国乃至世界通信制造业的历史，成为开创5G时代的全球通信行业领跑者。这一切，都与华为的当家人卓越的领导才能密切相关。

任正非出生于贵州省的一个乡村，爷爷任三和是金华火腿厂里的“技术员”，学徒出身，深知知识与技能的重要性，因此，非常重视子女的教育。其中，天资聪颖又勤奋的任木生（任正非的父亲）因学习成绩好，获得了更多受教育的机会，并成为当时的大学生，后半生也几乎一直投身教育事业。任正非的母亲是中学教师。作为知识分子家庭，任父任母自然非常重视子女的教育。大学毕业后，任正非入伍成为一名建筑工程兵，后来任正非不得不在中年退伍转业，但正是这些人生经历以及军旅生涯的历练，养成了任正非坚韧的性格及不怨天尤人、自强不息的精神品质，激发了他的冒险精神、奋斗精神。

华为创立之初，名为技术公司，实际上却是一个贸易公司，主要业务是卖一些电子产品，如火灾警报器、气浮仪等。任正非认识到这并非长久之计，于是经过熟人联系，华为开始代理销售交换机。但数月后，任正非发现，代理销售是一种没有技术可言的行当，因此，他一边以服务获取订单，一边打算自己研制产品。

当时，国内通信设备市场基本被瑞典爱立信公司、法国西门子公司、比利时贝尔公司等国外大企业垄断，任正非意识到，本土企业要想占有一席之地，必须有自己的核心技术。刚开始，华为的研发组只开发用作配件的板件，再买其他配件组成整机，并且，为了开发市场，先攻占农村，目的是先活下来，再谋求发展。

之后，华为开始研发局用模拟程控电话交换机，从用户小交换机的“红海”发展到局用交换机的“蓝海”，主攻电信设备，并在市场上采用“免费技术培训”的以技术为主导的推广策略，获得了不错的市场反响。任正非有自己做企业的原则，他看准的事就要花血本投入。当时，我国的交换机市场中大型局用机和用户机基本上被来自国外的电信企业及其在中国的合资企业垄断，国外产品成熟，技术更新快，而华为起步晚，研发方法和设备滞后。在电信行业不发展就死亡的强大压力下，任正非咬牙坚持，并通过借贷研发新设备、布局全国各地的销售、动员员工顽强拼搏等，在公司内形成狼文化，即敏锐的嗅觉，不屈不挠、奋不顾身的进攻精神，群体奋斗的意识。任正非要求分部做狼狈组织计划，同时对销售人员培训，为员工灌输团队意识、责任感，着重培养销售人员的纪律性（服从命令）、执行力、归属感和统一性，倡导以客户为中心、以奋斗者为本的核心价值观，辅以极具吸引力的激励措施、专业技能培训等，提升员工对企业的归属感、对客户的服务意识，建立华为企业形象，并以华为的愿景目标激励员工。

为了培养人才，华为寻求高级技术人才进行各种形式的合作，鼓励“外援”合作；为了规范销售队伍，华为建立了绩效考评相关制度……通过“农村包围城市”的销售战略，以低成本快速抢占市场。至2003年，华为收入已超过千亿元，而华为也在不断创新业务，开拓自主研发之路。1997年，华为研发出国内第一个拥有自主知识产权的GSM系统，2009年成为国内第一个推出Android智能手机的厂家；2010年，华为首次入选《财富》杂志“世界500强”排行榜；2011年，华为开始调整策略，致力于从以电信为主的设备制造商转型成全能型的IT供应商，并在董事会上提出，“在未来10年内，华为不仅要成为一家技术领先者，还要成为一家年营业收入高达1 000亿美元的科技公司，与思科、惠普、IBM等西方科技巨头比肩”，并将华为公司业务改组为运营商、企业网和终端部门3个事业部，发展云计算产品、手机产品、电子商务等，在手机市场，更是采用了争夺高端市场、兼顾低端市场的战略。之后，任正非带领华为进军PC行业，其战略是以手机为中心，将手机的优势延伸至PC，打通移动办公场景，实现多屏互联互通，最终实现全场景联接，并在2016年2月，发布了全新二合一笔记本计算机，这个跨界产品让业内沸腾了，有业内人员表示，华为的PC跨界，在市场上起到了鲶鱼作用。2016年，华为销售收入达5 200亿美元，进入全球500强前75名。

2019年，华为突破5G技术，领先全球。华为发布的5G芯片拥有强大的AI算力，一经推出就迅速赢得全球关注，并成功进军欧洲。仅2019年的前3个季度，华为就获得了全球60个5G商用合同，收入增长了24%。2020年，多家研究机构的调查数据显示，华为智能手机出货量首次超越三星，登顶全球第一。

华为不仅在技术上取得了卓越成就，任正非“工者皆有股（员工可购入公司股票）”的制度创新，通过利益分享，也极大地激励了员工。创新在华为的发展中起到了不可忽视的作用，任正非不仅强调自主创新，更提到要跨国创新，拥抱全世界的人才共同创新。也正是任正非开放的、博采众长、家国情怀的精神理念，让华为成为当代优秀民族企业的典范，他们用实际行动向世界证明了“中国创造”的宗旨——更好地为世界人民服务。

更多拓展阅读

案例启发

华为发展到今天，与任正非的企业家精神牢不可分。正是由于任正非艰苦奋斗、积极进取、不断创新、高瞻远瞩，才让华为不断实现技术突破，成为世界强企，在国际上占据重要地位。本案例不仅体现了华为精神，更体现了民族精神，我国有实力、有信心发展自己的民族品牌，大学生创业者也应当开拓创新，发展民族企业，为中国之崛起、昌盛发挥自己的力量。

第五节　自我评估

大学生的创业资质与创业潜力对其创业成功率有一定的影响。你适合创业吗？你的创业潜力如何？下面提供了关于创业资质与潜力的测试，可帮助大学生判断自己是否适合创业，以及具有怎样的创业潜力。注意，由于影响个人创业的因素很多，因此最终测评结果仅供参考。

测试一　创业资质测试

〖测试说明〗

下面有13道题，每道题的备选答案有4个——A、B、C、D，A代表“经常”；B代表“有时”；C代表“很少”；D代表“从不”。请根据自己的实际情况作答，不要花时间去揣摩答案，回答完成后计分。计分时，选A得4分，选B得3分，选C得2分，选D得1分。

1. 在急需决策时，你是否在想“再让我考虑一下吧”？（　　）
2. 你是否为自己的优柔寡断找借口说“得慎重，怎能轻易下结论呢”？（　　）
3. 你是否为避免冒犯某个有实力的客户而有意回避一些关键性的问题，甚至有意迎合客户呢？（　　）
4. 你是否无论遇到什么紧急任务都先处理日常的琐碎事务呢？（　　）
5. 你是否非得在巨大压力下才肯承担重任？（　　）
6. 你是否无力抵御妨碍你完成重要任务的干扰和危机？（　　）
7. 你在决策重要的行动和计划时，常忽视其后果吗？（　　）
8. 当你需要做出很可能不得人心的决策时，是否找借口逃避而不敢面对？（　　）
9. 你是否总是在晚上才发现有要紧的事没办？（　　）
10. 你是否因不愿承担艰苦任务而寻找各种借口？（　　）

11. 你是否常有来不及躲避或预防的困难情形发生？（　　）

12. 你总是拐弯抹角地宣布可能得罪他人的决定吗？（　　）

13. 你喜欢让别人替你做你自己不愿做而又不得不做的事吗？（　　）

〖测试分析〗

若总分在 50 分以上，说明你的个人素质与创业者相差甚远。

若总分为 40 ～ 49 分，说明你不算勤勉，应彻底改变拖沓、低效率的缺点，否则创业只是一句空话。

若总分为 30 ～ 39 分，说明你在大多数情况下充满自信，但有时犹豫不决，不过没关系，这也是稳重和深思熟虑的表现。

若总分为 15 ～ 29 分，说明你是一个高效率的决策者和管理者，有望成为成功的创业者。

测试二　创业潜力测试

〖测试说明〗

表 4-1 所示为创业潜力测评题，请你根据自己的实际情况，从“是”和“否”中选择符合自己情况的答案。选择“是”得 1 分，选择“否”得 0 分。注意，选择时一定要根据第一印象回答，请不要做过多的思考，最后计算总分。

表 4-1　创业潜力测评题

题号	问题	是	否
1	你是否曾经为了某个理想而制订两年以上的长期计划，并且按计划执行直到完成？		
2	在学校和家庭生活中，你是否能在没有父母及老师督促的情况下，自觉地完成分派的任务？		
3	你是否喜欢独自完成自己的工作，并且做得很好？		
4	当你与朋友在一起时，你的朋友是否会时常寻求你的指导和建议？你是否曾被推举为领导者？		
5	求学时期，你有没有赚钱的经验？你喜欢储蓄吗？		
6	你是否能够连续 10 小时以上专注于个人兴趣？		
7	你是否习惯保存重要资料，并且井井有条地整理它们，以备需要时可以随时提取查阅？		
8	在平时生活中，你是否热衷于社会服务工作？你关心别人的需求吗？		
9	你是否喜欢音乐、艺术、体育及各种活动课程？		
10	在求学期间，你是否曾经带领同学完成一项由你领导的大型活动，如运动会、歌唱比赛等？		

续表

题号	问题	是	否
11	你喜欢在竞争中生存吗？		
12	工作过程中，当你发现别人的管理方式不当时，你是否会想出适当的管理方式并建议对方改进？		
13	当你需要别人帮助时，是否能充满自信地要求，并且说服别人来帮助你？		
14	你在募捐或义卖时，是否充满自信而不胆怯？		
15	当你要完成一项重要工作时，你是否总是给自己足够的时间去仔细地完成，而不是在匆忙中草率地完成？		
16	参加重要聚会时，你是否准时赴约？		
17	你是否有能力安排一个恰当的环境，使你在工作时能不受干扰、有效地专心工作？		
18	你交往的朋友中，是否有许多有成就、有智慧、有眼光、有远见、老成稳重型的人？		
19	你在工作或学习团体中，被认为是受欢迎的人吗？		
20	你自认是一个理财高手吗？		
21	你是否可以为了赚钱而牺牲个人娱乐？		
22	你是否总是独自挑起责任的担子，彻底了解工作目标并认真完成工作？		
23	在工作时，你是否有足够的耐心与耐力？		
24	你是否能在很短时间内，结交许多朋友？		

总分：＿＿＿＿＿

〖测试分析〗

若总分为 0 ～ 5 分，说明你目前不适合自己创业，应先为别人工作，并学习技术和专业技能。

若总分为 6 ～ 10 分，说明你需要在旁人指导下创业，才有创业成功的机会。

若总分为 11 ～ 15 分，说明你非常适合自己创业，但是在选择“否”的问题上，你必须分析自己的问题并加以改正。

若总分为 16 ～ 20 分，说明你个性中的特质足以使你从小事业慢慢开始，并从妥善处理事务中获得经验，成为成功的创业者。

若总分为 21 ～ 24 分，说明你有无限的潜能，只要懂得掌握时机，你将有可能成长为一名商业巨子。

第六节　思考与练习

1. 马克思曾言："资本家是资本的化身，他有永不满足的扩张冲动。"企业家并不等于资本家，但所有成功的企业家身上都有这种永不满足的扩张冲动。这体现了企业家的什么精神？

2. 杭州娃哈哈集团有限公司创始人宗庆后曾言："我认为做企业要有这些素质，特别在中国市场上，那就是诗人的想象力、科学家的敏锐、哲学家的头脑、战略家的本领。"与同学分享讨论：这段话体现了创业者需要具有哪些创业素质和创业能力？

3. 社会是企业家施展才华的舞台。只有真诚回报社会、切实履行社会责任的企业家，才能真正得到社会认可，才是符合时代要求的企业家。从时代发展的角度来看，企业家应当承担怎样的社会责任？请就该问题与同学分享讨论，并给出你的回答。

4. 制订一份培养自己创业能力的计划。

5. 阅读以下材料，回答问题。

王嘉是某大学工商管理专业的学生，他的表哥是计算机专业的硕士生。表哥编写了两套医护机器人程序并申请到了著作权，想和王嘉合伙创业。王嘉觉得这是个机会，于是和表哥一起投入50万元创办了公司。在创业前期，表哥负责写代码，王嘉负责企业管理运营。两人合作良好，慢慢打开了局面，和两家小公司签订了技术支持协议，通过提供技术支持获取报酬。

公司走上了正轨，亲戚朋友听说他俩开了公司，纷纷过来请托，想在公司里任职，于是王嘉在公司里为他们新添了岗位。但一段时间下来，这些员工错漏不断，有一次，其中一人居然在报销差旅费时索要回扣，这在公司引起了轩然大波，几个业务骨干直接提出辞职。

（1）你认为王嘉任用亲戚朋友的这一做法，没有尽到对哪些人的责任？

（2）如果你是王嘉，你会怎么做？

CHAPTER 05

第五章　创业机会发掘与团队组建

学习目标

了解适合大学生创业的模式和领域。

了解寻找与评估创业机会的方法。

熟悉创业团队的组建步骤。

素养目标

能够发现与评估身边的创业机会。

能够搭建优势互补、团结合作的创业团队。

案例导入

当“淘金热”盛行的时候，一个名为李维·施特劳斯的人也想去碰碰运气。然而到了那里后他发现淘金的人众多，发财的机会渺茫。没多久，他发现这里因为人多，市中心又远，所以购买日用品并不方便，于是灵机一动便开了一家日用品店，果然生意不错。

一次他采购东西回来，发现自己采购的日用品没下船就被抢购一空，他以为是必需品的用于搭帐篷、马车篷的帆布却无人问津，这不禁让他感到十分沮丧。但一位注视着帆布的淘金者为李维·施特劳斯带来了良机，对方告诉他，自己不需要再多搭帐篷，但却需要像帐篷一样耐磨的裤子，因为淘金需要经常与砂石摩擦。这番话提醒了李维·施特劳斯，他找来裁缝将这些帆布做成了不同尺码的裤子向淘金的人出售，于是“牛仔裤”就这样诞生了。

后来专门销售牛仔裤的公司“Levi's”成立，牛仔裤的销售也遍及全球。

案例思考

1. 李维·施特劳斯为何成功？
2. 你认为创业机会来自哪里，大学生应如何抓住创业机会？

从牛仔裤发明到李维·施特劳斯建立“Levi's”公司的过程，就是从发现创业机会到机会落地的过程。在市场中，谁能够发现创业机会，并将机会变为现实，谁就能率先占据市场。对大学生而言，要想成功创业，可以先了解适合大学生创业的模式和领域，敏锐地察觉创业机会，再尝试组建团队使创业机会变为现实，开创事业。

第一节 适合大学生的创业模式

课堂活动

活动主题：了解大学生创业实例

活动内容：2020 年 10 月，电子科技大学电子科学与技术专业的硕士研究生刘沈厅回乡种植耙耙柑（春见）、阳光玫瑰（葡萄品种）等水果成功创业的短视频在新浪微博播出，引起了网友的广泛关注。2020 年 11 月 22 日，其获得“四川省返乡下乡创业明星”荣誉称号，并于次年 10 月入围首届“全国乡村振兴青年先锋”人选公示名单。现在，有不少高学历的大学生选择创业，请利用网络、书籍等多种途径了解当代大学生的创业事迹，包括其创业模式与创业领域等。可小组调查研究，并将你们的成果在班上汇报。

创业模式指创业者为保障自身的创业理想与权益而对各种创业要素进行合理搭配，表现为创业的组织形式、营利方式及行业选择等。大学生在分析创业环境和自身条件后，如果想创业且能创业，就需要选择适合自己创业起步的创业模式和领域。对创业者来说，选择一个适合自己的创业模式，可以省去创业过程中不必要的麻烦。

一、适合大学生创业起步的创业模式

选择适合自己的创业模式是创业成功的关键。创业的路径很多，创业者需要准确判断自身的优势和劣势，选择适合自己的路径和创业模式，以化解创业过程中可能遇到的问题。适合大学生创业起步的创业模式主要有以下几种。

1. 小微企业创业模式

大学生创业多数属于“白手起家”，其创业是从无到有的过程，必须先学习经验，进行资本的原始积累，待条件成熟后，才能开办企业。这种方式是艰苦的，成功率也较低，创业者必须具备超强的耐受力。采用这种创业模式，要想取得成功需要具备4个条件：广泛的社会关系；好的项目或产品；良好的信誉和人品；吃苦耐劳的精神。

从小做起的DIY服饰店

刘佳平时喜欢自己制作衣服，大学时偶尔也会缝制衣服给室友穿，室友认为刘佳手艺很好，劝她自己开店。刘佳听后觉得有理，便将这话放在了心上。刘佳大学毕业后没有马上找工作，而是先调研当地市场，后发现开店一事大有可为，于是很快便开了一家服装店。刘佳的创意服饰店既可以让客人自己设计、制作，也可以由她代劳。因为附近有不少大学，还有崇尚个性的艺术专业学生，所以刘佳的生意还不错。此外，刘佳还接定制情侣装、姐妹装、制服等方面的生意。

一次，刘佳帮一个食品店制作工作套装，结果快到交货时间才发现20套服装的领子都有一个洞。刘佳无法在约定时间内将服装返还工厂并重新制作，抱着侥幸的心理，刘佳把这批衣服交给了客户，结果第二天就被质问，刘佳心中暗悔，认为自己不该因此败了店铺的信誉，于是承诺会赔偿客户的损失，并免费为其重新制作衣服。

经过这次的教训，刘佳在之后的工作中更加仔细，以确保交到客户手中的衣服是完好的。并且为了给客户更好的体验，刘佳还配置了两台模拟机，使客户能够看到自己设计的样品。现在，在刘佳的精心经营下，她的小店面积已经从最初的3平方米扩展到了50平方米。

分析：刘佳开设服饰店建立在市场调查基础上，因项目本身和她自身能力的局限性，选择开设规模较小的门店是适合的起步模式。虽然生意出了小问题，但刘佳还算诚信，因此创业便能继续进行。刘佳的这种模式和经验也适合大多数的创业者。

2. 依附创业模式

依附创业模式包括代理创业（争取经销权）、加盟创业（特许经营）、网络创业等。

代理创业

代理是一种很常见的创业方式。所谓代理创业模式就是借由其他公司的品牌和商品，自己用一个单独的平台来销售该商品的创业模式。这种经营模式适合初次创业者，可以使创业者学习更多的专业知识和积累创业经验。

现在很多厂商不是直接面向消费者进行终端销售，而是选择代理商后由各级代理商进行销售。因此，想要加入某厂商的市场体系，或是代理销售某厂商的产品，就必须找到合适的厂商。

做代理

王明是某中医药大学的学生，读大学时，学校每年都会组织学生到山里采药，很多同学都需要买望远镜。对望远镜较为了解的王明想：自己何不去进购一些品牌望远镜卖给这些同学呢，既能方便他人，自己又能赚些零花钱。

于是王明从熟识的望远镜代理商处买了30多台望远镜，加价20元卖给同学，结果大受欢迎。后来，又有许多人找王明咨询购买望远镜，于是王明成了该望远镜代理商的下线代理。临近毕业后，王明共代理销售了数千台望远镜。

代理销售望远镜的生意让王明赚了4万元，也让他在创业路上找到了感觉。王明头脑灵活，总能够见机行事。一次，他无意间认识了一名做安全监控设备的商人，而他又得知一位中学同学家中开发的房地产项目正好在招标安检设备，于是王明充当了双方谈判的桥梁促成了这一单生意，竞标成功后，他一下就赚了50万元。之后王明还做了房屋家装生意，并与朋友合伙开了餐厅，后来，王明还投资了50万元在大学城开了家网络公司。

分析：王明的创业就是从代理开始的。除了自己主动找机会做代理，还有一些新创企业或小企业在主动招人做代理，产品风格多样，不过需要创业者自己甄别，谨防上当受骗。

很多厂商的业务区域划分和渠道体系划分并不是简单按照行政区划进行的，这导致很多创业者找不到上一级代理商。遇到这种情况时，创业者可直接与厂商总部或其市场部门联系，也可以与那些将来不会同自己发生业务冲突的同级代理商联系，以便找到上一级代理商。

加盟创业

加盟创业指采用加盟的方式进行创业，一般方式是加盟开店。加盟创业的关键是选择加盟商。因为加盟创业并不是根据创业者自己的产品、品牌和经营模式来创业，而是借助和复制别人的产品与经营模式，所以加盟商的品质好坏直接决定了创业者的创业前景。一般来说，选择加盟商应该从行业和品牌等方面进行考虑。

（1）选择有活力的行业。只有有活力的行业才具有发展空间，才能提供持续的市场需求。目前较为活跃的加盟代理行业有很多，主要为家居建材、餐饮美食、服装饰品、汽车销售、汽车美容、洗衣、美容美体等。

（2）选择有生命力的品牌。品牌是企业产品质量和内在品质的象征，一个好的品牌是受到消费者认可和推崇的，因此，创业者在选择加盟品牌时要有清晰的定位，以保障加盟店稳步发展与持续盈利。

加盟创业当老板

林琳一直很想开属于自己的小店，自己当老板，但考虑到自身创业经验与技术等方面的不足，毕业后没有去找工作，而是打算加盟开店。在选择加盟项目的时候，她考虑了很多，如餐饮、服装、花卉、文化等。经过综合考察之后，她认为奶茶很受年轻人喜爱，而且价格不算很贵，一年四季都好售卖，配料等从公司找货源渠道就可以。如果是知名度较大、连锁店较多的奶茶品牌，那么自己也不需要付出太多的营销宣传成本。而且在观察、走访后，她发现地铁站附近或居民区附近的奶茶店生意都不错，自己还可以通过美团、饿了么等平台在线上销售。再加上有自己的存款和父母的帮助，资金压力不大，因此，她选择了加盟某奶茶品牌连锁公司。

为了加深了解，她几次特地去该公司总部，在总部参与了系统的培训和学习。当她充分了解了奶茶店的经营模式后，不久就筹措资金在小区旁边开了一家加盟店。由于她家附近离市中心较远，但居民区较多，人流量较大，且无其他奶茶店，所以她的生意还算不错。后来由于林琳经营时间长，加上经营有方，生意一直比较稳定。接下来，林琳还想尝试其他的创业。

分析：像林琳这样的加盟创业也是大学生常见的创业形式，这种创业是使用总公司较为成功的商业模式，创业难度相对较低。

选择好的行业、品牌和加盟商固然十分重要，但创业者若就此止步不前、坐等收钱是万万不可取的。要想获得创业的成功，还需要创业者全身心地投入精力，扎扎实实地做好每个细节工作，将别人的经营模式转化为自己的东西。

网络创业

网络创业就是通过网络来进行创业，这是目前较新潮的一种创业方式，主要包括网上开店与网上加盟，通常适合于技术人员、大学生和上班族。调查显示，占比超过80% 的网上创业者年龄在 18 ～ 30 岁。

随着互联网技术的发展，网络创业门槛大大降低，越来越多的人选择了网上开店的方式进行创业。前期投入少、创业成本低，这是大部分人选择网络创业的原因。进行网络创业需要注意以下几个方面。

（1）选择合适的网络创业项目。与实体店创业不同的是，网络创业是一种看得着、摸不着的创业方式，消费者只能通过网络平台浏览产品的外观、了解属性，不能实际看到或摸到产品。因此，选择合适的经营项目和产品是网络创业者首先需要考虑的。首先调查分析哪些是受欢迎的产品，再分析其他卖家的经营模式，然后将其优势转化并加工为自己独特的模式，只有这样才有可能在众多网络创业者中脱颖而出。

（2）选择货源。网上开店的目的是盈利，而寻找物美价廉的货源能帮助创业者节约成本。一般可以从创业者所在地的批发市场或从批发网站寻找货源，批发市场和批发网站上的商品比较多，品种、数量都很充足，能给创业者很大的选择余地。

（3）物流。货物运输是网上开店的一个重要问题，要在较快时间内保证客户拿到产品并且保证完好无损。这要求创业者找一家信誉好、价格合适的物流公司。

（4）服务和售后。不管是实体店还是网店，服务态度都是十分重要的。与实体店不同的是，开网店不能和客户面对面地交流，因此要特别注意网上服务的技巧，对客户要有耐心，不能怠慢客户，以免造成客户流失。

在网上与客户交流时，态度要诚恳谦逊，可以多使用一些表情，多用“请”“您”等词，这些礼貌用语可以让客户感受到你的诚意。网络平台还流行使用“亲”及其他一些网络流行词，交流时恰当使用可活跃气氛，拉进双方距离。

（5）宣传和推广。网店的竞争比实体店更加激烈，因为客户可以在网络上搜索到同类产品的不同店铺，不受地域和空间的限制。创业者应做好店铺的宣传和推广，提高店铺的知名度和客流量。因此，对创业者来说，学习一些网络营销和网络推广的技巧是十分必要的。

开网店

“缘宝石”是一家珠宝饰品网上商店，它的成功开办源于一位大学生的奇思妙想。罗丹是某大学电子商务专业的大三学生，一次偶然的机会让他看到了珠宝饰品行业的前景，于是他想到了加盟开店。但是经过珠宝公司业务经理的详细解释后，罗丹发现，房租、装修、加盟配货等费用加起来至少要十几万元，而他只是一名还在上学的大三学生，到哪里去筹这么多钱呢？

当时正好是互联网发展十分迅速的时候，网上开店也逐渐兴起。罗丹想到，自己懂计算机，会上网，还具备专业的电子商务营销知识，别人能在网上开店，我为什么不可以呢？他对珠宝商说："我现在没有足够的资金去开一家分店，但现在正是网上开店兴起的时候，我们可以合作加入这个潮流，把您的产品用网络推销出去。我先用相机把这些珠宝首饰拍下来，拿到网上去卖，当然您不必马上给我货源，我只是在网上放置这些产品的图片，好让顾客能够看到并购买。这样我不需要太多的资金，您也不需要担心货款的问题，这样一举两得的方法您看怎么样？"

罗丹的建议得到了珠宝商的同意，珠宝商当即就让公司产品部的员工带他去挑选放在网上出售的产品并拍照。这些产品图片的效果很好，和柜台中陈列的产品一样具有吸引力，放到网上不久便吸引了很多顾客来购买，就这样，罗丹的网上商店开始成功运营了。

经过罗丹的努力，店铺的业绩慢慢上升。为了让店铺的生意更加红火，他还精心思考了很多促销和宣传策略。

分析：网络创业是当前年轻创业者常采用的创业方式之一，正如罗丹所想，网店成本较实体店成本低，且货源成本花费较少，即便是库存较少的商品也能在网上先试卖，创业失败的亏损程度相对较低，适合大学生用于创业起步，但要谨慎选择创业项目。

需要注意的是，虽然网络创业对创业者的要求相对较低，但也需要创业者首先对电子商务感兴趣，其次还要具有经营相关项目所需的客户拓展能力、专业技能和行业知识。例如，如果创业者选择加盟"爱姆意"网络营销店，就必须熟悉机电产品的专业知识、拓展所需的销售渠道，并且掌握专业的销售技巧，只有这样才能经营好店铺。这是因为爱姆意所经营的产品品种繁多，小到几元钱的日光灯和电容器，大到上万元的机床，如果想经营好店铺，就需要具备较强的专业性，否则即便有强大的品牌背景，经营不善或出现亏损的情况也在所难免。

3. 在家创业

在家创业，准确地说是创业者独立工作，不隶属于任何组织。该创业模式的优势在于创业者可自由安排时间，既能赚钱又能照顾家庭。例如：大学生合伙从事玩具的邮购业务等。

据统计，我国在家创业人数已经超过500万人，其中有70%的人大部分时间在家里办公，自由撰稿人、音乐家、画家、平面设计师、自由摄影师、美编、网站设计人员、网络主持等都是具有代表性的在家创业人员。

4. 兼职创业

兼职创业是在已有工作的基础上从事第二份职业。兼职创业要求创业者根据自己的实际情况选择合适的兼职项目。

兼职创业的职位有高有低，由创业者自身的能力或机遇而定。但不管创业者做什么兼职，都能够锻炼创业者的创业能力，并使创业者积累创业经验。同时，创业者还能获得一定的资金。

虽然兼职创业的规模一般较小，但仍然需要创业者像全职创业那样去尽心尽力地筹划，不能因为它不是正职，就把它当成业余爱好。除此之外，兼职创业者还可以选择一些对时间要求不太严格的项目进行创业，如在线销售、虚拟助理、国际代理、设计、写作等。有些经济宽裕的大学生会选择加盟奶茶店创业，但可能自己还需要继续完成学业或者自己有其他的本职工作，这种情况也属于兼职创业。

具备一定条件的大学生创业者可选择收购他人的企业，这是一种节省时间和成本的好方法，比如接手店铺等。但在收购之前，收购人必须先评估被收购企业存在的风险及优缺点，如设备是否陈旧、店铺地址是否适合经营等。

二、适合大学生的创业领域

大学生是一个比较特殊的群体，他们充满激情但缺少社会实践经验，因此并不是每一个创业模式都适合大学生。大学生在进行创业时需要选择一些具有优势的领域来弥补自身能力的不足，充分发挥自己的优势，做到学以致用。比如，对专业较为普通的大学生来说，可以选择中介、加盟代理等方式进行创业，而对于艺术设计、广告等专业的大学生，则可以以自由职业者的身份进行创业。适合大学生的创业领域主要有以下 10 个。

1. 高科技领域

大学生属于高级知识人群，经过多年教育并且处于高科技环境中，因此在高科技领域进行创业有独特的优势。但并非所有的大学生都适合在高科技领域创业，一般来说，只有专业技能过硬的大学生才适合在该领域进行创业。同时，由于科技发展迅速，大学生创业者还要注意技术的创新，开发具有创新性的产品。

2. 智力服务领域

智力服务行业是智力含量较高的服务业，这正好是大学生的优势领域。如常见的信息服务业、中介服务业、咨询服务业、策划服务业、认证服务业、设计服务业、翻译服务业、文学服务业、艺术服务业、婚庆服务业等。

3. 连锁加盟领域

统计数据显示，在相同的经营领域，个人创业的成功率低于 20%，而加盟创业的成功率高达 80%。对创业资源十分有限的大学生来说，选择运营时间在 5 年以上并且拥有 10 家以上加盟店的成熟品牌较好。

4. 日用小商品产销领域

日用小商品与人们的日常生活息息相关，因此，它具有市场广阔和长期存在的特性。这种商品经营方式灵活、投资小，因此适合大学生创业。

5. 服务领域

服务领域就是为顾客服务，让顾客在生活上得到方便的行业领域，如饮食业、旅游业、租赁业、理发业、修理家电的行业等。这些行业一般以店面经营为主，经营方式可以分为独立开店与加盟连锁两种。

6. 现代农业领域

近年来，国家对发展现代农业，促进广大农民发家致富给予了重点关注。大学生可以在农产品的初加工、深加工及综合利用等领域开展创业活动。

7. 进出口领域

随着我国经济的发展，我国经济和世界经济已经逐渐形成了依存关系。我国拥有巨大的购买力市场及很强的出口能力，位于目前世界进出口国家排行名单的前列。这个领域适合商务类专业的大学生进行创业。

8. 培训领域

由于经济发展的加快和人们工作需求的增加，近年来，各种技能培训项目越来越多，并且得到人们的欢迎，如外语培训、计算机培训、IT 培训、职业资格考试培训等。各种培训机构也在兴起，并以低投入和高产出的高额利润吸引越来越多的创业者。因此，大学生可以充分利用校园资源和师资力量进行该领域的创业。

9. 设计领域

设计项目对资金的要求不高，适合学艺术、广告、设计等专业的大学生。常见的设计项目有室内设计、平面设计、工业造型设计、动画设计等。

10. 电商领域

近年来，电子商务市场已经越来越成熟，网购、直播、短视频已经深深融入人们的日常生活，各种商品利用网络渠道实现流通，这也使各种创业机会得以产生。电商领域涉及的行业非常广，包括服装、饰品、数码、厨具、医疗保健、珠宝等行业。可以说，上述 9 种创业领域中不少项目都可以与电商领域结合起来。现在也有许多大学毕业者、自由职业者进入电商领域，提供绘画、书法、小语种等网课服务，以及开通网店售卖自己的手工艺品、绘画作品等，电商领域是当前非常热门的领域。

此外，环境保护、休闲娱乐等领域也是具有发展前景的创业领域，可供大学生参考。总之，可供选择的创业领域有很多，大学生可以综合考虑，结合自己的优势，抓住创业机会，审慎选择创业项目。

选择创业项目需考虑的因素

第二节　寻找与评估创业机会

课堂活动

活动主题：探寻你身边的创业机会

活动内容：仔细观察可以发现，我们日常生活中使用的产品都与我们的需求有关，而这些产品支撑的企业自然也与我们相关，例如，食品企业，源于我们对美味食物的需求；共享单车企业，源于大家希望短途出行更方便……我们的生活中存在如此多的创业机会。现在请同学们根据自己的生活经验，试想还有哪些方面的创业机会，并就此提出自己的设想。

什么是机会？机会就是你已经发现的东西中有价值的部分。当机会出现在你的身边，你却没有能力识别，无疑就会错失良机。当然，并不是所有机会都能衍生成创业项目，因此，要想成功创业，创业者必须掌握创业机会的识别与评估方法。

一、寻找创业机会

创业机会识别是创业领域的关键问题之一。把握住了每个稍纵即逝的创业机会，就等于事业成功了一半。创业者要学会在机会出现之后进行识别筛选，促成创业机会转变为现实。创业者可以从以下几方面进行创业机会识别。

1. 变化就是机会

彼得·德鲁克将创业者定义为“能寻找变化，并积极反应，把它当作机会充分利用起来的人”。古往今来，每一次创业热潮的出现大多依赖于社会环境、市场环境的变化，社会环境、市场环境的变化势必带来市场需求、市场结构的变化，这就为识别创业良机带来契机。

创业者可透过这些变化发现新的前景。这些变化包括：人口结构的变化、产业结构的变化、个性化服务的需求变化、科技通信的进步、政策扶持变化、价值观和生活观念的变化、人们收入水平提高、消费升级等。例如，家庭收入提高，人们的娱乐活动要求则更加丰富多样；人们推崇“快”文化，移动电商应运而生，蓬勃发展，同时带动了物流、在线支付业务等的发展；私人轿车不断增加，为汽车销售、维修、清洁、二手车交易等行业带来诸多创业机会。

2. 顾客有需求就是机会

从顾客身上觅得创业良机是一个亘古不变的规则，创业者销售的产品或服务最终面对的是顾客。调研分析顾客的需求，从中可识别出创业良机。

想要从顾客身上识别良机，需要观察顾客的生活和工作轨迹。由于每个人的需求不同，创业者应将顾客分类，进行顾客群体分类并研究各类人群的需求特点，比如退休职工重视身体保健，家庭主妇重视子女的教育等。

“负面”问题指令人们“烦恼的事”“困扰的事”，这些都是市场需求的痛点。如果创业者能着眼于人们的苦恼、困扰，有效提供问题的解决办法，实际上就是找到了机会。因为搬家费时费力，就有了搬家公司的产生；双职工家庭没有时间照顾小孩，于是有了家庭托儿所；上班路途遥远，人们难得吃一顿舒适的早餐，“焖烧杯”就能解决这个问题。这些都是从“负面”问题寻找机会的例子。

从顾客的需求和“负面”问题中很容易觅得创业良机，例如，前面案例中牛仔裤的构想就是由于顾客存在需求而产生的。但这需要创业者善于识别创业先机，然后通过实践、改进才能一步步走向成功。

阅读材料

淘宝直播带来的机会

陈某是某高校的大学生，和大多数大学生一样，陈某也利用空闲时间寻找兼职，在一家连锁生活用品店做销售。随着电商直播的兴盛，陈某兼职的店铺开始涉足直播领域，由于陈某兼职期间表现优秀，口才好，因此店主安排陈某兼任主播工作。

做直播对陈某而言是一份全新的工作，因此即使直播间人数很少，陈某也没有放弃，而是虚心总结原因。陈某发现有些观众不喜欢直播间的选品，因此他细心留意观众评论，在下一次直播时增加了观众感兴趣的选品；有不少观众对陈某的工作环境感兴趣，于是陈某组织了一场针对工作环境的直播，展示了店铺的各产品区域和工作间等，意外地获得了很多流量。

有了这些直播经历，后来陈某开始做自媒体，自己选题做短视频和直播，分享一些消费者普遍感兴趣的选题，或者做一些好货推广，例如，行业揭秘、口红试色或精选单品推荐等。由于坚持输出优质内容，功夫不负有心人，因平台自动抓取优质内容的机制，一次，陈某在一家珐琅锅厂的生产车间直播，向观众讲解一口珐琅锅从铁水到成品的制作过程时，他的直播间人数开始由几十万人上升至上百万人。后来，陈某又开始关注一些乡村振兴和产业振兴的选题，为不少产品带货，例如，一些知名度较小的老字号品牌产品、特色农产品、小众云南咖啡等。由于陈某的努力和敬业精神，关注他的用户越来越多。后来，随着陈某的选题和选品能力不断精进，个人影响力不断扩大，陈某成功自创品牌并注册成立了一家电子商务公司。由于该公司一直关注直播带货领域，并不断培养新生主播，该公司一路高歌猛进，在直播带货领域占据了一定地位。

分析：陈某能建立自己的品牌并开设自己的电子商务公司，除了其自身的努力，还与他能够抓住市场机会息息相关，正是因为他发现了电商行业的变化，抓住了直播的发展商机，抓准消费者的需求，才一步步走向成功，最终成就了属于自己的事业。

创业机会本质上也属于创业项目，甚至一个机会可以衍生出多个创业项目，但各个创业项目的操作难度、成功率、回报是不同的。大学生创业者的资源较少、抗风险能力较差，所以应该选择难度小、成功率高的创业项目，扫描右侧二维码，可以了解选择创业项目的思路。

选择创业项目的思路

二、开发创业机会

大学生要创业，需要识别出创业的机会，所以接下来介绍一些创业“点子”的开发方法。除了在市场变化、顾客需求中识别创业机会，大学生创业者还可以通过一些方法和途径开发、创造创业“点子”，寻找合适的创业项目。

1．经验法

利用经验去开发创业项目和建立企业构思对大学生创业者而言是一种简单有效的方法。一方面，创业者可以利用自己与企业或顾客打交道的经历，或者通过他人与企业或顾客打交道的经历，开发出创业“点子”，从顾客的抱怨和不满中体察出创业良机，产生好的企业构思，开发满足顾客需求的产品和服务。另一方面，创业者可以从有过创业经历的朋友、同学或师长口中打探一些好的创业“点子”和企业构思。特别是一些优秀的创业者，他们拥有非常丰富的阅历和经历，具有独特和敏锐的眼光，从他们的经验之谈中创业者往往能找到适合自己的创业项目。

2．调查法

通过调查法开发创业“点子”，重点在于调查顾客居住地和希望创办企业所在地的企业，包括以下几个调查方向。

（1）周边有哪些类型的企业？哪种类型的企业多？哪种类型的企业少？这些企业的产品和服务是什么？

（2）周边人群的消费水平和消费观念是怎样的？他们更愿意到哪些地方进行购买和消费？

（3）周边除了现有的企业，还有哪些潜在的企业具有发展前景？

调查周边企业和顾客是为了摸清哪些创业“点子”值得开发，自己的创业项目是否有生存和发展的空间。比如周边的建材市场业绩特别突出，售卖灯饰、门窗、墙饰、地板等，那么就可以记录卖灯饰的、卖门窗的、卖墙饰的和卖地板的商铺各有多少家，它们的经营状况如何。如果卖灯饰的生意特别火爆，可以考虑同样售卖灯饰，瓜分客源；若卖灯饰、墙饰的商家特别多，就可以考虑在它们的旁边售卖地板，因为如果顾客装修房子，那么他们往往还需要购买地板。

随着互联网的发展，在网络中就可以搜集到很多好的企业构思，创业者可以筛选出合适的创业项目，然后通过实地调研进行进一步的判断。另外，若是当地电视台有创业栏目，创业者可以时常关注收看，以便发现好的企业构思。

3．头脑风暴法

运用前面学习的头脑风暴法构建企业构思，也是开发创业“点子”、寻找创业项目的常用方法。创业者可以选择一种自己感兴趣的产品，或是自己考虑好即将创办的企业生产哪种产品，然后按制造线、销售线、服务线和副产品线4个方面，用头脑风暴法想出尽可能多的相关企业，如表5-1所示，建立自己的企业构思。

表5-1 运用头脑风暴法建立企业构思

产品	制造线	销售线	服务线	副产品线
A产品	与该产品制造相关的企业	与该产品销售相关的企业	与该产品服务相关的企业	与该产品的副产品间接相关的企业

三、分析创业机会

分析创业机会是选择创业项目的最后一道关卡，大学生创业者的资源局限性决定其很难在失败后开展“二次创业”，因此大学生创业者要掌握创业机会的分析方法。通常大学生创业者采用SWOT分析法、创业机会评价框架、定性分析法、Timmons创业机会评价体系等来分析创业机会。

1．SWOT分析法

当你具备创业的知识和能力，并有好的企业构思后，即可使用SWOT分析法对创业项目的可行性进行分析。SWOT 分析法可以帮助你分析企业构思可能存在的优势和机会，以及可能存在的问题和威胁，帮助你判断创业项目的设想是否可行，以及建立的企业是否具备竞争能力和盈利能力等。

什么是 SWOT 分析法

SWOT 分析法是对企业自身的优势（Strength，S）、劣势（Weakness，W）以及外在的机会（Opportunity，O）和威胁（Threat，T）进行分析判断的方法。因其兼顾内外因素（S、W 为内部因素，O、T 为外部因素），所以能够很好地将企业内部环境和外部环境因素有机结合起来，其分析方式如图 5-1 所示。

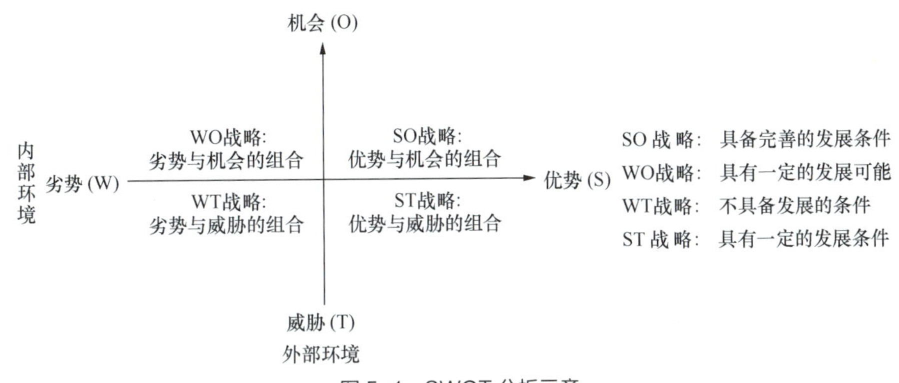

图 5-1　SWOT 分析示意

优势和劣势是存在于企业内部的可以调整的因素。

（1）优势：优势指创办企业有利的因素。如创办企业的资金充足、资源丰富，以及价格比同行更低、员工素质和技术更好等。

（2）劣势：劣势指创办企业不利的因素，如知名度不如竞争对手高、自己的阅历没有其他创业者丰富、促销方式不佳、产品类型少等。

机会和威胁是存在于企业外部的自己不能加以影响的因素。

（1）机会：机会指外部环境存在对创办企业有利的因素，如行业政策扶持力度大、周边建造了新小区、人流量增大等。

（2）威胁：威胁指外部环境存在对创办企业构成潜在威胁的因素，如周边有新的企业加入、原材料价格上涨等。

不同战略代表可以采取的不同措施，根据这些具体措施去衡量企业需要付出的成本及获得的成果等，从而判断创业项目的可行性。

（1）WO 战略：该战略要求利用外部机会，弥补内部劣势。

（2）SO 战略：该战略依靠内部优势，利用外部机会。

（3）ST 战略：该战略利用内部优势，规避外部威胁。

（4）WT 战略：该战略减少内部劣势，规避外部威胁。

SWOT 分析法的运用

SWOT 分析法可以分为两部分：第一部分为 SW，主要用来分析企业自身条件；第二部分为 OT，主要用来分析外部条件。利用这种分析方法，可以从内外条件的优劣势中直观地找出对创办企业有利的因素，以及对创办企业不利的、应避免的因素。这样可以快速地发现机会与优势的契合点，对契合点进行相应的分析，明确企业以后的发展方向。

总的来说，这种分析方法在实际运用中具有明显的科学合理性，因此，可以将分析结果作为企业决策的主要依据。

根据 SWOT 分析法的分析结论，还可以将问题按轻重缓急分类，明确哪些是急需解决的问题，哪些是可以稍后解决的问题，哪些属于战略上的问题，哪些属于战术上的问题。将这些需要研究的对象一一列举出来，依照矩阵形式排列，然后用系统分析的方法把各种因素组合起来进行分析，如表 5-2 所示。通过综合分析，可以帮助大学生创业者从中得出具有决策性的结论，从而实现从企业构思到企业创办。

表 5-2　SWOT 矩阵分析表

存在的优势（S）	存在的劣势（W）
①	①
②	②
③	③
④	④
⑤	⑤
⑥	⑥
实际的机会（O）	**潜在的威胁（T）**
①	①
②	②
③	③
④	④
⑤	⑤
⑥	⑥

创业者应该对企业构思进行细致的 SWOT 分析，清楚企业的优势与劣势，并分析和评估企业面临的机会与威胁。

在进行创业项目的可行性分析时，可参照以下 4 个步骤。

（1）正确评估企业的优势和劣势。

（2）找出企业面临的机会和威胁。

（3）列出企业下一步的工作目标。

（4）列出企业下一步的工作计划。

如果企业构思是SO型，优势和机会并存，则说明企业构思是可以实施的；如果企业构思是WO型或ST型，则说明有机会却存在自身的劣势，或具备优势条件但存在威胁，可考虑修改和完善原来的企业构思，尽可能改变劣势和避免威胁；如果企业构思是WT型，只有劣势和威胁，那么说明这个企业构思是不可行的，可考虑放弃这个创业项目。

运用SWOT分析法评估创业项目的可行性

小王是2018年的应届大学毕业生，他想在家乡办一家肉牛养殖场，因此，他对周边现有的同类养殖场和顾客的需求做了相关调查和记录。为了让自己的创业项目能顺利推进，他还使用SWOT分析法对企业自身情况及外部环境进行详细分析，具体分析内容如下。

（1）企业自身分析

优势（S）：本人乐观向上，善于与人交往，待人诚恳，勇于创新，有决心干一番事业；待办企业的营销渠道丰富，人工成本低，销售价格比竞争对手低；拥有充分的养殖业理论知识和一定的养殖技术；地理位置优越，交通便利；家庭支持创业。

劣势（W）：创业和实际操作的经验不足，难以听取他人的友善建议；优柔寡断；投入企业的资金较少，储备资金不充足；创办企业人手不足；企业规模较小。

（2）外部环境分析

机会（O）：当地政府对大学生创业扶持力度大，并开设有免费的创业培训课程；本地区目前只有一家养殖肉牛的企业，竞争者少。

威胁（T）：环境污染问题加剧，肉牛存在疾病的威胁；租地的成本一直在上升；未来一年内可能有两家同类养殖企业加入。

（3）结论

运用SWOT分析法进行分析后，小王清楚认识了企业的优势与劣势。作为未来的企业的创办者、管理者，小王虽然善于人际交往，有养殖的知识和技术，但仍需要克服优柔寡断的性格缺陷，积累创业经验。

面对当前的机遇，小王需要经常向政府部门咨询扶持信息。同时，小王制订了下一步的目标，企图扩大企业的规模。为此，他计划尽快进入市场，开源节流，储备更多的创业资金，动员家庭力量，寻找更多的创业人手，尽快做活企业，以便在其他竞争对手进入市场之前顺利打响自己的企业品牌，拓展销售市场。

分析：小王使用SWOT分析法对创业项目的优劣势等进行了充分的分析，发现该创业项目是可行的，最终制订了适合自己的创业计划，进一步促进创业项目顺利展开。

2. 创业机会评价框架

通常的创业机会评价框架，主要是通过市场评价和回报评价两个方面对创业机会进行评价，如表5-3所示。

表5-3 创业机会评价框架

评价要素	评价指标
市场评价	① 是否具有市场定位、专注于具体消费者需求、能为消费者带来新的价值
	② 依据波特的五力模型进行创业机会的市场结构评价
	③ 分析创业机会所面临的市场规模的大小
	④ 评价创业机会的市场渗透力
	⑤ 预测可能取得的市场占有率
	⑥ 分析产品成本结构
回报评价	① 税后利润至少高于5%
	② 达到盈亏平衡的时间应该少于2年
	③ 投资回报率应高于25%
	④ 资本需求量较低
	⑤ 毛利率应该高于40%
	⑥ 新企业能否创造在市场上的战略价值
	⑦ 资本市场的活跃程度
	⑧ 退出和收获回报的难易程度

3. 定性分析法

创业机会评估是指对创业机会的主要内容及配套条件进行分析和研究，并最终对创业项目的开展、运行和效益产出情况等进行预测。美国经济学家、科隆大学教授托马斯·齐默尔等一些学者提出了简单定性分析创业机会的方法，其步骤如图5-2所示。

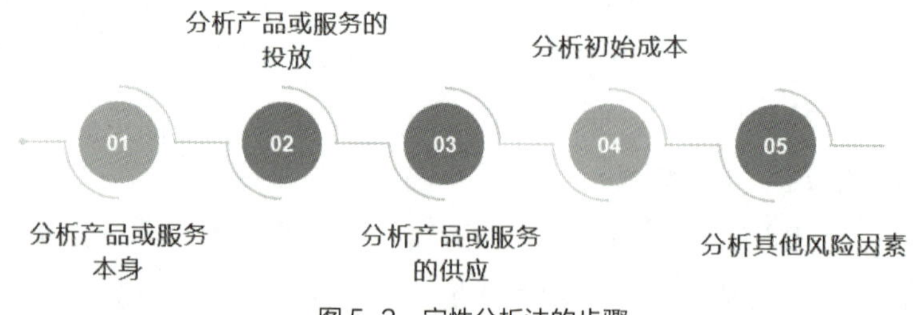

图5-2 定性分析法的步骤

（1）分析产品或服务本身。判断新产品或新服务将怎样为消费者创造价值；判断新产品或新服务在应用上的障碍；根据前面的结果判断该新产品或新服务的市场需求、早期消费者群体及创造收益的预期时间。

（2）分析产品或服务的投放。分析新产品或新服务在目标市场投放的技术风险、财务风险，由此判断该新产品或新服务进入市场的最佳时机。

（3）分析产品或服务的供应。考虑新产品在制造过程中能否保证足够的生产批量及产品质量；考虑新服务提供者能否进行培训并保证服务的质量，衡量培养新服务提供者的周期与投入。

（4）分析初始成本。估算新产品或新服务的初始投资额，判断是否能获取足够的资金与稳定的资金来源。

（5）分析其他风险因素。在更大范围内考虑风险程度及如何控制和管理这些风险。

定性分析法简单易行，很适合大学生创业者，但不能深入解释创业活动所涉及的各个具体影响因素，也无法定量诊断评价各要素的具体状态。仅凭定性分析法并不足以全面、科学地评估创业机会。

4. Timmons 创业机会评价体系

"创业教育之父"杰弗·蒂蒙斯团队提出的Timmons创业机会评价体系通过8大类53项指标，以一种量化的方式对创业机会进行评价。创业者可以利用这个体系对行业与市场、经济价值、收获条件、竞争优势、管理团队、致命缺陷、创业者的个人标准及理想与现实的战略性差异等方面做出判断，以评价创业机会的投资价值。Timmons创业机会评价体系的具体内容如表5-4所示。创业机会满足越多指标，就越具备可行性。

表 5-4 Timmons 创业机会评价体系

评价要素	评价指标
行业与市场	① 市场容易识别，可以带来持续收入
	② 消费者可以接受产品或服务，愿意为此付费
	③ 产品的附加价值高
	④ 产品对市场的影响力大
	⑤ 将要开发的产品生命长久
	⑥ 项目所在的行业是新兴行业，竞争不大
	⑦ 市场规模大，销售潜力达到 1000 万元～ 10 亿元
	⑧ 市场成长率在 30% ～ 50% 甚至更高
	⑨ 现有厂商的生产能力几乎完全饱和
	⑩ 在 5 年内能占据市场的领导地位，市场占有率达到 20% 以上
	⑪ 拥有具有低成本的供货商，具有成本优势

续表

评价要素	评价指标
经济价值	① 达到盈亏平衡点所需要的时间在两年以下
	② 盈亏平衡点数值不会逐渐提高
	③ 投资回报率在25%以上
	④ 项目对资金的要求不是很大，能够获得融资
	⑤ 销售额的年增长率高于15%
	⑥ 有良好的现金流量，能占到销售额的20%～30%
	⑦ 能获得持久的毛利，毛利率要达到40%以上
	⑧ 能获得持久的税后利润，税后利润率要超过10%
	⑨ 资产集中程度低
	⑩ 运营资金不多，市场需求量是逐渐增加的
	⑪ 研究开发工作对资金的要求不高
收获条件	① 项目带来的附加价值具有较高的战略意义
	② 存在现有的或可预料的退出方式
	③ 资本市场环境有利，可以实现资本的流动
竞争优势	① 固定成本和可变成本低
	② 对成本、价格和销售的控制较高
	③ 已经获得或可以获得对专利所有权的保护
	④ 竞争对手尚未觉醒，竞争较弱
	⑤ 拥有专利或具有某种独占性
	⑥ 拥有发展良好的网络关系，容易获得合同
	⑦ 拥有杰出的关键人员和管理团队
管理团队	① 创业团队是一个优秀管理者的组合
	② 行业和技术经验达到了本行业的最高水平
	③ 管理团队的正直廉洁程度能达到最高
	④ 管理团队知道自己缺乏哪方面的知识
致命缺陷	不存在任何致命缺陷
创业者的个人标准	① 个人目标与创业活动相符合
	② 创业者可以做到在有限的风险下取得成功
	③ 创业者能接受薪酬减少等损失
	④ 创业者渴望尝试创业这种生活方式，而不只是为了赚钱
	⑤ 创业者可以承受适当的风险
	⑥ 创业者在压力下状态依然良好
理想与现实的战略性差异	① 理想与现实情况相吻合
	② 管理团队已经是最好的

续表

评价要素	评价指标
理想与现实的战略性差异	③ 在客户服务管理方面有很好的服务理念
	④ 所创办的事业顺应时代潮流
	⑤ 所采取的技术具有突破性，不存在许多替代品或竞争对手
	⑥ 具备灵活的适应能力，能快速地进行取舍
	⑦ 始终在寻找新的机会
	⑧ 定价与市场领先者的几乎持平
	⑨ 能够获得销售渠道，或已经拥有现成的销售网络
	⑩ 能够允许失败

第三节　搭建创业团队

课堂活动

活动主题：团队裁员游戏

活动内容：《西游记》讲述了师徒四人历经九九八十一难到西天求真经的故事。众所周知，唐僧的西天取经团队是由唐僧、孙悟空、猪八戒、沙僧和白龙马组成的。现在如果要从该团队中裁掉一人，你会选择裁掉谁，为什么？请同学们相互分享讨论，并主动发表观点。

创业初期，由于创业者自身能力、精力有限，难以全力承担创业相关的所有事宜，为了推进创业活动顺利展开，创业者可以寻找优秀的合作伙伴，搭建创业团队，与他人共同创业。搭建创业团队时，创业者需要先了解创业团队的特征、类型，制订创业团队组建步骤，并做好团队成员的分工。

一、创业团队的特征与分类

创业团队通常指具有共同目的、共享创业收益、共担创业风险的一群共同创建新企业的人，他们有共同的理想目标，愿意共同承担责任，共享荣辱。俗话说“三个臭皮匠，赛过诸葛亮”，若创业者能组建一个优质的创业团队，那么在工作分担、集体智慧、心理支持等方面将有非常明显的好处。下面将介绍创业团队的特征和类型，以帮助大学生创业者选择真正合适的团队成员，搭建更合适的创业团队。

1. 创业团队的特征

创业团队并不是随意拼凑而成，一个好的、完整的创业团队至少应满足图5-3所示的特征。

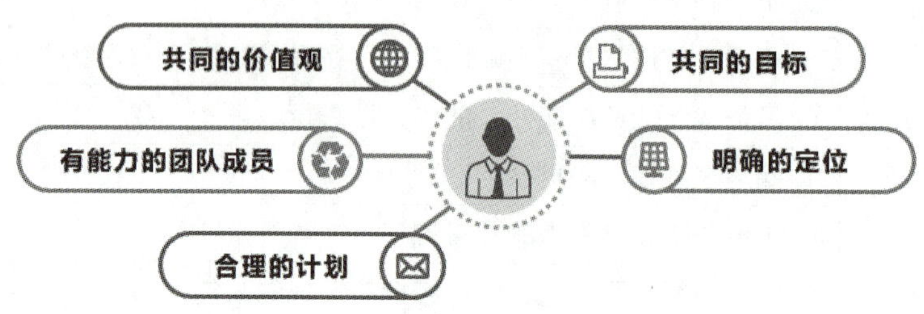

图5-3 创业团队的特征

（1）共同的价值观。共同的价值观是创业团队成立和存在的基石，对创业团队具有导向、凝聚、约束和激励作用。

（2）共同的目标。创业团队需要有一个共同的既定目标，为团队成员指引方向。在创业企业成立初期，目标常以创业企业的愿景、战略等形式体现。

（3）有能力的团队成员。团队成员是创业团队成功的关键因素，只有适合创业的成员加入创业团队，并充分发挥自己的能力，创业企业才能稳健经营。

（4）明确的定位。创业团队的定位有两层含义：一方面指创业团队在创业企业中所处的位置，创业团队对谁负责等；另一方面指团队成员在创业团队中扮演的角色。只有定位明确，创业团队才能发挥它的力量。

（5）合理的计划。计划是创业团队的行进指南，能够保证创业活动有序开展。只有团队成员按照计划执行，才能够不断接近并实现创业目标。

2. 创业团队的分类

创业团队类型并不单一，常见的可以分为"核心式"创业团队、"圆桌式"创业团队和"虚拟核心式"创业团队。

"核心式"创业团队

这种类型的创业团队中，一般由一个核心人物充当领队的角色。这种创业团队在形成之前，一般是核心人物有了创业的想法，然后根据自己的设想组建创业团队。这种创业团队有以下几个明显的特点。

（1）组织结构紧密，向心力强，核心人物对组织中的其他个体影响巨大。

（2）决策程序相对简单，组织效率较高。

（3）容易形成权力过分集中的局面，从而增加决策失误的风险。

（4）当组织内发生冲突时，由于核心人物有特殊权威，其他团队成员在冲突发生时往往处于被动地位；在冲突较为严重时，其他成员一般会选择离开团队，因而对组织的影响较大。

“圆桌式”创业团队

这种创业团队的成员一般在创业之前就有亲密的关系，如是同学、亲友、同事等。一般是成员在交往过程中就创业达成了共识以后，才开始进行创业。

这种创业团队在组成时没有明确的核心人物，各成员根据各自的特点进行自发的组织角色定位。因此，在创业初期，各成员基本上扮演的都是协作者或伙伴的角色。这种创业团队有以下几个明显的特点。

（1）团队没有明显核心，整体结构较为松散。

（2）一般采用集体决策的方式，通过团队成员的沟通和讨论达成一致意见，决策效率相对较低。

（3）由于团队成员在团队中的地位相似，所以容易在组织中形成多头领导的局面。

（4）当团队成员之间发生冲突时，一般采取平等协商、积极解决的态度消除冲突，团队成员不会轻易离开。但是一旦团队成员间的冲突升级，某些成员撤出团队，就容易导致整个团队的涣散。

“虚拟核心式”创业团队

这种创业团队是由“圆桌式”创业团队转化而来的，可以说是前两种创业团队形态的中间形态。在这种创业团队中，团队成员协商确定一名核心成员，核心成员是整个团队的代言人，而不是主导型人物，其在团队中的行动必须充分考虑其他团队成员的意见，权威性低于“核心式”创业团队中的核心人物。

团队成员不和导致团队解散

林佳佳在大学时学的是企业管理专业，在大学毕业后找到了一份对口的工作，在一家外贸企业的市场部工作。工作两年后，林佳佳积累了一些客户资源，并学会了一些和客户打交道的经验。刘厉和杨丹是林佳佳的大学同学，大学毕业后他们两人都在民营企业从事销售工作，各自都积累了一些客户资源并拥有一定积蓄。

一次同学聚会，3人谈得投机，萌生了共同创业的想法。很快，他们就凑齐了一笔创业资金，成立了一家公司，并在上海的一座写字楼里租了一间80多平方米的办公室，还购买了一些办公设备，包括计算机、打印机和复印机等。

创业之初，他们轮流开展市场工作，奔波于各个展览会场，向往来商户发放资料。经过不懈努力，他们终于迎来了第一个客户。为了给客户留下好印象，他们商量尽量降低利润，先提升产品质量和服务质量，打开市场后再盈利。后来，他们陆续签了几笔业务合同，口碑也越来越好。

但好景不长，由于客户订单金额较小，公司所赚的利润不多，加上日常支出和水电费等，他们只够勉强开支。一次，刘厉和杨丹为了抢同一笔业务而吵了起来，尽管经过林佳佳的调解，两人各让了一步，化干戈为玉帛，但在以后的工作中，两人开始了明争暗斗，互相拆台。有一次刘厉还私下以公司的名义与厂商签了合同，产品出现问题，严重损坏了公司的名誉和利益。更糟糕的是，这件事的影响渐渐在行业内扩散，刘厉和杨丹仍旧不知悔改。几个月后，公司陷入绝境，林佳佳在心灰意冷下提出了散伙的要求，并带走了自己的客户资源，这个创业团队就这样解散了。

分析：林佳佳创业团队的解散就是因为团队缺乏核心人物，无法凝聚团体，当创业团队陷入争斗而无法控制时，团队就会因失控而溃散。

二、创业团队的组建步骤

共同创业有利于共担风险和整合创业资源，促进创业成功。但要实现共同创业，就要先组建创业团队。组建创业团队主要有以下 6 个步骤。

1. 识别创业机会，明确创业目标

识别创业机会是组建创业团队的起点。如果创业机会在市场层面拥有较多优势，就需要较多的市场开拓方面的人才；如果创业机会在产品层面拥有较多的优势，就需要较多的技术人才。

创业团队的总目标是通过完成创业阶段的技术、市场、规划、组织、管理等各项工作，使企业从无到有、从起步到成熟。确定总目标之后，为了推动团队最终实现创业目标，还需要将总目标加以分解，设定若干可行的、阶段性的子目标。

2. 制订创业计划

在确定了总目标及各阶段性子目标之后，就要开始研究如何实现这些目标，这就需要制订周密的创业计划。创业计划是在对创业目标进行具体分解的基础上，以团队为整体来考虑的计划。它确定了创业团队在不同的创业阶段的阶段性目标和需要完成的阶段性任务，通过逐步实现这些阶段性目标来最终实现创业目标。

3. 寻找创业伙伴

招募合适的团队成员是创业团队组建成功的关键一步。关于创业团队成员的招募，主要应考虑互补性和规模适度两个方面。

（1）互补性。考虑新招募的成员能否与其他成员在能力或技术上形成互补。这种互补性既有助于强化团队成员彼此的合作，又能保证整个团队具有核心战斗力，更好地发挥团队的作用。一般来说，一个创业团队至少需要管理、技术和营销 3 方面的人才，只有这 3 方面的人才形成良好的沟通协作关系，创业团队才可能稳定、高效地运转。

（2）规模适度。团队规模适度是保证团队高效运转的重要条件。团队成员太少则无法实现团队的功能和优势；团队成员过多则可能产生交流障碍，团队很可能会分裂成许多较小的团体，进而大大削弱团队的凝聚力。一般来说，创业团队的规模应控制在 2 ～ 12 人。

4. 职权划分

为了保证团队成员执行创业计划、顺利开展各项工作，必须预先在团队内部进行职权划分。创业团队的职权划分就是根据执行创业计划的需要，具体确定每个团队成员所要承担的职责及拥有的相应权限。团队成员职权的划分必须明确，既要避免职权的重叠和交叉，又要避免无人承担某项职责而造成工作上的疏漏。此外，由于团队处于创业过程中，面临的创业环境较为复杂，会不断出现新的问题，团队成员可能会不断更换，所以创业团队成员的职权也应根据需要不断地调整。

5. 构建创业团队制度体系

创业团队制度体系体现了创业团队对成员的控制和激励能力，其主要包括团队的各种约束制度和各种激励制度。

（1）约束制度。创业团队通过各种约束制度（主要包括纪律条例、组织条例、财务条例、保密条例等）约束成员，避免其做出不利于团队发展的行为，以保证团队的稳定。

（2）激励制度。创业团队要实现高效运作需要有效的激励机制（主要包括利益分配方案、奖惩制度、考核标准、激励措施等），使团队成员能够清楚随着创业目标的实现其自身利益将会得到怎样的改变，从而达到充分调动成员的积极性，最大限度发挥团队成员作用的目的。创业团队要实现有效的激励，首先就必须界定清楚成员的收益模式，尤其是关于股权、奖惩等与团队成员利益密切相关的事宜。

这些制度建议以书面形式确定下来。

6. 团队的调整融合

完美组合的创业团队并非创业一开始就能建立起来，很多时候，团队是企业创立一段时间之后，随着企业的发展逐步形成的。团队组建初期，随着团队的运作，在人员匹配、制度设计、职权划分等方面的不合理之处会逐渐暴露出来，这时就需要对团队进行调整融合。由于问题的暴露需要有一个过程，所以团队的调整融合也应该是一个动态持续的过程。

完成了前面的步骤之后，团队的调整融合工作中，会专门针对运行中出现的问题不断地对前面步骤的工作进行调整，直至满足实际需要为止。

在进行团队调整融合的过程中，要保证团队成员经常进行有效的沟通与协调，培养强化团队精神，提升团队士气。

三、创业团队的成员分工

贝尔宾团队角色理论提出：一个结构合理的团队应该由9种角色的人员组成，如图5-4所示。每位团队成员必须清楚自己和其他人所扮演的角色，了解如何相互弥补不足，发挥彼此的优势。团队中各角色的特征和作用如表5-5所示。

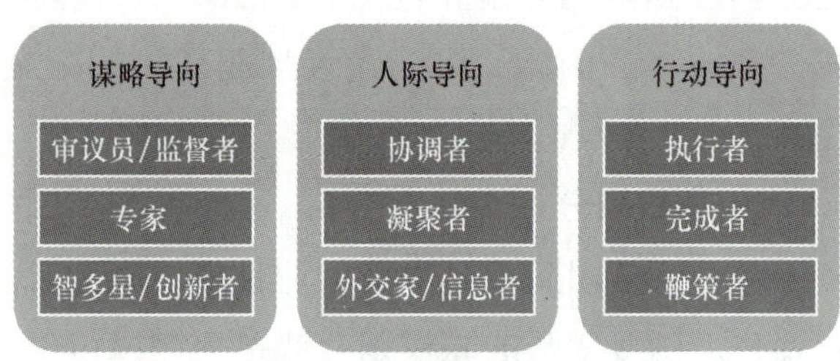

图5-4 创业团队中的角色

表5-5 团队中各角色的特征和作用

类型	角色	特征	在团队中的作用
谋略导向	审议员/监督者	优点：理智谨慎，判断力和分辨力强，讲求实际。 缺点：缺乏鼓动和激发的能力	分析问题和情境；对繁杂的材料予以简化，并澄清模糊不清的问题；对他人的判断和作用做出评价
	专家	优点：主动自觉、全情投入，能够提供不易掌握的专业知识和技能。 缺点：贡献的范围有限，沉迷于个人兴趣	提供专业建议
	智多星/创新者	优点：思维活跃、想象丰富、知识面广、具有创新精神。 缺点：高高在上、不重细节、不拘礼仪	提供建议；提出批评并有助于引出相反意见；对已经形成的行动方案提出新的看法
人际导向	协调者	优点：沉着、自信、客观，看待问题比较客观，拥有控制局面的能力。 缺点：在智能及创造力方面稍逊一筹	协助明确团队目标和方向；帮助确定团队中各角色的分工、责任和工作界限
	凝聚者	优点：擅长人际交往，性格温和、敏感，具有较强的环境适应能力和团队凝聚能力。 缺点：危机时刻优柔寡断	给予他人支持和帮助，解决团队中出现的问题
	外交家/信息者	优点：外向热情、好奇心强、消息灵通。 缺点：兴趣转移快	提出建议，并引入外部信息
行动导向	执行者	优点：保守、务实可靠、勤奋。 缺点：缺乏灵活性，对没有把握的主意不感兴趣	将计划转为实际步骤
	完成者	优点：勤奋有序、有紧迫感、理想主义。 缺点：拘泥于细节、容易焦虑、不洒脱	强调任务的目标要求；查漏补缺，督促他人完成
	鞭策者	优点：思维敏捷、开朗、主动探索、有干劲、爱挑战。 缺点：好激起争端，易冲动、急躁	寻找和发现方案，推动团队成员达成一致意见，并朝着决策目标行动

高效的创业团队需要团队成员做到职责清晰、分工明确、资源共享。一般来说，

团队成员分工合作需要满足以下原则。

（1）角色清晰。团队成员的角色安排要清晰，不能出现角色模糊、角色超载、角色冲突、角色错位、角色缺位等现象。

（2）职责明确。明确团队成员的职责，避免因职责不明和混乱而降低团队效率。

（3）坚持以人为本。团队成员角色职责制订要坚持以人为本的原则。创业团队中的领导者应根据每个成员的能力、特点和水平，予以最适合他们角色的工作岗位，使他们最大限度地施展才华。

（4）平等。团队中的每一位成员都非常重要，不能只强调某一位成员，而忽视其他成员的作用。

（5）立足现实。角色职责制订要立足现实，确保每个团队成员都能够明白团队对他们的期望值。

（6）目标思想明确。要将维护团队的荣誉作为最高的目标思想，而不是强调个人英雄主义。

（7）协调沟通。保证团队各角色成员之间良好沟通，并进行上下级职务者双向互动。

创业团队进行任何经营活动都必须遵守法律法规。例如：创业初期创业项目是否合法，是否允许经营；创业团队成员是否有劳动权利限制等。在创业初期，创业者应该了解相关的法律法规，以确保合法经营，避免违法，保障自己应有的合法权益。

第四节 拓展阅读——“携程四君子”

2019 年 10 月，携程在其 20 周年庆典上宣布推出国内首个旅行公益平台，提供 1 000 万元爱心资金资助 50 个旅行公益项目，助力弱势群体出行。2021 年初至年底，携程酒店套餐所覆盖的高星酒店数量取得了 10 倍以上增长，从年初的 500 家增长到超过 6 000 家，酒店套餐的订单占比达到 30%，日均交易额增加 150 万元。携程是我国旅游业中领先的在线旅行服务公司，公司旗下的平台可面向全球用户提供一套完整的旅行产品、服务及差异化的旅行内容。携程的故事则是从 20 世纪 90 年代开始的。当时正是我国的创业潮时期，互联网在我国的迅速发展使许多人纷纷投入互联网经济的“怀抱”，包括雷军、马化腾等；“携程四君子”也在这一时期的刺激下产生，这 4 人分别是季琦、梁建章、沈南鹏、范敏。

携程创业团队的领导者季琦是一个充满激情的创业者，他于1966年出生于江苏南通如东县的一个农民家庭，考上了上海交通大学的工程力学专业。在大学期间，季琦将大量时间花在图书馆里，读哲学、历史、文学、诗歌等。1989年，季琦考上了上海交通大学机械工程系的机器人专业研究生，读研期间，他接触到计算机，并认识到该新兴行业存在的发展机会，开始学习掌握计算机的使用、装机，以及组网技术，甚至在校期间还与同学合开了计算机公司。毕业后，为了能留在上海，季琦放弃了宝洁公司的录取通知，进入上海计算机服务公司工作了两年半，之后又去国外做技术工作。1995年，季琦回国发展，在中化英华智能系统有限公司工作了一段时间之后便自主创办了一家名为“协成”的公司，做系统集成业务。1999年，他因缘结交了甲骨文公司咨询总监梁建章。

梁建章从小就十分聪明，接触计算机也早。13岁那年他就参加了计算机兴趣小组，他编写的辅助写诗的程序获得了第一届全国计算机程序设计大赛的金奖。15岁，梁建章进入复旦大学计算机本科少年班。在国外读硕、读博之后便进入甲骨文公司。有一次回国，国内火热的创业气氛和隐藏的巨大商机让他震惊，他认为自己的发展机会还是在国内。于是他认识季琦之后，两人便决定一起做网站。做什么网站呢？

梁建章当时看到国外的网上书店和招聘网站发展得很好，于是想做这两个方面内容，而季琦思路不同，他看到了家庭装潢市场的爆发式增长，因此想进入网上家装市场。但网上书店和家装由于当时成本较高而难以实现成功经营，网络招聘又在国内已经有一定发展，以此创业没有太大优势。想法一个个被否决。两人一筹莫展，一次出门游玩的契机让两人诞生了建立一个旅游网站的想法。

对他们这个创业团队而言，虽然有梁建章负责技术，季琦负责市场和管理，但还缺一个懂财务和融资的人才。这时，梁建章向季琦介绍了一个人——沈南鹏，季琦的校友。沈南鹏爱好数学，年少时就得过全国数学竞赛的奖，耶鲁大学MBA毕业后，沈南鹏先后进入花旗银行和雷曼兄弟公司，当时已是德意志银行的投资银行部——德意志摩根建富的董事。当梁建章和季琦找他创业时，他没有犹豫地答应了。之后便开始确定股份，梁建章和季琦出资20万元，各占股30%，沈南鹏出60万元，占股40%。在后续讨论开办旅游网站的过程中，他们发现还缺少一个真正熟悉旅游行业的人，于是便找来时任上海新亚酒店管理公司副经理的范敏。对方在季琦的劝说之下决意加入创业团队。后来被誉为我国企业史上“第一团队”的“携程四君子”正式组队成功。季琦等依据自身经验大体定下了人事构架，沈南鹏任首席财务官、范敏任执行副总裁，梁建章与季琦相继出任执行总裁。1999年10月，携程旅游网上线。

2000年年初，携程创始人之一季琦的职位由CEO变为了联席CEO，另一创始人梁建章同任CEO。年中，季琦改任总裁，梁建章为唯一的CEO。2002年，梁建章等人又发现了经济型酒店的发展商机，于是携程与首旅共同投资创建连锁酒店如家，季琦离开携程，执掌如家。为达上市要求，携程在 2003 年撇清了和“交易关联方”如家的投资关系，季琦成为如家的独立当家人，携程于 2003 年在美国纳斯达克交易所上市。

2004 年，季琦卸任如家 CEO 后，又做起了汉庭。2006 年，如家在纳斯达克交易所上市；2010 年，汉庭在美国纳斯达克交易所上市。携程的其他 3 个创始人也有各自的生活。2005 年，沈南鹏离开携程创建了红杉中国基金。梁建章在 2006 年辞去了 CEO 一职，留任董事局主席，致力于自己感兴趣的事。范敏继续留在携程工作，但却长期隐居幕后。

这 4 人有共同的梦想，有各自的性格特点和专长，各掌一端，因此他们的创业才有非常好的发展。季琦有激情、锐意开拓；沈南鹏严谨稳妥，一股老练的投资家做派；梁建章细腻敏锐，眼光长远；范敏则踏实专注，善于经营。这个创业团队凭借团队协作、优势互补，只花了 4 年，就在美国纳斯达克交易所成功敲响了携程上市的钟声。

范敏使用了一个比喻来形容 4 个创始人的创业过程：“我们要盖楼，季琦有激情，能疏通关系，他就是去拿批文、搞来土地的人；沈南鹏精于融资，他是去找钱的人；梁建章懂 IT，能发掘业务模式，他就去打桩，定出整体框架。而我来自旅游业，善于搅拌水泥和黄沙，制成混凝土去填充这个框架。楼就是这样造出来的。”

更多拓展阅读

案例启发

携程的成功就在于其创始人能够敏锐地从生活中发现市场机会，并将其变为现实。携程创业团队由 4 个各有特色与专长的人组成，他们优势互补，眼光长远，4 年时间就让携程成功上市。虽然最终团队不可避免地走上离散之路，但出走的人仍旧在其他领域发现市场机会，成就一番事业。其实大多数优秀的创业企业都有一支优秀的创业团队，他们在创业活动中各自承担适合自己的角色和职责，为团队做出贡献并推动创业团队走向成功。大学生作为拥有较强创新创业精神与能力的主力军，应当认识各创业领域和模式，选择适合自己的创业方式，组建能相互协作的高效团队，为我国的经济建设及个人价值的实现努力拼搏。

第五节 自我评估

以下的测试将帮助大学生检测创业项目是否可行，以及当前是否是创业的恰当时机。注意，该测试仅为大学生是否马上创业提供参考，具体情况仍需大学生自主衡量。

〖测试说明〗

表5-6中有30道选择题，每道题有“是”“不确定”和“否”3个选项，请根据你的实际情况，选择最接近你平时做法和感受的选项（打“√”），而不是选择你想要怎样、你以为会怎样或怎样更好的选项。请尽量快地完成每一道题，需注意，选项没有对错之分。各选项中，选“是”得3分；选“不确定”得2分；选“否”得1分。

表5-6 创业时机测试题

题号	问题	是	不确定	否
1	你将创办的企业的法律形式是否明确确定？			
2	你有把握筹集到自己企业的启动资金？			
3	你确定了将要出售的商品或提供的服务吗？			
4	你是否做了市场细分并确定了你的销售对象？			
5	你是否访问过10个以上的潜在顾客，并向他们了解对你的产品或服务的意见？			
6	你知道谁是你的现实的、潜在的竞争对手？			
7	你对你的主要竞争对手与自己做过优势和劣势比较？			
8	你的企业地址确定了吗？			
9	你为销售的商品或提供的服务确定价目表了吗？			
10	你是否决定花一部分钱做广告宣传？			
11	你对企业的促销做预算了吗？			
12	你是否已做了一年的销售预测？			
13	你是否已根据销售预测做了盈亏平衡分析？			
14	你对开业一年的损益状况做了预测分析吗？			
15	你第一年的经营状况能保证不亏损吗？			
16	你制订了第一年的现金流量计划吗？			
17	你和与开业有关的政府各部门接洽过吗？			
18	你如果向银行贷款是否有担保的资产？			
19	你知道需要怎样的员工及员工数量是多少吗？			
20	你知道雇佣员工所必须了解的法律知识吗？			
21	你知道对员工必须承担的责任和义务吗？			

续表

题号	问题	是	不确定	否
22	你知道为职工缴纳的三金是什么吗？			
23	你知道你的企业必须投保哪些险种吗？			
24	你是否知道你的企业需要办理特种行业的申办手续？			
25	你对企业申办的手续做过详尽的咨询和调查吗？			
26	你清楚你的企业必须办理哪些许可证吗？			
27	你是否为申办你的企业制订了申办流程和期限表？			
28	你对将涉足的行业了解或懂行吗？			
29	你办企业是否获得家人的支持并已安排好了家庭开支？			
30	你是否坚信自己一定能把自己的企业办好？			

总分：__________

〖测试分析〗

若所得总分在80分及以上，则说明你可以进入创业实施阶段，但对回答“否”和“不确定”的问题要尽快予以明确，否则会影响创业和经营效果。

若所得总分在80分以下，建议你再做努力，等准备较充分时才进入创业实施阶段。

第六节　思考与练习

1. 你对哪些创业领域感兴趣？请简要谈谈你发现的市场机会，以及你打算如何将市场机会转化为现实，可在本子上做一个简单的构思。

2. 美团是国内领先的生活服务电子商务平台，其2021年第三季度业绩数据显示，有数亿消费者在美团上共计下单230亿次，可见其用户市场之庞大。请搜索了解美团的创业故事，与同学一起分析讨论美团创始人王兴是如何发现市场机会的，以及这给了你怎样的启发。

3. 阅读以下材料，回答问题。

拼多多成立并发展于电商领域大力提倡“消费升级”的2015年、2016年。当时，我国电商行业市场基本被两大巨头占领，但黄铮仍凭借自己的敏锐眼光杀出一条“血路”。

当时，京东、天猫等对尾部小商家的扶持有限，许多中小型商家便在这种升级中不断被排挤出来。与此同时，智能手机开始向三四线城市普及，这些被大量裹挟进入移动互联网的下沉用户作为一种新兴、未被开发的流量来源并未被淘宝和京东等发掘利用。黄铮看准了这一部分，抓住了两大市场红利：一是来源于我国供给端的广大的农村市场、制造市场；二是来自消费侧的移动互联网用户。由此他搭建了一个沟通这类商家（包括工厂和农民）与消费者的平台，为中小型商家和这些下沉用户搭建链接。

拼多多基于团购模式整合了产品的供给与经销渠道，多个用户团购拼单，短时间内拼多多便获取大量订单，而团购模式集中起来的用户在同一时间内有对同一产品的共同需求，从而使商家得到足够的需求信息，而这样的大需求能尽量避免商家因不知道生产什么商品、生产多少等生产波动大导致的生产成本上升，在一定时间段内合理规划生产，而成本的降低也扩大了商家让利的空间，同时满足用户的求廉心理，进一步吸收和抓牢消费者，形成一个正循环。这使拼多多能够持续巩固维护用户和商家。后来，随着拼多多的发展，其用户群体中一二线城市用户占比也逐步上升，因为这类人群多数并不会将对高品质的追求覆盖到所有方面。拼多多作为一个基于强社交关系的团购低价和分享导向型模式的新型 C2B 电商平台被越来越多的消费者所接受。

（1）根据你的理解，谈谈黄铮是如何抓住创业机会的？

（2）请就如何识别创业机会提出自己的见解。

CHAPTER 06

第六章　编写创业计划书与风险防范

学习目标

了解创业计划书的内容。
掌握预测创业启动资金数量和获得融资的方法。
学习如何识别与防范创业风险。

素养目标

能够编写创业计划书。
正确选择创业融资方式，防范融资风险。

案例导入

汪敏团队看中了在城市公园放置大型数字看板的项目前景，想要以此获得资金创业，于是便找上投资者，对当前公园户外广告数字看板数量、公园人流量、数字看板的优势与前景，以及可能获得的收入等做了介绍，希望获得投资，然而投资者未被打动。在投资者看来，数字看板本身是一项技术创新，虽然有商机，但是这个创新对任何人来说都一样，所有的创业者都处于同一起跑线的起点，而他们的团队却没有明确地表明这个项目能成功的关键，即能否取得独占性的资源（成为独家经营的企业），以及是否具备重要的广告销售能力。

恰巧，找上该投资者的另一个团队同样看中了这个项目，不同的是，他们编写了详细的创业计划书，在创业计划书中明确地表述了关于传媒销售、广告营销及吸引广告客户的方法和执行手段，并附上了团队在这方面的优势说明。这些表述说明为这份创业计划书加了不少分，最终这个创业团队获得了投资者的支持。

案例思考

1. 第二个创业团队取胜的关键在哪里？
2. 创业计划书应该有哪些内容？

案例中的汪敏团队想要获得创业投资，却因计划不够详尽而失败，可以看出，有创业计划书的创业者更能获得投资者的青睐，因为投资者可以从创业计划书中找出项目能否成功的关键点，并了解到具体的执行步骤，以确保这个项目是切实可行的，而不会让他们投入的资金“打水漂”。除了编写创业计划书，对创业目标有规划的创业者还应该掌握预测创业启动资金和获取创业融资的方法，并能够识别和防范创业风险，因为市场环境变化万千，创业团队往往还会遇到除创业资金以外的其他问题。本章将针对这些知识点做阐述，以帮助大学生努力避免创业风险。

第一节 编写创业计划书

课堂活动

活动主题：编写创业计划书

活动内容：你的创业计划是什么？如果现在要将它实现，你会如何获取投资？创业计划书是对创业项目的详细介绍，也是决定创业能否成功的重要因素之一。请试着站在投资者的角度去思考他会对创业项目的什么内容感兴趣，会因什么决定对它投资，根据这个思路试写一份创业计划书。

创业计划书是商业模式的书面体现，一份好的创业计划书是未来创业行动的指南，同时也为企业获得贷款、投资和融资等带来方便。大学生创业者应当学会编写创业计划书。

一、什么是创业计划书

创业计划书是创业者计划开展的业务内容的书面摘要，它以描述拟创办企业相关的内、外环境条件和要素特点为业务的发展指南，是衡量业务进展情况的标准。创业计划书是市场营销、财务、生产、人力资源等职能计划的综合。

一份完整的创业计划书包含了创业过程中的各种信息，如行业分析、产品（服务）介绍、市场策略、生产计划、风险预测等，是对创业项目未来科学、可行性的展望。在编写创业计划书的过程中，通过对影响创业各因素的考虑，创业者可以进一步明确自己的创业思维和经营理念。一份完整、翔实、易懂的创业计划书可以帮助创业者获取合伙人的信任，增强合伙人的信心；帮助创业者获得投资者青睐，实现融资；帮助创业者获得政府扶持，如资金支持、税收支持、贷款支持、场地支持等。

二、创业计划书的内容

一份完整的创业计划书应包括封面、计划摘要、产品（服务）介绍、行业分析、市场预测及分析、营销策略、生产制作计划、人员及组织结构、销量预测、财务规划及风险与风险管理等内容。

1. 封面

封面的设计要给人以美感，要有艺术性。一个好的封面会使阅读者产生最初的好感，形成良好的第一印象。

2. 计划摘要

计划摘要是创业计划书内容的精华，往往在最后阶段才完成，但却是投资者最先看到的。计划摘要涵盖计划的要点，要求一目了然，以便投资者能在最短的时间内评审计划并做出判断。因此，计划摘要必须认真书写，保证内容全面，以吸引投资者关注。计划摘要一般应包括公司、管理者及其组织、主要产品和业务范围、市场概貌、 营销策略、销售计划、生产管理计划、财务计划、资金需求状况等的介绍。

计划摘要要尽量简明、生动，要特别说明企业与同行业其他企业的不同之处，以及企业能够在市场中获取成功的因素。

3. 产品（服务）介绍

在进行投资项目评估时，投资者最关心的问题就是企业的产品、技术或服务是否具有独特性，是否能尽快占领市场，因此，产品（服务）介绍是创业计划书中不可或缺的一项重要内容。产品（服务）介绍中应提供所有与企业产品和服务有关的细节，以及企业所实施的所有的调查内容，具体包括以下内容。

（1）产品（服务）的概念、性能及特性。

（2）主要产品（服务）介绍及市场竞争力。

（3）产品（服务）的研究和开发过程。

（4）发展新产品（服务）的计划和成本分析。

（5）产品（服务）的市场前景预测。

（6）产品（服务）的品牌和专利等。

在产品（服务）介绍部分，创业者要对产品（服务）做详细的说明，说明要准确，也要通俗易懂，尽可能少用专业术语，使非专业的投资者也能明白。一般来说，产品（服务）介绍都要附上产品原型、照片或其他补充内容。

4. 行业分析

在行业分析中，应该正确评估所选行业的基本特点、竞争状况及未来的发展趋势等。以下内容是应该仔细思考并写进创业计划书的。

（1）该行业发展程度如何？现在的发展动态如何？

（2）创新和技术进步在该行业有怎样的位置？

（3）该行业的总销售额有多少？总收入有多少？发展趋势怎样？价格趋向如何？

（4）经济发展对该行业的影响程度如何？政府是如何影响该行业的？

（5）是什么因素决定它的发展？

（6）该行业竞争的本质是什么？你将采取什么样的战略？

（7）进入该行业的障碍是什么？你将如何克服？该行业典型的回报率有多少？

5. 市场预测及分析

市场预测内容应包括市场现状概述、竞争厂商概述、目标顾客和目标市场介绍、本企业产品的市场地位描述、市场细分和特征描述等。进行市场预测时，首先要对市场需求进行预测，了解市场是否存在需求、需求程度如何、市场规模有多大、需求发展的未来趋向及其状态如何、有哪些关键因素影响需求等。另外，市场预测还要对市场竞争的情况进行认真的分析，分析竞争对手是谁、他们的产品是如何使用的、竞争对手的产品和本企业的产品有哪些相同点和不同点、竞争对手所采用的营销策略是什么。然后，再讨论本企业相对于竞争对手所具有的竞争优势。

6. 营销策略

营销是创业计划书中非常具有挑战性也是非常重要的环节，顾客特点、产品特征、企业自身状况、营销成本、营销效益及市场环境各方面的因素都会影响企业具体的营销策略制订，所以在编写创业计划书时，营销策略应当包括市场机构和营销渠道的选择、营销队伍的组建和管理、促销计划和广告策略，以及价格决策等内容。

比如某些初创企业由于知名度低，很难进入其他企业已经稳定的销售渠道中，这时企业可采取高成本低收益的营销策略，如打价格战，向零售商、批发商让利，实施大范围产品经销，或进行大范围的广告宣传等，争取进入稳定的销售渠道。

7. 生产制作计划

生产制作计划应包括产品制作和技术设备现状、新产品投产的计划、技术提升和设备更新的要求、质量控制和质量改进的计划等内容。在寻求资金的过程中，为了增加企业被投资前的评估价值，创业者应尽量使生产制作计划的细节说明更详细、可靠。一般来讲，生产制作计划应该回答以下几个问题。

（1）企业生产制作所需的厂房设备情况如何？谁是供应商？

（2）设备的引进和安装情况如何？怎样保证新产品进入规模生产后的稳定性和可靠性？

（3）生产线的设计与产品的组装是怎样的？

（4）供货者的潜质和资源的需求量如何？

（5）生产作业计划如何编制？

（6）物料需求计划及其保证措施如何？质量控制的方法是什么？

8. 人员及组织结构

社会发展到今天，人力资源已经成为非常宝贵的资源，这是由人的主动性和创造性决定的。企业要管理好这种资源，就要遵循科学的原则和方法，组成一支有战斗力的管理队伍。企业管理的好坏直接影响企业经营风险的大小，而拥有高素质的管理人员和良好的组织结构则是管理好企业的重要保证。所以在创业计划书中必须对主要管理人员情况加以阐明，介绍他们具有的能力、他们在本企业中的职务和责任、他们过去的详细经历及背景。

此外，创业计划书中还应对公司结构做简要介绍，具体包括公司的组织结构图、各部门的功能和责任、各部门的负责人及主要成员、公司的报酬体系、公司的股东名单（包括认股权、比例和特权情况）、公司的董事会成员、各位董事的背景资料等。

9. 销量预测

根据销量预测可以预测销售收入，影响销售收入的因素是销量和销售价格。销量预测能让投资者评估项目是否有利可图，是进行财务规划的一个重要依据。销量预测一般是估算企业未来半年或一年的销量。

在进行销量预测时，要摒弃过高估计的弊端，采用科学的预测方法。事实表明，要达到与同类现有企业相当的销量和利润，通常需要经过一段较长的时间，所以如果计划书中呈现过高的销量预测，反而会降低投资者对该创业计划书的信任度，最好的做法是提供一个科学的测量值。常用的销量预测方法有以下几种。

类比预测法

类比预测法是最常使用的销量预测方法。它将同类企业情况作为对比依据，基于它们的生产和销售水平，结合企业自身的资源、技术水平和营销计划，科学地预测企业的销量。

经验预测法

经验预测法是一种较为简单的可行的预测方法。预测的经验可以来自创业者在同类企业的工作经历，也可以来自其他专业人员或行业内人员的经历和经验。

调查预测法

调查预测法是调查潜在的顾客群体（即真正可能成为购买同类产品的顾客），这是提供准确的调查数据的关键。这种调查方法实际操作起来是较为复杂的，首先需要判断目标顾客群体，然后还需要对调查的数据进行可靠的分析。最简单的一种调查预测法是询问身边的亲戚朋友是否有购买产品的需求和欲望。

订单预测法

订单预测法是通过企业已经获得的订单来预判企业的销量，这种方法适合于制造企业和批发商。

10. 财务规划

财务规划的重点是现金流量表、利润表及资产负债表的编制。

（1）现金流量表。流动资金是企业的生命线，企业在初创或扩张时，对流动资金的使用需要预先有周详的计划和严格控制。

（2）利润表。该表反映的是企业的盈利状况，即反映企业在经过一段时间运作后的经营结果。

（3）资产负债表。该表反映在某一时刻的企业状况，投资者可利用资产负债表中的数据得到所需指标的准确值，来衡量企业的经营状况及可能的投资回报率。

11. 风险与风险管理

在创业计划书中，创业者应阐明竞争对手给本企业带来的风险及本企业采取的相应策略。投资风险被描述得越详细，交代得越清楚，就越容易引起投资者的兴趣。

创业者应多角度、多方面考虑有哪些风险。例如：企业在市场、竞争和技术方面有哪些基本的风险？企业如何应对这些风险？

此外，创业者在创业计划书中还应阐明如何管理风险。

三、创业计划书的编写步骤

创业计划书是在对行业、市场进行充分研究的基础上编写完成的。在编写创业计划书时，要注意措辞准确、行文条理清晰、简明扼要。创业计划书的编写可以分为以下6步，如图6-1所示。

图6-1 创业计划书的编写步骤

1. 经验学习

初创企业的创业者缺乏编写创业计划书的经验，此时，创业者可以先搜集国内、国外较为成功的创业计划书范文、模板及相关资料。研究这些资料的内容、结构和写作手法，吸收其中的精华，厘清自己编写的思路。

2. 创业构思

成功的创业源于一个优秀的构思，如果创业构思不正确，企业后期将很难经营好，甚至可能会破产倒闭。因此，成熟的创业者应具有较为完整的创业构思。若只是因为看到别人的生意做得好就跟着学，那么很容易导致创业失败。

创业者在建立企业构思时，要冷静分析、谨慎决策，考虑多方面的问题，如企业的名称是什么？怎么寻找合适的创业模式？企业的产品（服务）如何？怎样找到投资者？怎样预见可能遇到的各种问题？

开店前的准备有哪些？

彭雨是一个计算机“百事通”，不仅通晓各种计算机知识，还有8年的计算机行业从业经验。最近他打算自己创业，在开店前，他问了自己以下问题。

问：想要经营哪种类型的企业或进入哪个行业？

彭雨：我大学学的专业是计算机，对计算机软件和硬件都非常熟悉，计算机行业比较适合我。

问：具体到哪个产品呢？

彭雨：我有3年的软件开发经验和5年的计算机维修经验，我想开一家计算机维修店。

问：自己有创业资金吗？需要投资者吗？

彭雨：计算机维修店的资金投入较少，我自己也有一些存款，再找以前的朋友合伙，完全没有问题。

问：这个店有顾客需求吗？

彭雨：我们镇上的企业维修计算机困难，而我知道怎样维修，并且技术还不错。

问：怎么维护与顾客的关系？

彭雨：以真诚的态度进行服务，并定期派技术人员上门维护。

分析：彭雨的企业构思主要是从自身专长和顾客需要出发，这就使他的创业具备成功的可能。一个好的企业构思还必须有市场机会和利用这个市场机会的技能与资源，从上述材料可知，彭雨具备这些条件。

3. 市场调研

市场调研就是市场需求调查，即通过运用科学的方法，有目的、有计划地收集、整理、分析有关供求、资源的各种情报、信息和资料，从而梳理出市场信息，发现问题。

市场调研包括市场环境调查、市场需求调查、市场供给调查、市场营销调查及市场竞争调查这5方面内容。图6-2所示是对调研内容的介绍，可作为大学生创业者进行市场调研的参考。总的来说，市场调研是展现现有市场情况和预测未来发展趋势的调研活动，它为创业者制订营销策略和做出企业决策提供了正确、有效的依据。

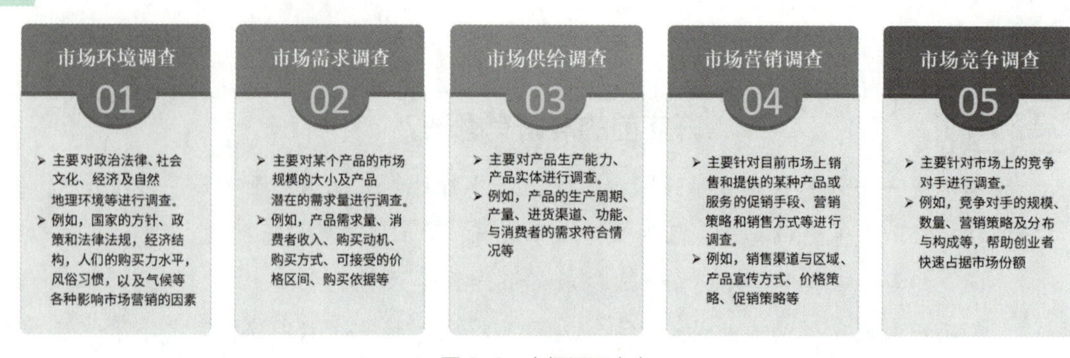

图 6-2 市场调研内容

4. 起草创业计划书

收集到足够的信息后，创业者即可开始起草创业计划书。由于创业计划书中包含的内容众多，所以创业者在制订计划时要明确各个部分的作用，做到有的放矢。创业者可以制订一个任务表，在表格中将需要完成的各项任务细化出来，标明其先后顺序、负责人等。

同时，在编写创业计划书的过程中，创业者还需要咨询律师或顾问的意见，确保创业计划书中的文字和内容没有歧义。

5. 修饰

在编写创业计划书的过程中，创业者要注意控制篇幅，简要的创业计划书一般为 4 ～ 10 页，全面翔实的创业计划书一般在 40 页以内。创业计划书的封面要简洁有新意，要包含项目、企业名称、地址、联系方式等；封面的纸质要坚硬耐磨，尽量使用彩色纸，以增加创业计划书的外观吸引力，但颜色不要过于夸张；装订要精致，要按照资料的顺序进行排列，并提供目录和页码，最后还要附上创业计划书中支持材料的复印件。

6. 检查

制作创业计划书的最后，要对创业计划书的文本和内容进行检查，以保证创业计划书的正确和美观。

文本检查

对文本进行检查时，主要查看文字描述、语言措辞、数据运算等是否准确；表格图形、资料引用、模型引用、数据处理等是否存在不合理之处；格式排版是否美观等。

内容检查

内容检查则是从投资者的角度进行审视，对创业计划书所反映的内容的完整性、科学性和合理性等进行检查，检查内容可参考图 6-3 所示。

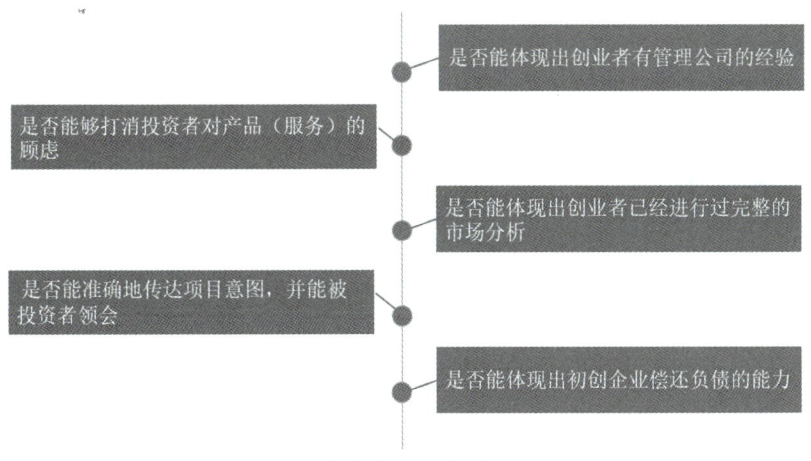

图 6-3 内容检查

四、创业计划书的编写原则与技巧

创业计划书是呈现企业构想的载体，可以在梳理创业计划、拉动投资方面发挥重要作用。编写创业计划书有一定的原则和技巧，大学生创业者可以借鉴参考。

1. 创业计划书的编写原则

编写创业计划书是一项非常复杂的工作，必须按照科学的逻辑顺序对许多可变因素进行系统的思考和分析，并得到相应结论。通常，制作一份内容真实、有效并对日后的生产经营活动有帮助的创业计划书应遵循以下基本原则。

信息准确可靠

如果想要编写一份较为全面、完善的创业计划书，一项很重要的工作就是进行调研，并对所有的信息进行综合分析，以确定这些信息是否可以用来充实创业计划书。因此，制作创业计划书的首要要求就是信息具有准确性和可靠性。在信息如此发达的时代，创业者可以通过多种渠道来搜集信息，真实、可靠的信息不仅可以保证创业计划书具有实用性，还可以让投资者更加信服。

内容全面、有条理

创业计划书要尽可能全面地涵盖各个方面。如果创业者的想法很多，创业计划书就要对每一个项目进行分析和比较，从而得出最优方案。一般来说，编写创业计划书有一些固定的模式，尽可能按这些模式来设计才不至于让投资者看创业计划书时找不到其要重点关注的内容。

此外，创业计划书的全面性和条理性还表现在创业计划书应全面提供各项材料及佐证资料，并使预估与论证相互呼应、前后一致，具有较强的逻辑性。涉及的每一个问题以及所需要提供的材料也应清晰、有条理地展示出来。

语言简洁通俗

创业计划书内容的全面性与简洁性并不冲突。简洁性是指创业计划书在叙述语言上应当平实，最好是开门见山，让投资者明白创业者想要做什么，不使用过于艳丽的图片和过于夸张的版式。通俗性是指创业计划书中应尽量避免使用专业术语，做到通俗流畅。

计划具有可行性

在创业计划书中要明确有哪些资源是可以利用的。不管是在创业计划书编写前还是编写后，创业者都应该通过市场调查、竞争对手调研等方法进行查漏补缺。通过经常性的研讨及调查，创业者可以对创业计划书中的不足部分进行调整，让其可实施性大大增加。

2. 创业计划书的编写技巧

创业计划书自然也有优劣之分，大学生创业者还可以通过采取一些写作技巧来提高创业计划书的吸引力。

关注产品

大学生创业者应在创业计划书中详细描述所有与企业的产品或服务有关的细节，包括产品正处于研发的哪个阶段，产品的独特之处体现在哪里，产品的生产成本和售价是多少等。这样才能将投资者带入企业的产品或服务的语境中来，让投资者感受到这种产品或服务的优势和与众不同。

结构清晰

清晰的结构布局可以使投资者快速找到他们的兴趣要点，提升其阅读兴趣。另外，不同的阅读对象对商业项目的关注点会有所不同，因此，编写创业计划书时不能套用固定模板，而应该根据不同的阅读对象做出调整，以突出重点。

寻找“外援”

创业计划书草稿完成并获团队全体成员一致确认通过后，可以聘请专业的咨询师进行完善。因为专业的咨询师有与投资者和银行打交道的丰富经验，他们对创业计划书的撰写内容有十分清楚的把握，所以，创业团队可以借助专业咨询师来完善创业计划书。

尽量使用第三人称

相对于频繁使用“我”“我们”，使用第三人称“他”“他们”会有更好的效果，因为这样会给投资者留下自己更专业和更客观的印象。

注意格式和细节

在编写创业计划书时，不要使用过于花哨的字体，比如艺术字、斜体字等，避免给人留下不够严肃、正式的印象。另外，在创业计划书的细节处理上要多花一些心思，例如，在创业计划书的封面和每一页的页眉或页脚都加上设计精美的企业 Logo，体现出创业者的用心。

使用 PPT 展示

绝大多数投资者更喜欢 PPT 类型的创业计划书，PPT 中的图文排版更方便、表现更丰富，便于创业者讲述清楚创业项目。另外，PPT 类型的创业计划书适合在展示或路演时使用，而 Word 或 PDF 版本的创业计划书则适用于后续的进一步展示，在内容上也更翔实。无论是哪个版本的创业计划书，把所有内容融会贯通、熟记于心都是必要的。

适当参考其他优秀的创业计划书

为了提升自己的创业计划书写作能力，大学生创业者还可以阅读他人优秀的创业计划书，学习对方很精妙的“点”，从中寻找灵感，习得技巧。

第二节　预测创业启动资金

课堂活动

活动主题：估算创业启动资金

活动内容：根据你之前预设的创业项目情况，预估你需要多少创业启动资金，它们主要用于哪些方面，最后将其汇总至一个表格中。

创业需要启动资金，若启动资金不足，则需要进行融资，所以创业者在创办企业前理应科学地预测所需资金量，从而保证企业在启动阶段业务运转顺利，在企业业务经营达到收支平衡之前有足够的资金支付各种费用。创业启动资金一般是指自确定企业构思到企业开始运转后的前三四个月，企业必须购买的物资支出和必要的其他项目开支，简单地理解就是项目的前期开支。创业所需的启动资金由投资资金和流动资金组成。

一、投资预测

开办企业，投资需要的资金是必须的开支，并且要等到企业运营一段时间后才能回笼资金。因此，开办企业前，创业者必须预测投资所需的资金。不同的是，有的企业需要支出所有项目的费用，有的企业只需支出部分项目费用，但总的来说，投资分为两种，一种是固定资产投入，另一种是一次性费用支出。

开办企业，投资是必须的，但不同的企业投资的多少是不同的，有的企业需要大量投资才能启动，有的企业只需要少量投资就可启动。但无论投资多少，创业者都应该合理地将投资降到最低限度。

1. 固定资产投入

一般固定资产投入是一项比较大的资金投入，是指企业为生产产品、提供劳务或经营管理而购置的使用寿命较长、价值较高的资产，可概括为企业用地和建筑、设备这两类资产。

企业用地和建筑

开办企业需要有合适的场所和建筑，可以是一间小的工作室，也可以是大型工厂或一个店铺。当创业者清楚需要什么样的场地和建筑时，也可以选择新建建筑或购买现成的建筑。如果是将自己的家改造为企业办公场所，则可减少投资。

设备

设备的投资是指创办企业所需购买的机器、机械、运输工具、电子设备及其他与生产经营活动有关的器具、办公家具等的投资。对于需要大量使用设备的制造企业和服务企业，创业者需要非常清楚地知道企业生产产品、提供服务需要哪些设备。

2. 一次性费用支出

一次性费用支出包括创办企业所需的无形资产投入、开办费和其他费用支出。

无形资产投入

无形资产是指企业拥有或者控制的没有实物形态的、可辨认的非货币性资产，如大型软件、专利权、特许经营权、土地使用权及商标权等。

无形资产是一项特殊财产，企业持有的无形资产通常是由于其拥有合同性权利或其他法定权利，而且合同或法律规定有明确的使用年限。因此，预测无形资产首先需要考虑购买无形资产的合法性，以及明确无形资产的法定有效期限。小型的企业、商铺等一般不涉及无形资产。

开办费

开办费是指企业筹备期间的支出费用，包括开业前的市场调查费、培训费、差旅费、印刷费、注册登记费等。通常，开办企业的借款费用也可计入开办费项目中。

其他费用支出

开办企业的其他费用支出，如装修费、经营场所的转让费等。

明确了各项支出后，创业者即可开始计算固定资产的预计投入，一般分为两个步骤。

第一步：先把需要购置的资产分类，并将每一类列出具体项目。

第二步：计算每一类中每个物品、每项支出的具体费用。

表 6-1 所示为某小型餐饮店店主开办餐饮店前进行的投资预测表。

表 6-1 投资预测表

投资项目		费用估算 / 元
器具、家具和工具	餐桌（椅）	7 000
	厨房设备	45 000
	碗筷	1 000
	清洁用具	100
	消毒器材	1 500
交通工具	三轮车	5 000
	电瓶车	1 500
开办费	市场调查费	1 000
	培训费	3 000
	差旅费	500
其他投入	前期装修费	12 000
投资合计		77 600

二、流动资金预测

流动资金是指企业日常运转所需支出的资金。流动资金预测就是预测企业正常运转后流动资金的需要量。一般情况下，企业开张后需要运转一段时间才会有销售收入。例如，制造企业开业后必须购进原材料才能进行产品生产，批发商和零售商必须购进并存储商品，服务企业在提供服务之前需要购进各种办公用品和材料，农业企业则需要更长的时间才能产生效益，且所有企业都要支付设备维护费、水电费等日常费用。流动资金具有周转期短、形态易变的特点。企业拥有较多的流动资金，可以在一定程度上降低企业的财务风险。企业的流动资金预算一般至少要能够支付 3 个月的费用。

企业需要的流动资金包括以下费用。

（1）原材料或商品存货：制造企业需要预测购买生产产品的原材料所需的资金；服务企业在提供服务前也需要某些材料；贸易企业在营业前需要储存商品，并且库存量越大，需要的流动资金就越多。

（2）租金：如果企业购买了经营场所，则无须支付租金。而大多数企业为了降低资金投入，往往选择租赁房屋来开展经营，因此，企业在运营前就需要支付租赁经营场所的租金。一般按年限签订租赁合同，签订的年限越长，企业一次性支付的租金就越多，可能是 1 年的租金或 3 年的租金等。

（3）工资：雇佣员工就需要支付员工工资。

（4）保险费用：企业需要为员工购买社会保险，包括养老保险、医疗保险、失业保险、工伤保险和生育保险。有些企业还会购买企业财产保险等商业保险，以避免企业的贵重设备遭受火灾等造成的损失全部由企业自己承担。

（5）促销费：企业运营后，需要以各种手段和途径对自己的产品与服务进行促销。企业的大小不同，促销费用相差是很大的，有的企业只需要简单地进行宣传，如通过微信、微博等自媒体发布广告和开展促销活动；有的企业则会选择多种方式进行促销，如通过员工与顾客面对面的交流进行促销，在电视、广播上投放广告等。

（6）其他日常开支：企业在日常运营中还需要支付水电费、通信费、网络宽带费、交通费，以及购置办公用品的费用。

表 6-2 所示为某小型餐饮店店主进行的流动资金预测结果。这里的预测结果是假设前 3 个月没有任何销售收入的情况下计算出来的，只有支出没有收入，不能准确地体现现金流动情况，同时也可能存在遗漏的支出项目。当企业运营一定时期之后，可根据实际的流动资金支出和收入调整原来的流动资金预测，使流动资金的估算更加准确和完整。

表 6-2　流动资金预测表

流动资金项目		前 3 个月的费用支出 / 元
原材料	米	2 000
	蔬菜	13 500
	肉类	18 000
租金（1 年）		24 000
工资		18 000
保险费（1 个月试用期）		3 200
促销费（每月 240 元）		720
水电费（每月 300 元）		900
电话费（每月 200 元）		600
宽带费（1 年）		720
办公用品购置		100
其他支出（如打包盒等）		500
流动资金合计		82 240

另外，流动资金预测表中原材料费用的开支是需要建立在市场调研数据基础上的，因此对企业原材料成本的假设和预测要科学合理。如新开一家面馆，该区域内原本已经有两家面馆在经营，A 面馆一天能卖 15 千克面，B 面馆一天能卖 35 千克面，顾客的需求总共是 50 千克面。预测你新开的面馆分 A、B 面馆一半的销量，也就是每天卖 25 千克面，这种预测是不合理预测，因为总的需求量是 50 千克面，你卖了 25 千克面，也就是另外两家面馆每天加起来只能卖 25 千克面，这明显是不切实际的。因为两家面馆都有固定的客源，尤其 B 面馆的销量很大，说明 B 面馆很有优势，而 A 面馆的销量本来就少，如果你分去较多的销量，A 面馆的生意就无法做下去了，因此你可以保守预测自己的新面馆每天卖 10 ～ 15 千克面，以控制不必要的原材料成本支出。当然，更科学具体的原材料成本可以根据营销力度、营销支出及后期的销售数据

进行合理预测。

不合理的开支导致企业夭折

黄青大学毕业后一直想创办一家企业，做养殖青蛙的生意。对于这个想法，黄青的家里非常支持，于是黄青用家里的房子做担保向银行申请了一笔贷款。

获得贷款后，黄青在小镇郊区租了农田和临时住所，购买了计算机和其他用具，同时购买了新的厢式货车和三轮车，还在货车门上喷涂了青蛙养殖场的标志。

一切准备就绪后，黄青马上投入繁忙的养殖工作中，市场需求量很大，黄青夜以继日地工作，本以为可以大展身手，获得第一笔创业财富，但是由于用于付款的现金严重不足，黄青无力偿还银行欠款和其他借款，银行便中止了贷款，并要求其偿还所有债务，于是黄青的青蛙养殖场创业戛然而止。银行拍卖了黄青的车、计算机等资产来抵偿其债务，庆幸的是，黄青没有其他大量的欠款。

经过这次创业失败，黄青认识到不能贸然行事，创业如果没有启动资金的预测，有时会造成不可估量的后果。这次失败的创业经历没有击倒黄青，有了这次的教训，下次再有好的项目，他会做足创办企业的启动资金预测和其他筹备工作。

分析：黄青失败的根源就在于资金不足，没有长远的规划。

在创办企业前，如果没有对启动资金做出正确的预测，不懂得开源节流或充分利用手上的资金，那么即使面对的是一个有前景的创业项目，往往也会失败。

第三节　创业融资

课堂活动

活动主题：模拟融资游戏

活动内容：请同学们分成不同的组，所有小组中，3 组代表风险投资公司，其余组皆代表初创企业。风险投资公司可投资的资本额度设定为 50 万元。然后各初创企业预设自己合规的企业信息，内容包括创业项目、企业估值和资金需求额等。

接下来双方按流程分别开始谈判。

（1）第一轮融资，初创企业与风险投资公司进行谈判，获取投资，投资结果可表示为：××风险投资公司投资××初创企业××万元，占股××%；风险投资公司扣除投资额，未获得足够资金的初创企业倒闭，获得足够投资的初创企业重新估值。（估值公式为投资额 ÷ 所获取股份 = 新估值，如10万元获得初创企业10%的股份，则初创企业总估值为100万元。）

（2）第二轮融资，初创企业与风险投资公司谈判，寻求更多的投资。风险投资公司扣除投资额，未获得足够资金的初创企业倒闭，获得足够投资的初创企业重新估值。

（3）第三轮融资，重复融资轮次直到风险投资公司的额度用尽。

（4）计算各个初创企业的市值，看看哪家初创企业规模最大，哪家风险投资公司获取了最大的收益。

活动过程中需注意以下事项：

（1）风险投资公司可以投资多个初创企业，也可以由多个风险投资公司共同投资同一个初创企业；

（2）风险投资公司手中的资本也可互相转卖。

在不同的创业阶段，创业者将产生不同的资金需求。如企业成立前需要租赁、装修办公场所，购买交通工具，购置办公设备及其他器具；企业成立后，对现金的需求会越来越多。在正式的产品生产、销售之前，首先需要购买原材料或者存货，需要招聘员工，需要支出员工工资、保险的费用，以及对产品进行市场推广等，这些成本支出往往会超出创业者的能力范围。也就是说，出于生产经营的需要，创办企业需要大量的启动资金，这意味着企业需要进行创业融资。

一、创业融资的条件

对很多创业者而言，创业者所想象到的困难和创业之后所遇到的困难一定是不同的，一旦真的参与了企业的创业、经营，就会有大量的、不可控制的资金需求，所以，很多企业都需要融资。创业融资一般需要具备以下基本条件。

（1）项目本身已经经过政府部门批准。

（2）项目可行性研究报告和项目设计预算已经得到政府有关部门的审查批准。

（3）引进国外技术、设备、专利等已经经过政府经贸部门批准，并办妥相关手续。

（4）项目产品的技术、设备先进适用、配套完整，有明确的技术保证，生产规模合理。

（5）项目产品经预测有良好的市场前景和发展潜力，盈利能力较强，有较好的经济效益和社会效益。

（6）项目投资的成本及各项费用预测较为合理，生产所需的原材料有稳定的来源，并且已经签订供货合同或意向书。

（7）项目建设地点及建设用地已经落实，生产所需的水、电、通信等配套设施已经落实，与项目有关的其他建设条件也落实到位。

当企业具备以上相关条件后，才能更好、更容易地进行融资。

二、常见的大学生创业融资方式

大学生创业资金的筹集一直是影响大学生创业的“拦路虎”，很多想创业的大学生因筹集资金一事而对创业望而却步，事实上，大学生可以通过多种途径进行创业融资。

阅读材料

企业资金需求的原因及解决办法

位于中关村西屋国际的北京易工社科技发展有限公司负责人在接受记者采访时感慨道：“做科技型企业比想象的要难多了，我们都想坚持，不想看到一个好的项目倒下去。”该负责人介绍，公司的项目参加美国马里兰大学创业计划书大赛评比获得第二名，并得到1.5万美元的资金支持。但是要把这个项目继续做下去，公司至少还需要1 000万元。未来，公司还需要尝试各种办法增加资金来源。

博易智软（北京）技术有限公司副总裁苏钟慧则表示：“只要能成功融资，公司什么方式都不拒绝。”苏钟慧还说：“这样做也是因为不想看到一个好的项目因为资金的缺乏而倒下。”由于企业发展尚未形成规模，有技术但是还没有拓展开市场，因此博易智软（北京）技术有限公司OEM的商业模式利润很低，维持生存尚且很难，更不用提发展壮大了。如果企业要走出去打开市场，一方面需要投入资金加大研发，进一步完善产品；另一方面需要宣传、参展，打开知名度，这些都需要资金。

作为一个重要的融资渠道，政府采购和政府资助被大多数企业排在融资方式的首位。但是，政府的资助无论是数额还是对象，都相对较少，难以满足大多数企业对资金的需求。

分析：创业如果没有最初的、足够的资金支持，就需要去获取融资。许多创业项目都可能因为资金不足而夭折，由此可见创业融资的必要性。而事实上，创业融资不止政府资助一种渠道，大学生创业者应对融资渠道多做了解。

1. 向亲朋好友借钱

新创立的企业早期所需的资金具有高度的不确定性，且需求量较少，因此在这一阶段，除了创业者本人的个人积蓄外，向亲朋好友借款是较为常见的资金来源。创业者和这些人之间有一定的亲情、友情关系，更容易建立起信赖感，但采用这种融资方式具有一定的局限性，一般而言，这种融资方式只适用于家庭物质条件较好的大学生创业者。

当然，创业者也应该全面考虑投资的正面、负面影响及其风险，以公事公办的态度将亲戚和朋友的借款与其他投资者的资金同等对待。对于任何借款都要明确规定利率及制订本息的偿还计划，对所有融资的细节都需达成协议，如资金的用途、资金的数额和借款期限、企业破产的处理措施等，最后形成一份相关的正规协议。

创业者还要注意，每一个亲戚或朋友的借款都应建立在自愿的基础上，且在接受他们的资金之前，创业者应仔细考虑企业破产可能带来的艰难局面。

2. 大学生创业贷款

近年来，国家各级政府相继出台了许多优惠政策来支持大学生创业，大学生创业贷款优惠政策就是其中一项重要政策。大学生创业贷款是银行等资金发放机构对各高校学生（大专生、本科生、研究生、博士生等）发放的专项贷款，以帮助他们更好地实现创业梦想。

大学生创业贷款优惠政策

大学生创业贷款是国家为了给高校学生提供创业优惠环境而设立的一种贷款形式。在读大学生或毕业两年以内的大学生只要具有一定生产经营能力或已经从事过生产经营活动，就可以以创业或再创业为由提出资金申请，经银行审查通过后，即可获得创业专项贷款。符合条件的借款人，根据其个人的资源状况和偿还能力，最高可获得单笔50万元的贷款支持；对于创业达一定规模的人员，还可提出更高额度的贷款申请。大学生创业贷款的期限一般为1年，最长不超过3年，贷款利率一般按照中国人民银行规定的同档利率下浮20%收取，某些地方政府还对此贴息，因此，大学生创业贷款利率通常较低。

国家对大学生创业贷款只是规定了基本要求，各地政府为了扶持当地大学生创业，出台了更加细化、更贴近实际的政策，但各地方的创业贷款优惠政策可能因地域、政府政策等有所不同，有创业意愿的大学生应该带齐相关证件（毕业证、创业计划书等）到当地政府部门咨询。如果创业项目能给当地政府带来税收，或能够增加当地的就业岗位，并且是绿色环保项目，政府部门有可能给予贴息甚至免息。

大学生创业贷款的申请条件

申请大学生创业贷款一般需要满足以下条件。

（1）申请者年满18周岁，具有合法、有效身份证明和贷款行所在地合法居住证明，有固定的住所或营业场所。

（2）申请者持有工商行政管理机关核发的营业执照及相关行业的经营许可证，从事正当的生产经营活动，有稳定的收入和还本付息的能力。

（3）申请的投资项目已有一定的自有资金。

（4）贷款用途符合国家有关法律和银行信贷政策规定，不允许用于股本权益性投资。

（5）在银行开立结算账户，营业收入经过银行结算。

大学生创业贷款申请资料归纳

申请大学生创业贷款需要准备的申请资料如下。

（1）申请者及配偶身份证件（居民身份证、户口簿或其他有效居住证原件）和婚姻状况证明。

（2）申请者个人或家庭收入及财产状况等还款能力证明材料。

（3）申请者营业执照及相关行业的经营许可证，贷款用途的相关协议、合同或其他资料。

（4）申请者担保材料，包括抵押品或质押品的权属凭证和清单，有权处分人同意抵（质）押的证明，银行认可的评估部门出具的抵（质）押物估价报告。

大学生创业贷款的申请流程

大学生创业贷款的申请流程如图 6-4 所示。

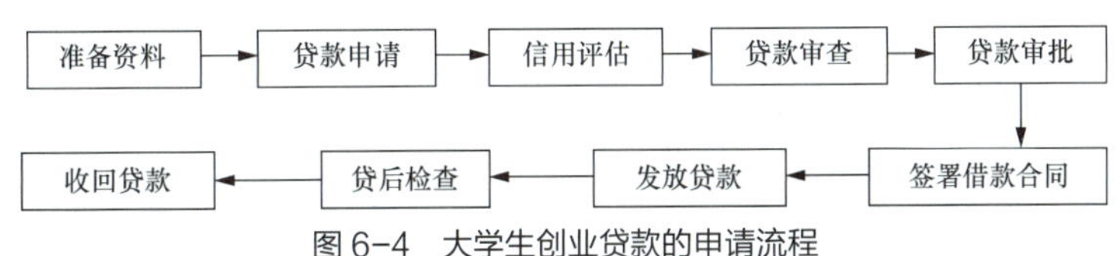

图 6-4 大学生创业贷款的申请流程

（1）创业者到当地劳动保障部门领取《就业失业登记证》等相关必要证件并准备好创业项目的相关资料。

（2）创业者到当地劳动保障部门申请贷款支持，劳动保障部门审核通过后就可以将该项目推荐到相关银行。

（3）银行在审查完担保条件并实地进行项目考察后，认定全部合格就可以发放贷款了。如果手续齐全，整个贷款流程走下来大约需要 1 个月时间。如果创业项目可行性大、前景好，创业者也可以申请商业性创业贷款。

3. 银行贷款

银行贷款指银行根据国家政策以一定的利率将资金贷放给资金需要者，并约定期限归还。银行贷款一般要求提供担保、房屋抵押，或者收入证明，个人征信良好才可以申请。

银行信用贷款

银行信用贷款指银行仅凭对借款人资信的信任而发放的贷款。借款人无须向银行提供抵押物或担保。相对抵押贷款而言，银行信用贷款更加便捷和人性化，没有抵押，手续便捷，对借款人的要求也较低，只要借款人工作稳定，征信记录良好，如信用报告、信用评估、信用信息良好，就能获得贷款。办理过信用卡的大学生，如果其信用卡多次逾期还款就会影响自己的征信，从而不利于银行信用贷款，或贷款的额度会降低。

我国银行信用贷款渐趋流行，但银行对信用贷款的信用审核严格，贷款额度相对较低，一般在10万元以内，适合于创业者的短期小额贷款，但是创业者在贷款时仍需考虑还款能力。

良好的信誉获得贷款

刘源大学毕业后在一家建筑公司担任设计师，两年的工作让刘源掌握了户外广告设计的精髓，也有了一笔小额的积蓄，他决定和同学一起成立一家小型设计工作室。工作室的办公地点已经选好了，但刘源手头现有的资金无法满足创业需求，与同学商量后，他决定通过银行信用贷款获得一笔小额的贷款。

刘源整理好贷款资料后向某银行提交了一份贷款申请。由于刘源的银行信用良好，每月的工资流水较大，15天后就获得了一笔5万元的小额贷款，贷款期限是3年，每月2 000元左右的本息还款也在刘源的还款能力范围内。

有了这5万元资金，对刘源而言，创业初期的资金已经足够。随即，刘源签订了办公场所的租赁合同，购买了办公设备，由于刘源设计能力突出，踏实肯干，刘源的工作室生意一天比一天好，慢慢站稳了脚跟，有了稳定的盈利。

分析：信誉良好的大学生可以去银行申请贷款，这也是当前常见的融资方式。

目前，有不少公司专门从事信用贷款业务，创业者只需提交身份证明、银行流水、征信记录等资料，就可交由这些公司负责信用贷款事项，但这些公司会收取贷款金额1%～2%的佣金。创业者还可以通过中介公司进行商业贷款，但商业贷款的利率通常高于银行的贷款利率，因此，大学生应该对比多家中介公司，找到合法、信用良好的中介公司。

其他银行贷款方式

大学生创业者可以选择门槛相对较低的融资方式筹集创业资金，家庭环境较好、有条件的大学生也可选择抵押贷款、质押贷款和贴现贷款等银行贷款方式进行创业融资。

（1）抵押贷款

抵押贷款指按照法律规定的抵押方式，以借款人或第三人的财产作为抵押物发放的贷款。办理抵押贷款时，应有银行保管抵押物的有关产权证明，且抵押贷款的金额一般不会超过抵押物评估价的 70%。

阅读材料

房子抵押贷款

张琦父母以前在电子厂工作，积累了不少经验和社会资源，张琦耳濡目染，对这一行也非常感兴趣，因此打算与父母合伙创业，但父母仅提供技术指导和社会资源，资金和场地还需要张琦自己想办法。张琦向亲戚朋友借了些钱，但仍不够，于是他想到了去银行贷款。银行工作人员告诉张琦，贷款需要提供担保，张琦想到自己名下有一套房子，因此打算将自己的房子做抵押物。就这样，张琦就用抵押获得的贷款去租了一个小厂房，购买了相关设备，他计划好好利用剩下的资金经营电子厂，然后尽快还清债务。

分析：有条件的大学生创业者可以采用张琦这样的抵押贷款方式。但要注意按时还款，否则银行有权拍卖抵押物，以偿还欠款。

（2）质押贷款

质押贷款指以借款人或第三人的动产或权利作为质押物发放的贷款。创业者可用自己甚至亲朋好友未到期的存单、国债、国库券及人寿保险单等作为质押物（需要本人书面同意），从银行获取有价证券面值 80% ～ 90% 的贷款。

与抵押贷款相比，质押贷款转移了借款人或第三方提供的财产的占有权，移交银行占有。

（3）贴现贷款

贴现贷款指借款人在急需资金时，以未到期的票据向银行申请贴现而融通资金的贷款方式。贴现贷款具有流动性高、安全性大、自偿性强、用途确定、信用关系简单等特点。贴现贷款与质押贷款的区别：贴现是由银行购买借款人的未到期票据，质押则是转移了财产的占有权。

俗话说："创业容易守业难。"创业者获得创业资金后创办企业，只是创业初始阶段，要想把企业经营下去还需要面对更多的考验。因此，创业者要认真学习企业经营、管理等方面的知识，在提升自己能力的同时加强对企业的管理，脚踏实地，一步一步地迈向成功。

银行贷款的技巧

相对而言，国有商业银行的贷款利率要低一些，但手续准备要求比较严格。如果创业者的贷款手续完备，为了节省筹资成本，可以采用个人"询价招标"的方式，对各银行的贷款利率及其他额外收费情况进行比较，从中选择一家自己支付时成本低的银行办理抵押贷款、质押贷款或担保贷款。

银行贷款一般分为短期贷款和中长期贷款；贷款期限越长，利率越高。如果创业者所需资金使用的时间不是太长，应尽量选择短期贷款。如原打算办理两年期贷款，可以一年一贷，这样可以节省利息支出。

另外，创业融资也要关注利率的走势。如果利率趋势走高，应抢在加息之前办理贷款；如果利率走势下降，在不急需资金的情况下则应暂缓办理贷款，等降息后再适时办理。还有，随时关注有关政策，可享受政府低息优惠。

创业过程中，如果因效益提高、货款回笼及淡季经营、压缩投入等原因使经营资金出现闲置，可以向贷款银行提出变更贷款方式和年限的申请，直至部分或全部提前偿还贷款。

三、创业融资应避免的问题

成功的企业家之所以会成功，一个重要的原因就在于他懂得怎样向经验丰富的投资者推销自己的第一商品——初创的企业，从而获得资金的支持。在这种推销和争取投资的过程中，以下问题需要创业者有所了解并予以避免。

1. 没有完善的融资战略设计

与任何推销过程一样，筹资和融资也需要完善的策划和充分的准备。融资的具体战略设计是总体战略设计的一项重要内容。因此，对于这一部分内容，创业者应该用心进行策划。策划的内容主要包括以下几点。

（1）哪些风险投资者对自己的项目和产品感兴趣？

（2）这些风险投资者一般采取哪种投资合作方式？

（3）这些风险投资者在第一次接触中，会提哪些问题？应该做哪些准备才能展现自己的项目和产品的优势与特点？

2. 廉价出售技术或创意

许多创业者为了得到启动或周转资金，往往在融资时急于求成，或出让大部分股份，或轻易地贱卖技术或创意。在“只要能获得启动资金就行”这种思想的指引下，有不少核心技术的拥有者会廉价出售自己的技术或创意。当技术或创意廉价出售后，他在企业中的分量会降低，甚至丧失发言权，导致不能参与制定企业的一些重要决策。

出售技术让创业者没有发言权

吴浩创办的农村区域性电子商务与物流科研项目是一项在当前经济环境下具有良好发展前景的项目，但在创业之初，由于没有足够的资金支持，他想到出售自己的创意。奔波了一段时间，见了好多个投资商后，吴浩都没有得到满意的答复。最后有一位投资商允诺购买他的技术，为他的项目投资 50 万元，但要占据公司 70% 的股份，吴浩为了尽快开始自己的创业之路，便答应了投资商的要求。这导致吴浩在企业的重大决策中丧失了发言权。

分析：吴浩因急于融资而出售技术，最终导致自己丧失大部分企业股份，缺失核心竞争力，在企业中的地位下降，而这样的企业可能也不再真正属于创业者自己了，这是大学生创业者需要警惕的。

3. 缺少对融资方案的比较性选择

尽管国内的融资渠道还不是很健全，但可供选择的融资渠道还是较多的，融资渠道主要有以下 6 个。

（1）创业贷款。

（2）银行及金融机构贷款。

（3）风险投资。

（4）发行债券。

（5）发行股票。

（6）天使投资。

对以上多个融资渠道进行仔细的比较与选择，可以有效降低融资成本，提高融资成功率。通过采取上述途径得到的发展资金可以分为资本金和债务资金两类，资本金与债务资金应保持一个合理的比例。如果资本金太高，说明企业对社会资源的利用率较低；如果债务资金过高，企业受债务制约的程度加大，会面临债务到期的资金流动性风险，甚至可能会因暂时的市场疲软和资金流动性管理不善而导致企业破产。

因此，企业应当根据自身的特点，合理确定资本金与债务资金的比例，从而有效地利用社会资金和自身资源。

4．过度包装或不包装

有些新创企业为了融资不惜对财务报表弄虚作假，进行“包装”融资，这是错误的做法，因为财务数据一旦脱离了企业的基本经营状况，投资者往往一眼就能看穿。

但也有另外一种情况，有些创业者认为自己的企业经营效益好，应该很容易获得融资，因而不愿意花时间及精力去包装企业。但是投资者除了看重企业的发展前景及重视企业可能面临的风险，还看重创业者带领员工战胜风险的能力。因此，创业者应该有清醒、理性的认识和思考，在融资前对企业进行适度包装。

阅读材料

过度包装导致错失投资商投资机会

牛蒙的家乡正在开展通过发展现代化农业和畜牧业来改善、提高经济建设与生态环境的活动。为了响应政府的号召，并为家乡的现代化建设作贡献，牛蒙大学毕业后回到了老家，他用借来的钱和政府的补助买了20头牛，开始了自己的肉牛养殖创业。由于牛蒙属于大学生创业，当地政府对他十分关照，并希望他能够积极带领乡亲创业致富。牛蒙不负众望，将自己的养殖业干得红红火火，规模也越来越大，牛蒙还获得了“优秀创业青年”的荣誉称号。为了鼓励他继续干下去，当地政府还专门给他划拨了饲料和养殖基地。

看到自己的养殖业这么有发展前景，牛蒙萌生了创立公司的想法。他开始在家乡四处打听，很快，他发现了一家荒废的养殖场，这家养殖场建成不久，但因为老板的一些法律纠纷而荒废了。牛蒙想方设法见到了原来的老板，并说服他以50万元的低价将养殖场转让给自己。牛蒙评估了一下自己目前的状况，收购养殖场、启动生产，再加上其他必要的支出等，他需要100多万元才能正式启动自己的公司。

牛蒙想到了去找投资商获取投资。为了给投资商留下良好的印象，牛蒙下足功夫包装自己，不仅将自己打扮成商业精英的模样，还专门请人给自己做了一份创业计划书，将自己公司的产品、运作方式、财务状况、发展前景等的介绍进行了一番美化，看起来十分有吸引力。然而投资商没有看中他表面呈现出的成绩，而是在经过详细考察后回绝了他的请求，并且明确告诉他，没有事实根据和不符合公司经营状况的数据没有说服力，他们也不需要一个不诚实的合作者。

分析：创业者在进行融资前可对创业项目内容做适当的美化，但不应脱离实际。

5. 缺乏资金规划和融资准备

融资是企业发展过程中的关键环节，新创企业要想获得快速发展，必须有清晰的发展战略，并营造一个资金愿意流入且能够流入企业的经营格局。不少新创企业把融资当作一个短期行为来看待，突击融资，然而实际上很少成功。

缺乏融资准备典型的表现是多数创业者对资本的本性缺乏深入的研究和理解，在这种情况下盲目进行融资，往往效果不佳。

6. 缺少必要的融资知识

很多创业者有很强的融资意愿，但缺少相应的融资知识。真正理解融资的人很少，很多创业者总希望托人打电话、找熟人、写份创业计划书就把钱融到手，而不注重用心去研究融资知识，他们往往把融资简单化、随意化。

某些创业者由于缺乏必要的融资知识，融资视野狭窄，只看到银行贷款或股权融资，不懂得除此之外的其他融资方式。其实采用租赁、担保、合作、并购及无形资产输出和转让等方式都可以达到融资目的，因此，创业者要熟悉融资知识，在认知上不要把宽泛的融资范围变狭窄了。

7. 盲目对外出具融资担保函

由于创业融资比较困难，所以一些新创企业往往存在相互出具融资担保函的情况，这种盲目担保常常给新创企业带来很多意想不到的风险。

8. 盲目扩张，没有建立合理的企业治理结构

规范化管理是企业自身的一种融资能力。很多新创企业虽然在不断扩张，企业管理却越来越粗放、松散，不注意在企业发展过程中不断完善企业治理结构，也不注意增强自身的融资能力和规避企业扩张过程中的经营风险。特别是一些新创企业只顾发展，不顾企业文化的塑造，最终导致企业规模虽然做大了，但企业却失去了原有的凝聚力，企业内各部门缺乏共同的价值观，甚至成为企业发展的阻力。

9. 融资缺乏信用

银行是愿意贷款给讲信用的创业企业，并支持其做大做强的。就一般情况而言，除了高新技术企业，银行还从贷款原则出发，青睐那些产品有市场、法人代表对企业的管理控制能力强、经营规模和经济效益呈向好趋势并拥有长期销售合同的中小企业。事实上，企业的每一轮融资都将影响投资者对企业后续融资可行性和价值的评估。

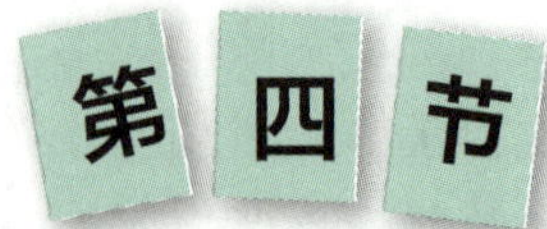

识别与防范创业风险

课堂活动

活动主题：以“创业初期需要为公司财产投保吗”为主题开展辩论赛

活动内容：正方立场为“是”，反方立场为“否”。老师与两个学生代表为裁判，其余学生分为4人一组的小组，组员分别担任一辩、二辩、三辩、四辩。分组完成后，小组抽签确定正方、反方后进行两两辩论。

在准备辩论资料的过程中，学生会发现创业的路上危机四伏，或许会面临因融资问题、公司管理困难等造成的企业经营危机。创业总会面临风险，只有扛过了风险的大学生创业者才能收获成功。

一、创业风险的特征与类型

创业风险，通常指创业者在创业中面临的风险，即由于创业环境的不确定性、创业机会的复杂性、创业者能力与实力有限等原因，创业活动偏离预期目标的可能性及后果。

1. 创业风险的特征

创业风险种类繁多，贯穿并交织于整个创业活动中。这些风险具有一些共同的特征，了解并学会识别创业风险的特征可以帮助大学生创业者更好地规避风险。

客观性

创业本身就是一个识别风险和应对风险的过程，风险的出现是不以人的意志为转移的，因此，创业风险的存在是客观的，如天气变化、地质变化等。

客观与主观相对，我们并不因为创业风险是客观存在的，就否定了创业风险也可能由主观因素造成的情况。

不确定性

由于创业所依赖的条件及其影响因素具有不确定性，这些因素是不断变化、不断发展乃至难以预料的，所以造成了创业风险具有不确定性。如某产品在创业初期是“热门”的，但生产出来后，可能由于市面上大量同类产品的出现，使该产品失去了市场竞争力。

双重性

创业有成功和失败两种可能性，创业风险也具有盈利和亏损的双重性。在创业活动中，往往风险越大的创业项目回报越高，潜能也越大。所以，回避风险同样意味着回避收益。

可变性

随着影响创业的因素发生变化，创业风险的大小、性质也会发生变化。如在一定时期，资金风险可能是较大的风险，而一段时间后，由于环境因素的改变，技术风险成为最主要的风险。

可识别性

创业风险是可以被识别和划分的。可识别性这一特征可以帮助创业者更好地识别风险，进而规避风险。

相关性

创业风险与创业者的行为紧密相连。针对同一风险，采取不同的对策，可能会出现不同的结果。如技术型创业者进行技术改良型的创业属于创业低风险，而对管理型创业者来说，进行技术改良型的创业则可能为高风险。

2. 创业风险的类型

创业风险根据分类标准的不同，有不同的分类方式，如表 6-3 所示。

表 6-3　创业风险的类型

分类标准	风险类型	风险介绍
风险的来源	主观创业风险	指由于创业者的心理素质、个人喜好等主观方面的因素导致创业失败的可能性
	客观创业风险	指在创业阶段，由于市场的变化、政策的变化、竞争对手的出现、创业资金短缺等客观因素导致创业失败的可能性
风险的性质	纯粹风险	纯粹风险是风险的一般状态，即只有损失的可能性而没有获利的可能性，该风险可能造成两种结果，即有损失和无损失
	投机风险	投机风险也称机会风险，该风险既存在损失的可能性，又存在获利的可能性。该风险可能造成 3 种结果，即有损失、无损失、获利

续表

分类标准	风险类型	风险介绍
风险的内容	技术风险	指由于技术方面的因素及其变化的不确定性而导致创业失败的可能性
	市场风险	指由于市场情况的不确定性导致创业者或新创企业受损失的可能性
	政治风险	指由于战争、国际关系变化或有关国家政策改变而导致创业者或新创企业蒙受损失的可能性
	生产风险	指新创企业提供的产品或服务在从小批试制到大批生产的过程中产生的风险
	经济风险	指由于宏观经济环境发生大幅度波动或调整而使创业者或新创企业蒙受损失的风险

二、创业风险的来源

创业风险一般与创业过程中的缺失（缺口）有关。创业过程中，以下5方面的缺口将形成创业风险。

1. 融资缺口

融资缺口是十分常见的一种缺口，创业者通常可以通过可行性论证来证明其创业方向的选择可行，但往往没有足够的资金来实现创业项目的商品化，因而融资缺口会给创业带来一定的风险。现在，创业者可以通过一些途径跨越这个缺口，如早期项目的风险投资、政府资助计划帮助等。

2. 研究缺口

在将预想的产品转化为商业化产品的过程中，需要大量复杂且可能耗资巨大的研究工作，这种研究工作的缺口也可能导致形成创业风险。

3. 资源缺口

创业者在创业过程中如果缺乏必备的外在或内在资源，可能将受制于人，甚至可能无法起步。

4. 管理缺口

形成管理缺口的可能原因有两种：一是创业者是技术方面的专业人才，他利用某一新技术进行创业，但不一定具备专业的管理才能，从而形成管理缺口；二是创业者往往有很多“奇思妙想”的商业点子，但不擅长管理具体的事务，从而形成管理缺口。

5. 信息和信任缺口

信息和信任缺口一般存在于技术人才和管理者（或投资者）之间，本质上是两种观念的冲突。技术人才从技术层面对产品进行把握，而管理者则比较了解将新产品引进市场的程序。二者各有专攻，需要相互依存，但如果技术人才和管理者不能充分信任对方，不能进行有效的交流，则将带来较大的风险。

存在研究缺口致公司走入困境

李全的朋友研究计算机远程控制，找李全合作成立一家公司，主营计算机远程控制护栏灯。考虑到该技术先进、同类竞争产品少，李全想都没想就将自己的“身家”投入刚成立的这家公司。李全和朋友的设计刚刚完成，就有客户找上门来，看到计算机模拟演示效果后，便签订了一个数额巨大的工程订单。由于工期较紧，公司便直接开始大批量生产。然而，护栏灯发到客户手上后却发现，在实际使用过程中设备的抗干扰性能不过关。客户要求退货，公司面临巨大的经济损失。公司刚成立就遭遇不合格产品积压、资金周转不灵的问题，导致公司陷入极大的困境。

分析：计算机预演呈现的毕竟只是设计的效果，最终的商业化产品本应该加工出来进行测试，李全等人省略了这一环节而大规模生产，必然产生巨大的风险。

三、创业风险的识别

识别风险需要一定的专业知识，必须根据不同性质与条件，按照一定的途径，运用一定的方法或借助一定的工具来实施。风险发生有一定规律可循，识别风险主要包括以下步骤。

（1）信息收集：通过调查、咨询、现场考察等途径获得基本信息或数据，然后通过敏锐的观察和科学的分析对各类数据及现象做出处理。

（2）识别风险：根据信息的分析结果，确定风险和潜在风险的范围。

（3）风险评估：根据量化结果，进行风险影响评估，预计可能发生的后果。

（4）拟订计划：提出处理风险的方法和行动方案。

识别风险时要做好因素罗列，即根据企业在运营过程中可能遇到的风险，逐步找出一级风险因素，然后再进行细化，延伸找出二级风险因素，再延伸找出三级风险因素。因素罗列得越全面，越利于风险的识别。

四、创业风险的规避

创业风险形式多样，既有来自企业外部的风险，又有来自企业内部的风险。下面将按照内外部风险的划分讲述创业风险应如何规避或应对。

1. 应对企业外部风险

企业外部风险，即非企业自身因素造成的风险。外部风险很多是由客观因素造成的风险，是每个创业者都无法避免的。下面讲解常见企业外部风险的应对措施。

应对竞争对手的跟进

所有的行业都不可能独家经营，也不可避免地要面对竞争对手，当“棋逢对手”时，该如何保证自己始终处于优势地位呢？下面讲解一些应对竞争对手跟进的策略。

（1）控制技术，限制竞争

如果创业依托的技术有专利权，那么将在很大程度上排除同类竞争项目出现的可能，降低投资成本和投资的商业风险。

（2）紧密关注同领域其他企业的动向

在研发阶段，应密切关注其他企业类似工作的进行情况，如同类产品的功能设计、后期研发进度等，从而找出自己产品的优势，为把产品推向市场以及产品上市后后期跟进提供可执行的方案。

（3）选择高技术项目

如果项目的技术含金量足够高，那么其他企业无法通过破解技术配方或关键内核来仿制新产品，而其他企业自行研制开发需要很长的时间，因而选择高技术项目能够有效地延长其他企业跟进的时间，在此期间，新创企业可以确保收回投资、完成利益返回并且占据较大的市场份额。

（4）制订换代产品开发计划

在产品开发阶段，即第一代产品还在酝酿创造过程中时，新创企业就要制订后续系列产品的开发计划，并在生产规划中详细论证以确保开发计划的实施。真正有生命力的企业不是停滞不前的，新产品的成功并不代表其获得了整个市场认可。因此，新创企业一方面要抓紧时机生产升级换代产品以改掉原有产品的缺点，更好地满足客户的需求；另一方面，还要优化生产工艺和销售渠道，在成本和价格方面适应市场竞争的需要，使自己一直保持领先地位。

（5）注重产品的多样性

在当今市场竞争日益激烈的情况下，新创企业在推出主打产品的同时一定要采取产品多样化的战略，以扩大市场占有率并满足客户不断变化的个性化、复杂化的需求。多样化的产品也能有效防止竞争者的模仿和进攻。

阅读材料

产品开发出奇制胜

麦片有很多好处，比如麦片可以当早餐食品，但在早餐食品市场中麦片的市场占有率却不高。如何提高麦片的市场占有率？希洛公司打算重新定义麦片的使用价值，把麦片当作任何时候都能食用的健康点心，而不仅仅是早餐食品。希洛公司采用一种客户熟悉的产品形状——巧克力条。麦片加上巧克力条就形成了新的产品——麦条。这种现在看来很平常的产品在当时却是一种新事物，并由此激发了新的消费需求。它的出现也为希洛公司带来了新的生机和活力。

分析：希洛公司的成功在于其通过开发新产品获得了竞争优势，重新打开了市场，公司也由此焕发新的生机。

应对市场变化

不管是企业还是企业的产品，都需要面对市场。市场不是一成不变的，它会随着当下的各种因素发生变化，面对市场的变化，创业者应该如何应对呢？下面介绍一些常用的应对措施。

（1）进行有效的市场调查

只有进行有效的市场调查和分析，才能了解客户的需求。这是保证产品或服务有市场需求的唯一可行办法。市场调查不仅包括项目创意的调查，还要贯穿产品研发和试制过程的始终，成为可依赖的标准，切实指导产品的开发和改进。只有这样，新技术、新产品才能有客户，有市场，有存在的价值。

（2）成为新领域的先锋

新技术、新产品不仅可以适应客户需求，满足客户需要，还能够产生新的市场需求，动态地改变消费者的偏好，使企业成为新领域的先锋并由被动适应变为主动引领。

（3）成为专业扎实、高效的组织

好的创意、好的机会还不足以真正成就一家企业，新产品、新技术的实现和推广，特别是进入市场以后的环节，都要依靠专业扎实、高效的团队不断努力。因此，只有建立高素质、善于学习、能够主动适应市场的组织，才能将新产品的营销推广策略真正落到实处，将企业的战略意图进行到底。

应对宏观经济环境及政策法规的变化

在宏观经济环境及政策法规发生变化时，创业者可采取以下应对措施。

（1）选准恰当的时机

任何一个国家或地区都存在经济周期。新创企业要把握市场动向，在经济下滑阶段或萧条阶段开始实施创意和研发，然后在宏观经济繁荣时期和经济上升期进行市场运作。这样，在经济周期的上升阶段，投资形势和市场需求情况都较好，商业风险相对较小，从而达到降低成本、提高收益的目的。

（2）重视环境和对市场的选择

新创企业应谨慎对待选址和市场开拓。新创企业不仅要注重行业发展特点，还应对企业所在地区的政策、文化及自然环境进行综合考虑，特别是产业运作和资源条件要求比较高的企业更应如此。另外，市场开拓从哪里开始，整体发展如何规划，对于这些问题，创业者应考虑企业所在国家、地区的宏观环境和相应的政策法规。

（3）了解政策法规

新创企业在选择项目时就应充分了解相关产业的政策法规及行业的发展动向。选择政策法规给予支持的产业、行业对企业是有一定帮助的。同时，关于企业的组建、运营及市场的各类法律和规范，创业者都应透彻了解，掌握最新动态，善于利用发展机会，这对企业的短期发展和长期发展都有相当大的帮助。

（4）冷静对待政策法规的变化

如果政策法规有所改变，创业者应冷静分析如何利用新出现的商业发展机会或如何采取措施规避可能出现的损失风险。创业者切忌盲目追随热门产业而放弃自己的优势项目或是拒绝变化，切忌做出违反国家或地方法规的事情。

阅读材料

政策法规扶持再助创业成功

小王大学毕业后开始创业，近期他的生意越来越红火。为进一步寻求发展，小王有意将目前的服务社转制为工商企业，但目前服务社内有5名从业人员享受非正规就业社会保险费补贴，如果转制为企业，就不能再继续享受补贴，5名从业人员的社会保险费一个月就要多缴纳近3 000元。创业成本压力本来就大，如果再多出一部分用工成本，小王担心刚刚走上正轨的生意会出现资金周转问题，一时不知道如何是好。

小王的担心被一位在政府相关部门工作的朋友知道了，他告诉小王：“所在辖区新开业的工商企业每吸收一名区内户籍的失业、协保或农村富余人员就业，可以享受每人每月500元的补贴，还可连续享受18个月。”小王的情况正好符合享受这个优惠政策的条件。

创业需要创业者有创新的思维、敏锐的市场嗅觉及有效的管理方式，同时创业者还要注意宏观经济环境和政策法规。政策对创业者而言有利有弊，创业者应趋利避害，根据政策找到利于自己、利于企业的融入点。

分析：我国政府其实提供了许多帮扶大学生创业的政策，面对创业风险的大学生可以像小王这样寻找政策的支持。

应对资金风险

资金是企业运营的关键要素，一般来说，创业者面对资金风险时，应多留意整个市场的价格波动趋势，当发现有价格变化苗头时，应主动采取措施。同时，创业者应动态地配置生产资源，根据市场变化调整进货量、存货量和出货量。创业者要通过观察、内部调控顺利应对资金风险，同时还要争取将风险变为机遇，占领市场先机。

如果企业是出口型企业，那么创业者除了需要了解国内市场价格，还需要了解国际市场价格。在国际贸易中，创业者可采用套期保值等方法保护自己的权益，同时创业者还应研究利率及其相关因素的变化，如通货膨胀、金融政策、税收政策等。

应对信用危机

由于我国的信用机制还处于向健全发展的阶段，因此创业者要提高警惕，对投资方、技术持有者、管理者和技术开发人员、供应方等各方人员或组织的资本信用状况、技术和资金能力等，都要了解清楚。另外，还要通过签订细致有效的合同，利用法律工具保护自己和他人的合法权益。

2. 应对企业内部风险

与外部风险相对的是内部风险。每个企业内部都存在不同程度的风险，下面介绍企业内部常见的风险类型及应对方法。

应对投资分析的风险

传统行业的投资分析都是在所在产业的历史发展经验数据和可靠材料的基础上进行的，而新创企业大多数是高技术企业，前期往往缺乏历史数据的支撑，进行投资分析时，仅凭创业者的直观感觉或一些不太成熟的调查数据，这使投资分析的精确度很低。此时，企业者可考虑参考相关行业的发展，通过横向比较得出差异与共性，为决策提供可参考的依据。由于这采用的是估计和统计的方法，所以在实施时要特别注意动态分析和适时调整，不仅要考虑计算得出的结果，还要考虑环境的变化和企业的真正需要。

应对技术分析的风险

生产产品的核心是技术，在企业内部应如何避免因技术产生风险呢？总结起来可采用以下两方面的措施。

（1）专利 / 知识产权保护

新技术可以估价入股成为新创企业的无形资产。寻求专利或知识产权保护是不容忽视的重要环节。

（2）技术保护

除了专利或知识产权保护，在将新技术或新产品推向市场之前，还应考虑加入技术成分的保护。如无法通过成分检测破解化学配方、在机器的核心电路部分设置加密芯片或进行封装、软件内核中装有监控毁灭程序等。

应对管理危机

由于新创企业管理团队的成员一般比较年轻，管理团队又是新组建的，成员彼此缺乏默契，再加上管理团队成员的管理经验不足，又要在短时间内完成新技术、新产品的推广和生产，因此会出现很多的管理问题，创业者必须积极采取措施进行应对。

（1）借用外脑

对于新创企业管理队伍年轻化的问题，在企业起步这个比较关键的发展阶段，创业者可以考虑与风险投资企业或孵化企业合作，邀请有经验的人士参与经营管理，还可以聘用相关方面的专业人才加盟，这样可以利用专业人才的知识经验带动整个组织及管理团队成长和进步。

（2）培养团队精神

企业的成功并不是靠创业者单打独斗得来的，而是需要各个部门协作共同完成一个个任务，积累形成企业自身的价值而获得的。可以说，团队精神是决定企业最终成功的一个重要因素。面对日益激烈的市场竞争，创业者更应该注意自己团队人才的培养，塑造符合企业发展目标宗旨的企业文化。

（3）控制人员的流失

由于新创企业很容易遇到各方面的风险和阻力，所以常常要面对技术、管理、销售服务人员流失的问题。创业者要想留住人才，就要根据不同类型人才的特点，采取不同的措施。

① 管理、技术人才：明确利益关系，对于重要人员可考虑分配一定数额的公司股份。同时设立有效的激励机制，对于管理人员和技术人员应该使用不同的绩效考评机制，不仅利用金钱激励，还要用企业文化所形成的强大凝聚力留住人才。

② 销售服务人才：根据业绩评估，及时提高工资与福利待遇；建立完善的晋升制度，做到奖罚分明；服务人员本土化，加强其从业素质的培训，使其业务能力提高，并感到在企业中具有个人价值。

应对财务危机

新创企业在最初一两年很可能遇到财务危机，渡过这个危机，企业可能迎来一个春天。在面对财务危机时，创业者应采取相应的措施。

（1）放弃追求高利润

大多数创业者在企业略有起色的时候急于向外界表现自己的经营能力，而利润恰好是非常有说服力的证据，因此，大多数创业者在企业发展初期过多地追求达到利润指标。这对新创企业来讲弊大于利，其原因有两方面：一是账面上的利润将成为计税的依据，而此时过多的税务支出对企业来说是很有压力的；二是企业业务的快速膨胀，存货、应收账款等占用了大量资金，而此时企业的经验和应变能力都比较弱，任何一个环节出了问题都会引发综合性的财务问题。

在企业创立的前5年，创业者应始终把客户需求作为第一目标，并在资金允许的情况下加大投资力度，提高产品技术含量。

（2）利用现代财务分析工具

良好的财务管理是达到创业目标的必要条件，如果情况允许，企业可用先进的财务分析工具对企业的财务状况进行控制。一般企业需要进行现金流量分析、现金流量预测，以及制订完善的现金管理机制。成长中的新创企业必须准确预测企业现金需求量、何时需要，明确需求现金的目的，要留有较长的缓冲时间，从而保证可以筹措到所需的资金。

（3）适时调整财务结构

企业在发展过程中应适时改变财务结构。事实证明，如果销售额大幅增长，新创企业的成长速度就会大于资金结构的成长速度。因此，新创企业的每一次成长都需要一个与之前不同的新财务结构。当新创企业成长时，来源于私人的资金，不论是来源于创业者本身及其家庭，还是来源于外人，都无法满足新创企业成长的需求。企业在运营一定年限后，会力求寻找更大的资金来源，主要途径有筹措权益资本（发行股票）、寻找合伙人、与其他企业合伙、向保险公司求援等。在选择资金来源时，创业者必须充分了解合伙人或合伙企业的信誉、营业互补性及发展前景，并且合伙人或合伙企业不可成为自己的竞争对手。

（4）进行资金规划

企业每个年度都要进行资金规划。进行资金规划对大多数新创企业来说是生存的必要条件。如果成长中的新创企业能事先合理地对资金筹集及资金结构做好一定周期的计划，那么在需要资金时，无论资金的种类、使用时间及需求的方式如何，通常都不会出现太大的困难。如果等到新创企业的成长速度超过资金基础及资金结构的成长速度时再进行财务规划，此时往往已经出现问题，从而使新创企业的发展受阻。

（5）制定财务制度

新创企业只有制定一套完善的财务制度，才能对应收款项、存货、制造成本、管理成本、服务、配销等进行有效控制。同时，新创企业应随时根据实际情况调整财务制度，并确保严格执行该财务制度。

第五节 拓展阅读——字节跳动的飞跃

北京字节跳动科技有限公司成立于2012年，是较早将人工智能应用于移动互联网场景的科技企业之一。2012年4月，公司从海纳亚洲等3家公司获得300万美元的天使轮投资，依靠这笔投资，字节跳动在一个月内就上线了内涵段子App。同年7月，公司又获得海纳亚洲的500万美元A轮投资，充足的资金使该公司在当年的8月上线了独立研发的“今日头条”App，该应用通过海量信息采集、深度数据挖掘和用户行为分析，为用户智能推荐个性化信息，从而开创了一种全新的新闻阅读模式。该App受到网民的喜爱，迅速排到应用下载榜的前列，为字节跳动带来了大量的用户。

2013年，“今日头条”推出了头条号功能，进军自媒体创作领域。同年9月，字节跳动获得俄罗斯DST的1 000万美元B轮投资，此时公司估值已经高达6 000万美元。2014年6月初，字节跳动获得红杉资本与新浪微创投领投1亿美元的C轮投资，公司估值到达5亿美元。2015年4月，“今日头条”的用户数达到2.4亿；8月，TopBuzz上线，字节跳动正式进军国际市场。

2016年，火山小视频、西瓜视频、悟空问答与抖音先后上线，字节跳动大大拓展了自己的经营领域，抖音取得了巨大的成功；2016年年底公司获得10亿美元D轮投资，公司估值达到110亿元人民币。2017年9月公司获得20亿元人民币的E轮投资；2018年年底公司完成约40亿元人民币的Pre-IPO轮投资，投前公司估值达到750亿美元。

融资也使字节跳动的经营实力不断提升，2020年8月，字节跳动以数亿元对价完成对百科名医的全资收购，9月，字节跳动创始人张一鸣成为武汉合众易宝科技有限公司实际控制人，这意味着字节跳动已间接拿下金融牌照……数据显示，截至2021年10月19日，字节跳动公开投资数量为139起，仅2021年投资数量就达54起，其投资项目涉及芯片、游戏、企业服务、电商、医疗、房地产、金融、机器人等领域，字节跳动目前正在不断扩张商业版图。

更多拓展阅读

第六节 自我评估

下面提供了一个测试，可用于检测你的创业项目的融资能力，请按照测试内容进行自我评估，以帮助自己做出恰当的创业决策。

〖测试说明〗

请认真思考表 6-4 中问题并进行分析，给出符合你实际情况的答案。

表 6-4　融资测试题

题号	问题	是	否
1	创业项目是否经过政府部门批准立项？		
2	创业项目的可行性研究报告和设计预算是否得到政府有关部门的审查批准？		
3	从国外引进的技术、设备或专利等是否被经贸部门审批并已办妥相关手续？		
4	创业项目的产品、技术、设备是否先进适用？配套是否完整？是否有明确的技术保证？		
5	创业项目的生产规模是否合理？		
6	经预测创业项目产品是否有良好的市场前景和发展潜力？盈利能力是否较强？		
7	创业项目投资的成本及各项费用预测是否合理？		
8	创业项目生产所需的原材料是否有稳定的来源，是否已经签订供货合同或意向书？		
9	创业项目建设地点及建设用地是否已经落实？		
10	创业项目建设以及生产所需的水、电、通信等配套设施是否已经落实？		
11	其他与创业项目有关的建设条件是否已经落实？		
12	创业项目是否有较好的经济效益和社会效益？		

〖测试分析〗

选“是”的选项越多，则说明该创业项目可以获取融资且融资成功的可能性越高。若有选择“否”的选项，则需要有针对性地了解、落实，以提高融资成功的概率。

第七节　思考与练习

1. 假设你想创办一家企业，在企业创立前请进行投资预测，填写表 6-5。

表 6-5 投资预测

项目	费用 / 元	备注
购置生产或经营场所		
生产设备		
家具、器具		
交通工具		
电子设备		
无形资产		
开办费		
其他投入		
合计		

2. 填写表 6-6，对你的创业项目所需的流动资金进行预测。

表 6-6 流动资金预测

项目	费用 / 元	备注
原材料		
包装费		
租金		
工资		
保险费		
水电费		
通信费		
宽带费		
其他支出		
合计		

3. 假如你马上要准备创业了，你准备采用哪种融资渠道来获取创业启动资金？将你的答案填写在表 6-7 中，并详细说明原因。

表 6-7 融资渠道的选择

融资渠道	选择的原因	可行性分析

4. 根据下面的案例，在表 6-8 中填写美阅图书公司现在的缺口情况，然后结合书本、个人经验及社会调查，写出可以采取的对策。

美阅图书公司主营图书及阅读课程销售，开业至今已有 3 年，现在美阅图书公司已经实现了连锁经营，有 3 家书店、2 家教学中心，但美阅图书公司的整体利润很少，今年更是出现了负盈利。美阅图书公司通过调查发现负盈利是由于教学中心亏损严重。教学中心现有学员 113 名，未使用的课程费用有 60 余万元，每月收入为 4 万元，支出为 10 万元。现在人们对阅读的重视程度不断提高，教学是未来社会的一个重要发展方向，但如果继续下去，通过核算得出需要追加资金 100 万元。这值得吗？

（提示：案例背景介绍忽略了一些风险的缺口因素，如管理、信息和信任等。读者可以通过美阅图书公司的负盈利看出其教学中心运营存在的一些问题，既然行业好，为何是负盈利？除了存在资金缺口，公司的其他方面也存在问题。）

表 6-8　缺口及对策

项目	现状	对策
融资缺口		
研究缺口		
资源缺口		
管理缺口		
信息和信任缺口		

5. 根据本章介绍的大学生创业常见的融资方式的相关知识，填写表 6-9。

表 6-9　融资方式对比

融资方式	优势	缺点
向亲人和朋友借款		
大学生创业贷款		
银行商业贷款		

CHAPTER 07

第七章　新创企业的设立与管理

学习目标

了解新创企业的设立流程。

掌握新创企业管理的原理、方法和基础管理工作。

素养目标

能够遵照法定程序顺利注册公司。

能够运用科学的手段做好新创企业的管理。

案例导入

李文、陈霖两人是软件工程专业的大学生，专业能力很强，又颇具开拓创新能力，在大三就加入了学长的创业公司。由于该公司管理不善，李文、陈霖两人刚好取得了一项非常有市场前景的技术性突破，因此两人准备合伙创办一家软件公司。

在筹集好启动资金后，李文、陈霖两人就开始计划为公司命名、选址和注册。然而两人都是第一次创办公司，连公司注册登记的程序都搞不清楚。为了了解注册程序，他们到工商管理部门拿了一套注册公司的程序介绍书，深入研究一番后发现，光是注册程序和注册问题就非常烦琐，经过仔细研究，最终他们发现，要想完成公司注册，必须先弄清楚以下问题。

问题 1：究竟应该注册什么类型的公司，选择什么样的组织形式？

问题 2：注册公司需要提供哪些资料？

问题 3：进行公司注册的具体费用是多少？

……

案例思考

1. 注册公司需要经历哪些流程？
2. 你能对陈霖等人后续的企业管理提供哪些建议？

陈霖等人遇到的问题是许多刚准备创立企业的人都会遇到的。从上面的案例来看，任何一个人或团队在创办企业前，首先，必须了解所创办企业的类型或组织形式，并根据自身实际情况做出恰当的选择；其次，要熟悉创办企业的各项业务流程，以及所选择的企业组织形式在办理工商登记注册时需要具备的条件、应提交的材料和具体的办理流程。

第一节　设立新创企业的准备

课堂活动

活动主题：设想你的企业形式

活动内容：你是否了解企业形式呢？首先收集一些创业的案例，分析这些创业者建立的是哪种形式的企业，这些企业组织形式又有怎样的特点，或者利弊。然后根据你自己设想的创业项目，思考如果自己要创业，会创办何种类型的企业。最后陈述自己的观点。

创业者在识别商机、确定创业项目并筹集到相关资金后，依托于一定的商业模式，就可以实现创业项目的变现。对创业而言，这其中还有一个关键的步骤，那就是新建立一个企业。要创建企业，创业者必须了解新创企业的法律形态，并根据自身条件和项目特点做出正确的选择，建立一个合适的企业。

一、了解新创企业的组织形式

企业的类型不同，对创业者的要求也不同。现代企业的组织形式按照财产的组织形式和所承担的法律责任不同，通常被划分为不设立公司的企业和设立公司的企业。不设立公司的企业形式有个体工商户、个人独资企业、合伙企业。设立公司的企业通常称为“公司”，是指依照《中华人民共和国公司法》（以下简称《公司法》）规定设立的企业，包括有限责任公司和股份有限公司两种。个体工商户、个人独资企业、合伙企业、有限责任公司 4 种企业组织形式适合规模较小的微小型企业，通常来说，也是比较适合大学生创办的企业类型。

1. 个体工商户

个体工商户指在法律允许的范围内，依法核准登记，从事工商业经营的自然人或家庭。也就是说，个体工商户业主只需一个人或一个家庭。这类组织只需要业主有相应的经营资金和经营场所，然后到工商行政管理部门办理登记手续即可开业。个体工商户个人经营的，以个人全部财产承担民事责任；家庭经营的，以家庭全部财产承担民事责任。

2011年公布的《个体工商户条例》取消了对个体工商户内部从业人员人数的限制。同时增加规定：个体工商户申请转变为企业组织形式，符合法定条件的，登记机关和有关行政机关应当为其提供便利。由于注册资本无数量限制、从业人数无数量限制、开办手续比较简单等特点，个体工商户成为部分资金不充足、资源薄弱的大学生初次创业的选择，主要涉及修理、服务、餐饮等行业。

2．个人独资企业

个人独资企业又称个人业主制企业，是指依法设立，由一个自然人投资并承担无限连带责任，财产为投资者个人所有的经营实体。当个人独资企业的财产不足以清偿债务时，企业拥有者须依法以其个人其他财产予以清偿。

个人独资企业在业主数量与注册资金上与个体工商户相似，但设立手续比个体工商户要复杂，需要有合法的企业名称、有投资人申报的出资、有固定的生产经营场所和必要的生产经营条件及必要的从业人员。个人独资企业在经营决策与利润分配上与个体工商户相似，其决策程序简单，利润归出资人，同时出资人承担无限责任。

3．合伙企业

如果两个或两个以上的人共同创业，那么可以选择合伙制作为新企业的法律组织形式。根据《中华人民共和国合伙企业法》（以下简称《合伙企业法》），合伙企业是指依法在中国境内设立的由各合伙人订立合伙协议，共同出资、合伙经营、共享收益、共担风险，并对合伙企业债务承担无限连带责任的营利性组织。

合伙企业包括普通合伙企业和有限合伙企业两种形式。二者最大的区别在于有限合伙企业有两种不同的所有者：普通合伙人和有限合伙人。其中，普通合伙人对合伙企业的债务和义务负责；而有限合伙人仅以投资额为限承担有限责任，且一般不享有对组织的控制权。另外，普通合伙企业合伙人可以用货币、实物、知识产权、土地使用权或者其他财产权利出资，也可以用劳务出资；但有限合伙企业的有限合伙人不得以劳务出资。以下主要介绍普通合伙企业。

除要有合伙企业的名称、经营场所及从事合伙经营的必要条件之外，设立普通合伙企业还应当具备以下几个条件。

（1）合伙企业必须有两个以上合伙人，合伙人应当具备完全民事行为能力，且能够依法承担无限责任。

（2）合伙人应当遵循自愿、平等、公平、诚实信用原则订立合伙协议，合伙协议应载明合伙企业的名称、地点、经费范围、合伙人出资额和权责情况等基本事项。

（3）合伙人应当按照合伙协议约定的出资方式、数额和缴付出资的期限，履行出资义务。合伙人出资，可以使用货币、实物、土地使用权、知识产权或者其他财产权利；上述出资应当是合伙人的合法财产及财产权利。合伙人以劳务出资的，其评估办法由全体合伙人协商确定。

良好的合作关系很重要

王某是西南民族大学艺术设计专业2015级学生，自己开办了一家画室，从事美术专业高考考生的考前培训。她在创业之前多次参加勤工俭学，先后在多家超市打工，做过手机卡、轮滑鞋的销售，也参加过学校的招生工作，并自制手工艺品出售，拥有较强的动手能力与沟通能力。

基于对自己能力的信心，王某开始了自己的第一次创业。她投资1万多元和别人合伙开了一家饰品店，想要为家人减轻负担，可由于对合伙人了解不足，在经营中与合伙人产生了矛盾，导致饰品店的经营以失败告终，不但没有盈利，她还亏损了3 000多元。第一次创业失败对王某的打击很大，使她明白合伙创业不等同于自己创业，要想取得成功，必须找到一个与自己合拍、品格好又宽容的合作伙伴。经过一段时间的调整，王某再次开展了创业工作，从她热爱的美术专业入手，开办了一家画室，找了一个对美术有激情且具备专业美术培训资质的合伙人一起创业。这次，王某吸取了以前的教训，与合作伙伴保持良好的关系，她主导招生、财务和课程安排，合作伙伴主导美术技能培训与考前动员，两人成功经营起了画室并有一定的盈利。

分析：对经济实力薄弱的大学生创业者来说，选择合伙创业的方式是非常好的。但如果对合作伙伴缺乏足够的了解和信任，将存在较大的隐患。良好的合作关系是新企业生存的基础，王某第一次创业的失败就印证了这一点。

4．有限责任公司

公司是现代社会中最主要的企业形式，有限责任公司和股份有限公司是公司制企业的主要类型。其中，有限责任公司是指按照法律规定登记注册，由50个以下的股东出资设立，每个股东以其所认缴的出资额为限对公司承担有限责任，公司以其全部资产对其债务承担责任的经济组织。

有限责任公司的注册资本为在公司登记机关登记的全体股东认缴的出资额。根据《公司法》，设立有限责任公司，应当具备下列条件。

（1）股东符合法定人数。

（2）有符合公司章程规定的全体股东认缴的出资额。

（3）股东共同制定公司章程。

（4）有公司名称，建立符合有限责任公司要求的组织机构。

（5）有公司住所。

有限责任公司的设立程序相对比较简单，内部机构设置十分灵活，更适合中小型非股份制公司，也是创业公司的主要类型。

一人有限责任公司又称独资公司、独股公司，是有限责任公司的特殊形式，指只有一个自然人股东或一个法人股东的有限责任公司，该公司不设股东会。由于一人有限责任公司的股东只有一个，因此股东不能证明公司财产独立于股东自己的财产的，应当对公司债务承担连带责任。

5．股份有限公司

股份有限公司又称股份公司，其注册资本由等额股份构成，通过向社会公众广泛发行股票来筹集资本，经营状况必须向社会公开，因此是公司发展至一定规模的形态。我国《公司法》规定，股份有限公司的股东以其所持股份为限对公司承担责任，公司以其全部资产对公司的债务承担责任。

选择适合的企业组织形式

学过平面设计的李琴想开一个设计工作室，但由于一时凑不出创业所需的资金，便暂时放下了创业的想法，到本地较大的一家平面设计机构——鹏飞公司应聘。鹏飞公司的领导看到李琴出色的设计作品时，立即决定聘用她为公司的平面设计师。李琴也非常珍惜这个机会，她刻苦认真、谦虚好学，不断从老设计师身上学习设计技术和理念。由于李琴的工作成绩优秀，公司开始把重要客户的设计工作交给她负责。

李琴在认真工作和学习的过程中，也始终在为自己的创业做准备。在鹏飞公司工作一年多后，李琴正式辞职，决心用自己的积蓄创业。为了节约成本，李琴租下一栋旧写字楼里一间仅十几平方米的小办公室。有了办公室之后，李琴又到旧货市场买了办公桌椅、文件柜等办公家具，并把自己家里的计算机搬到办公室，她还买了一台彩色打印机，所有成本总共不到1万元。

一切准备工作就绪后，李琴到工商局进行注册咨询，咨询后得知，如果注册有限责任公司，各种手续办下来要花2 000多元，而注册个体工商户的花费要少很多，于是她就用“李琴设计工作室”的名字办理了个体工商户的注册手续。当领到营业执照时，李琴无比自豪，她的创业梦想终于走出了第一步，接下来就可以开展业务了。

分析：不同的企业组织形式有其相对应的创办条件，对资金较少又缺乏创业合伙人的李琴来说，个体工商户是一个不错的选择。

二、确定新创企业的组织形式

企业类型代表了相对应的企业组织形式或法律形态，由于不同的企业类型对发起人数量、注册资本、成立条件、经营特征、利润分配和债务责任都有不同的规定，同时，在申办不同企业法律形态时，开办和注册成本、开办手续的难易程度、寻求贷款的难易程度、创业者的财务风险程度、利润所得税、创业者的决策权等都不相同，因此大学生创业者在创办企业、选择企业组织形式时，要多咨询、多比较、多考虑，根据自己的实际情况选择一个最适合的企业组织形式，争取以最小的投资获取最大的收益。

各种企业组织形式各有利弊，不能简单地说某种形式好或差，但总体而言，选择企业组织形式应当考虑图 7-1 所示因素。

图 7-1　选择企业组织形式应考虑的因素

总的来说，本小利微的微型创业，如开店等，通常可以选择个体工商户的企业法律形态。多人合伙创业，且创业规模较小，合伙人共同进行决策，可以选择合伙企业这种企业法律形态。在某个行业具有较好的发展前景，或公司已经具备一定规模，拥有一定资金或预备吸引投资的，可以选择有限责任公司这种企业法律形态。

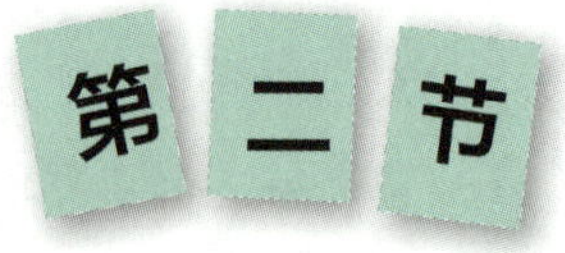

新创企业的设立流程

课堂活动

活动主题：了解如何注册公司

活动内容：如果你要注册成立一家新公司，你需要经历哪些流程，准备哪些资料呢？你对这方面的知识了解多少？请同学们打开思路，利用身边可以利用的各种资源找到这些问题的答案。

设立新创企业的第一步是注册公司。注册公司的流程为企业名称核准、工商注册登记、刻制印章。注册公司后，要想正式经营，还需要开立企业银行账户、办理税务登记和社会保险等。

一、企业名称核准

为了规范企业名称登记管理，保护企业的合法权益，维护社会经济秩序，优化营商环境，《企业名称登记管理规定》对新企业名称的登记管理进行了详细规定。企业注册登记时，必须先进行名称核准，以确保新企业名称没有违反国家相关规定，没有与其他企业名称重复，且符合工商注册登记的要求。

《企业名称登记管理规定》明确表示，企业只能登记一个企业名称，企业名称受法律保护。企业名称由行政区划名称、字号、行业或者经营特点、组织形式组成，如“深圳市腾讯计算机系统有限公司”。企业名称不得有下列情形。

（1）损害国家尊严或者利益。

（2）损害社会公共利益或者妨碍社会公共秩序。

（3）使用或者变相使用政党、党政军机关、群团组织名称及其简称、特定称谓和部队番号。

（4）使用外国国家（地区）、国际组织名称及其通用简称、特定称谓。

（5）含有淫秽、色情、赌博、迷信、恐怖、暴力的内容。

（6）含有民族、种族、宗教、性别歧视的内容。

（7）违背公序良俗或者可能有其他不良影响。

（8）可能使公众受骗或者产生误解。

（9）法律、行政法规及国家规定禁止的其他情形。

企业名称由申请人自主申报。申请人可以通过企业名称申报系统或者在企业登记机关服务窗口提交有关信息和材料，对拟定的企业名称进行查询、比对和筛选，选取符合《企业名称登记管理规定》要求的企业名称。创业者在申请企业名称时，可提前准备多个适合的名称。

二、工商注册登记

工商注册登记是设立新企业的法定程序，完成工商注册登记后，申请人才能获得从事市场经营活动的资格。创业者可以到工商行政管理部门或在企业登记网的注册申报服务系统中办理新企业的工商注册登记手续。为了提高工商注册登记效率，创业者可提前准备好以下资料，也可到相关部门咨询具体注册事宜。

（1）拟任法定代表人签署的《企业设立登记申请书》（原件一份）。

（2）经办人身份证明（复印件一份，验原件）。

（3）全体股东（发起人）签署的章程（原件一份）。

（4）股东（发起人）的主体资格证明（复印件一份，自然人身份证明验原件，单位资格证明加盖公章，注明“与原件一致”）。

（5）法定代表人、执行董事或董事长、董事、监事、经理的任职文件（原件一份）及其身份证明（复印件一份）（法定代表人身份证明验原件；执行董事或董事长、董事、监事、经理身份证明的复印件上需注明“与原件一致”并由法定代表人签字）。

三、刻制印章

准备好营业执照复印件、法定代表人和经办人身份证复印件各一份，以及由企业出具的刻章证明、法人代表授权委托书，到公安局指定的机构进行刻章。一般说来，公司常用的印章有以下几种。

（1）公章。公章是公司所有印章的权威，代表公司的最高效力。不管对内、对外它都代表了公司法人的意志，使用公章可以代表公司对外签订合同、收发信函、开具公司证明。

（2）合同专用章：合同专用章是公司对外签订合同时使用的。相关合同的签订在公司经营签约范围内必须盖上合同专用章才能生效，因此，它代表公司需承受由此产生的权利和义务。一般公章可以代表合同专用章使用。

（3）财务专用章：财务专用章的用途比较专业化，一般针对单位会计核算和银行结算业务使用。

（4）法人章：法人章就是公司法定代表人的个人用章，它对外具备一定的法律效力，可以签订合同、出示委托书文件等。

（5）发票专用章：发票专用章就是公司在经营活动中购买或开具发票时需要加盖的印章。当然，在发票专用章缺少时，可以用财务专用章代替，反之不可行。

四、开立企业银行账户

企业经营涉及资金往来，需要通过银行进行资金周转和结算，因此，创业者需要为新创企业开立银行账户。

1．银行账户的种类

按照我国现行的现金管理和结算制度，每个企业都必须在银行开立存款结算账户（即结算户），用来办理存款、取款和转账结算。银行存款结算账户分为以下4种。

（1）基本存款账户。基本存款账户是企业的主要存款账户，主要用于办理日常转账结算和现金收付，以及存款单位的工资、奖金等现金的支取。该账户的开立需报当地人民银行审批并核发开户许可证，开户许可证正本由存款单位留存，副本交开户行留存。一个企业只能在一家商业银行的一个营业机构开立一个基本存款账户。

（2）一般存款账户。一般存款账户是企业在基本存款账户开户银行以外的银行开立的账户。该账户只能办理转账结算和现金的缴存，不能办理现金的支取业务。

（3）临时存款账户。临时存款账户是外来临时机构或个体工商户因临时开展经营活动需要开立的账户。该账户可办理转账结算，以及符合国家现金管理规定的现金业务。

（4）专用存款账户。专用存款账户是企业因基本建设、更新改造或办理信托、政策性房地产开发、信用卡等特定用途开立的账户。该账户支取现金时必须报当地人民银行审批。

2．银行结算账户开立与使用

根据《企业银行结算账户管理办法》，企业申请开立银行结算账户，应当按规定提交开户申请书，并出具下列开户证明文件。

（1）营业执照。

（2）法定代表人或单位负责人有效身份证件。

（3）法定代表人或单位负责人授权他人办理的，还应出具法定代表人或单位负责人的授权书，以及被授权人的有效身份证件。

（4）《人民币银行结算账户管理办法》等规定的其他开户证明文件。存款人申请开立银行结算账户时，应填制开户申请书。同时，企业在申请开立银行结算账户时，应当对开户申请书所列事项及相关开户证明文件的真实性、有效性负责。

3．银行结算账户变更与撤销

根据《企业银行结算账户管理办法》，企业名称、法定代表人或者单位负责人以及其他开户证明文件发生变更时，企业应当按规定向开户银行提出变更申请。此外，企业可以根据需要撤销其在银行开立的结算账户。企业撤销银行结算账户，应当按规定向银行提出销户申请，经银行审核符合销户条件后，方可办理销户手续。银行为企业变更、撤销基本存款账户、临时存款账户时，将于2个工作日内通过账户管理系统向当地人民银行分支机构备案，并将账户变更、撤销资料复印件或影像报送当地人民银行分支机构。

存款人撤销银行结算账户时，必须与开户银行核对银行结算账户存款余额，交回各种重要空白票据及结算凭证和开户许可证，银行核对无误后方可办理销户手续。撤销银行结算账户时，应先撤销一般存款账户、专用存款账户、临时存款账户，将账户资金转入基本存款账户后，方可办理基本存款账户的撤销。存款人尚未清偿其开户银行债务的，不得申请撤销该银行结算账户。

对于按规定应撤销而未办理销户手续的单位银行结算账户，银行通知该单位银行结算账户的存款人自发出通知之日起 30 日内办理销户手续，逾期视同自愿销户，未划转款项列入久悬未取专户管理。

五、办理税务登记

新创企业领取由工商行政管理部门核发的加载有统一社会信用代码的营业执照后，虽然无须再次进行税务登记，办理税务登记证，但仍需要前往税务机关办理相应的后续事项，才能进行正常缴税。

第一，新创企业纳税人需要办理国税地税一户通。国税地税一户通实际上是企业、银行与税务机关三方签订的扣款协议，用于企业网上申报税扣款。办理方法比较简单，到税务机关的办公点（行政服务中心地方税务局登记窗口、所在地主管税务机关），取得《委托银行划缴税（费）款三方协议书》（一式三份），加盖本单位公章后，到银行开设缴税（费）款专用账号（一般就是企业的基本存款账户），银行在协议书上盖章并退回两联。纳税人将银行盖章的协议书送到主管税务机关办理划缴税（费）款登记手续。

第二，新创企业在办完首次涉税业务后，按期持续申报是今后要注意的关键事项。

六、办理社会保险

新企业注册成功后，创业者还必须办理社会保险。《中华人民共和国社会保险法》（以下简称《社会保险法》）规定，用人单位应当自成立之日起 30 日内凭营业执照、登记证书或者单位印章，向当地社会保险经办机构申请办理社会保险登记。社会保险经办机构应当自收到申请之日起 15 日内予以审核，发给用人单位社会保险登记证件。用人单位应当自用工之日起 30 日内为其职工向社会保险经办机构申请办理社会保险登记。未办理社会保险登记的，由社会保险经办机构核定其应当缴纳的社会保险费。

此外，《社会保险法》还对企业需缴纳的基本养老保险、基本医疗保险、工伤保险、失业保险、生育保险等做了如下规定。

（1）职工应当参加基本养老保险，由用人单位和职工共同缴纳基本养老保险费。用人单位应当按照国家规定的本单位职工工资总额的比例缴纳基本养老保险费，记入基本养老保险统筹基金。

（2）职工应当参加职工基本医疗保险，由用人单位和职工按照国家规定共同缴纳基本医疗保险费。

（3）职工应当参加工伤保险，由用人单位缴纳工伤保险费，职工不缴纳工伤保险费。用人单位应当按照本单位职工工资总额，根据社会保险经办机构确定的费率缴纳工伤保险费。

（4）职工应当参加失业保险，由用人单位和职工按照国家规定共同缴纳失业保险费。用人单位应当及时为失业人员出具终止或者解除劳动关系的证明，并将失业人员的名单自终止或者解除劳动关系之日起15日内告知社会保险经办机构。

（5）职工应当参加生育保险，由用人单位按照国家规定缴纳生育保险费，职工不缴纳生育保险费。

第三节 新创企业的管理

课堂活动

活动主题：企业管理情景模拟

活动内容：请同学们分成8人左右、人数不等的小组（作为企业）和3个2人小组（作为客户），企业组任选一件物品，向客户组销售，卖价和方法不限，还可吸纳其他企业组人才。企业组自选领导者，并安排好团队分工，与客户组接洽并获取订单。每个客户组有3 000元的订单，客户组根据自己的评判标准选择一家企业达成订单。获取订单金额越大的组获胜，最后各组对各企业管理情况进行分析总结。

为了提高企业的管理水平，增强企业的竞争力和发展力，创业者应掌握企业管理的基本原理、方法及其他管理知识，并能够运用这些管理知识和方法来解决企业管理中的实际问题。

一、新创企业管理的基本职能

新创企业的管理是创业者通过计划、组织、领导、控制、创新等来有效协调人力、物力和财力等资源，以便更好地完成组织目标的过程。下面具体介绍新创企业管理的基本职能。

1. 计划

计划指管理者根据生产经营的需要，为企业的各个部门、环节和人员在时间与空间上规定其具体任务。计划先于其他管理工作，是决定生产经营系统能否有秩序、有效率地进行活动的首要条件，它包括确定或指定目标、措施、工作程序和各种标准等工作。企业的计划管理，除必须保证按期、按量、按质地生产产品外，还应突出经济效益和社会需要。因此，管理者要重视对市场的调查和预测，使计划建立在可靠的基础上。

2. 组织

组织指管理者根据企业的总目标和管理的要求，将生产经营的各个要素，在劳动分工、协作和人员配备等方面，用各种结构形式，合理、紧密、高效地加以组合与协调，以形成一个有机的整体。有效的管理组织系统，应该明确各级管理机构和人员的职责范围，迅速准确地传递各种信息。组织是达到目标、完成计划的保证。

3. 领导

领导指管理者利用职权和威信施展影响，指导和激励企业员工努力实现目标的过程。领导工作包括激励下属、指导下属行动、选择有效的沟通途径或解决组织成员间的纷争等。领导工作的核心和难点是调动组织成员的积极性，它需要管理者运用科学的激励理论和合适的领导方式。

4. 控制

控制指管理者对一切工作加以分析和检查，判断其是否背离原定的计划和目标，找出存在的弱点和错误，及时分析原因，并予以纠正，使企业资源有效运用于企业的各个方面。企业应尽可能做到预先控制，并建立标准，加强信息反馈。

5. 创新

创新指企业在一定的思想指导下，为了适应企业内外部环境变化的需要，不断地改变或调整系统取得和组合资源的方式、方向和结果的具体实践。企业管理中，重点是“维持”和“创新”。可以说，创新工作是企业重要的管理活动。企业创新包括目标创新、制度创新、技术创新、环境创新、组织结构创新等。为了适应科学技术的高速发展和日益激烈的市场竞争，企业需要充分创新，以实现企业健康、快速发展。

二、新创企业管理的原理与方法

对新创企业而言，若在发展初期，企业的管理就混乱无序，企业将难以有发展前景。因此，管理人员应当掌握科学、合理的企业管理原理与方法，有效管理企业，以使新创企业的工作能够顺利展开，促进企业科学发展。

1. 企业管理的基本原理

企业管理的基本原理是管理理论的核心，是经营和管理企业必须遵循的一系列基本的管理理念和规则，也是实现企业有效管理的基础。企业管理的基本原理主要有以下6个。

人本原理

人本原理指一切管理活动应以调动人的积极性、挖掘人的潜能为根本。人是管理活动中最活跃的因素，既是管理的主体，又是管理的客体。因此，现代企业管理强调以人为中心，要求对组织活动的管理既做到“依靠人的管理”，又做到“为了人的管理”。

系统原理

系统原理指在管理活动中必须运用系统理论、系统思路、系统工程、系统方法来进行系统管理。企业是一个系统，由各子系统及要素构成，外部环境是一个大系统。管理者要正确掌握整体、局部及内外彼此之间的关系和相互作用，使企业整体效益最优。

整分合原理

整分合原理指高效率和高效益的现代管理，必须在整体的规划下明确分工，并在分工的基础上，进行有效的结合。“整”是集权、统一，“分”是分权、分工，二者要妥善结合、互相协调。

反馈原理

反馈原理指管理者为了确保及时、准确、高效地完成既定计划，达成组织目标，必须快速准确地掌握组织内部和环境的变化，及时将系统的运行状态和输出结果与原计划和目标进行比较，以便出现偏差时立即采取行动加以纠正或修改，保证组织目标的实现。

能级原理

能级原理指管理者应建立一个合理的能级结构，并按一定的规范和标准，将管理内容置于相应的能级之中，以实现管理的高效能。不同的能级随组织机构的层次而不同，要各尽所能。

弹性原理

弹性原理指管理必须保持充分的弹性，并留有余地，以适应客观事物可能发生的变化，有效地实行动态管理。企业应随时保持应变能力，运用弹性原理，并适当地掌握物质动力和精神动力。

阅读材料

管理不善导致的危机

A公司是一个刚创立两年的小公司，员工有10人左右。为了提高获利能力，控制经营成本，在经过管理层讨论后，公司决定将员工的人力成本作为降本增效、提高获利能力的第一因素。定下这样的方向以后，人事部开始使用各种手段控制员工的福利、待遇和工资，如控制员工伙食成本，大幅度取消福利待遇等。虽然这一系列手段使当年的利润得到提升，但也引起了员工在伙食、工作量、待遇等诸方面的不满。有员工向部门主管反馈关于晋升、涨薪等想法后，也不了了之。此外，因公司责权划分不清，反馈不及时，出现过几次因工作完成时间延期、质量不佳并相互推诿导致的部门纠纷。不少员工觉得该公司发展前景不明，便陆续辞职，没多久，公司便面临倒闭的危险。

分析：A 公司的经营危机是因管理不善导致的，如忽视了员工的主体性、职权划分不清楚、缺乏合理的反馈机制等。尤其是新创企业，根基不稳，也还未培养较多的忠诚级“元老员工”，若不能以人为本的话，很可能会倒闭。因此，创业者要注重对企业管理原理的利用，综合起来制订相关管理规范。

企业管理的基本原理并不是孤立的，而是相互包容、相互联系、相互依赖、相互作用的。在企业管理实践中，综合运用这些原理，可使管理系统成为一个生机勃勃的有机综合体。

2. 企业管理的基本方法

企业管理的方法是管理者在管理活动中为实现管理目标、保证管理活动顺利进行所采取的工作方法，而企业管理的基本方法是从各种具体方法中概括出来的方法，主要有以下 4 种。

PDCA 循环

各种管理方法都有其独特的个性，但深入探究各种方法实施的全过程时会发现它们有相似的规律——按照计划（Plan，P）、执行（Do，D）、检查（Check，C）、处理（Act，A）（即 PDCA）的循环过程不断地重复进行。美国统计学家戴明提出的 PDCA 循环也叫戴明循环，在质量管理工作中得到广泛推广。其实，它的应用大大超出了质量管理的范围，它不仅反映了计划、组织、控制 3 项管理功能的有机结合，也反映了企业经营管理工作的一般规律。PDCA 循环是企业经营管理中最基本的方法。

（1）PDCA 循环的含义。P（计划），根据企业目标，制订计划；D（执行），按照计划，制订措施，组织执行；C（检查），对照目标，检查效果，发现问题；A（处理），总结经验，对于成功的经验予以肯定并将其纳入标准，把遗留的和新产生的问题转入下一循环，然后制订新的目标，继续循环解决。

（2）PDCA 循环的运行状态。PDCA 循环犹如车轮一般，按 P、D、C、A 4 个阶段不停转动；整个企业的管理系统构成一个大的 PDCA 循环，而各个部门、各个环节的管理又都有各自的小的 PDCA 循环，大环套小环、小环保大环、一环扣一环；PDCA 循环每转动一圈，企业的经营管理水平就提高一点，PDCA 循环不停地转动，问题随之不断得到解决，企业的经营管理水平也不断提高。

目标管理

目标管理指管理者以企业总目标为依据，从最高领导开始，各级主管与下属协同制订本部门和每个人的目标，以及达到目标的计划和实施进度，然后据此填写目标卡，并将全过程记录下来，到期做出评定，给予奖惩，而后重新制订目标，再开始新的循环的方法。显然，这种方法是PDCA循环在计划管理方面的应用。

企业实行目标管理可以在指定时期内获得明显的效果。其优点是上下协调，层层落实，检查、控制、奖惩都比较容易执行；缺点是容易忽视非定量的目标、例外事件或新的机会，外部环境多变时，容易打乱原定部署。

满负荷工作法

满负荷工作法是产生于石家庄第一塑料厂的一套工作方法，是指管理者先对企业的各项工作提出较为先进的目标，然后把目标分成几个阶段逐步实现，而后层层落实，形成保证体系，并与个人报酬挂钩。满负荷工作法的主要内容有9项，即质量指标、经营指标、设备运转、物资使用、资金周转、能源利用、费用降低、人员工作量、8小时利用率。该方法适用于管理基础较差的企业，需结合具体情况推行。

例外管理

例外管理指企业内部各级主管把自己部门中的工作分为两类：第一类是常规工作，可以授权下属去做；第二类是必须自己亲自过问的例外工作。各级主管在进行工作分类时，应先制订一些必要的标准和规章，把第一类工作交给经过训练或有经验的下属，使其在规定范围内按章执行，定期汇报。当遇到例外事件时，下属必须立刻报告主管，由主管亲自处理。

例外管理的优点是主管可以集中精力处理重要事务，并能充分发挥下属的能力；缺点是制订标准和规章需要技巧与经验，并且当下属未能及时汇报例外情况时，容易导致失误。

三、新创企业的基础管理工作

企业要搞好经营管理，必须先做好基础管理工作。基础管理是企业开展专业和综合管理活动的基础的工具和方法，其工作主要包括以下4个方面。

1. 制度建设

企业必须贯彻执行国家的法令、条例和政策，根据实际需要制订必要的企业规章、守则，还要制订严格的制度，使考勤、交接班、工艺操作、质量检验、财务出纳等环节都有章可循。在制订规章制度的过程中，要贯彻民主集中的原则，并且在执行时要严格，尤其是领导和管理人员要身体力行，不能例外，这样才能凝聚人心，促进企业长久发展。

企业常见的制度包括员工薪酬管理制度、员工考勤管理制度、正式员工绩效考核制度、员工福利制度、培训管理工作制度、岗位职责管理制度、企业岗位任免管理制度等。企业应根据发展规模与要求选择性地制订。

2. 冲突管理

新创企业建立时间不长，通常在人员管理方面还不够完善，有时候一个新创企业人数可能只有 8 ～ 20 人，其中创业团队和上层管理人员就会占据 5 人左右，一旦发生冲突，尤其是创业团队的冲突，有可能造成企业分崩离析。因此，新创企业要特别注重冲突管理。冲突管理包括消除破坏性冲突和激发建设性冲突。

（1）消除破坏性冲突。产生冲突的原因有许多，当冲突产生时，可以采取正视冲突、转移目标、开发资源、回避或抑制冲突、缓和、折中、改变人为因素等措施来消除冲突，缓解矛盾。

（2）激发建设性冲突。冲突不都是有害的，维持表面的和平或企业中“和事佬”太多，反而不利于问题的解决及企业的发展。企业可以通过适时沟通、鼓励企业员工适度竞争、引进新人等措施来处理引起冲突的潜在矛盾，缓解企业人员的压力和不满情绪，这样还可能刺激一些好点子、人才的产生，利于企业的未来发展。

消除破坏性冲突的措施

3. 人员激励

员工工作积极性对企业发展有重要作用，为了增强员工对企业的黏性与忠诚度，人员激励也是企业管理工作的重点。人员激励通常需要与员工自身利益密切相关，现在企业的人员激励通常是以薪酬激励为主，具体分为以下 5 个方面，新创企业可以根据自身实际情况有选择地采用。

提高工资水平

上调工资水平是最简单直接的激励方式，能够提高员工的满足感，激发其工作积极性。但上调工资水平会增大企业的财务压力，因此需注意工资水平的上调幅度与范围。

调整薪酬结构

调整薪酬结构也可以起到激励效果，一些企业以“吃大锅饭”的方式计酬，导致员工的工作效率和积极性都较低。调整薪酬结构的目的是让有能力、工作努力、对企业贡献大的员工拿到更多的报酬，通过薪酬差距来促使员工不断提高工作效率，努力工作。

提供员工培训

企业员工会关注自己的职业发展，包括自己有怎样的晋升途径，是否能一直学习、取得进步等。不少员工会在认为自己“没有学到任何东西”后选择离职。因此，企业应将员工培训作为一项基本建设内容。

员工培训包括新员工培训和其他业务培训，需根据具体的培训目标、对象来决定。其中前者通常涉及讲授企业文化、企业历史、经营思想、管理技巧、行为科学、公共关系等内容，这对新员工而言是一个熟悉企业业务、认同企业文化的过程，有利于提高员工对企业的认同感。后者则主要针对员工的业务技能，以提升员工工作能力为目标。例如，当企业引入新技术、新设备时，员工需要掌握相应的新知识、新技能，这将有助于员工与企业共同发展。

构建福利体系

福利也是薪酬的一部分，因此企业可以从福利的角度设计激励方法，如加大企业自主福利的比例等，常见的有企业聚餐、节礼、优秀员工年假设定、津贴补助，以及员工的生日关怀等，这些福利能起到一定的激励作用。

持股期权激励计划

员工持股计划是一种新型股权形式，指企业内部员工出资认购本企业股权，并参与企业的分红和决策。常见的持股期权激励方式如图7-2所示。对新创企业而言，可以对优秀员工适当采取股权激励的方法。

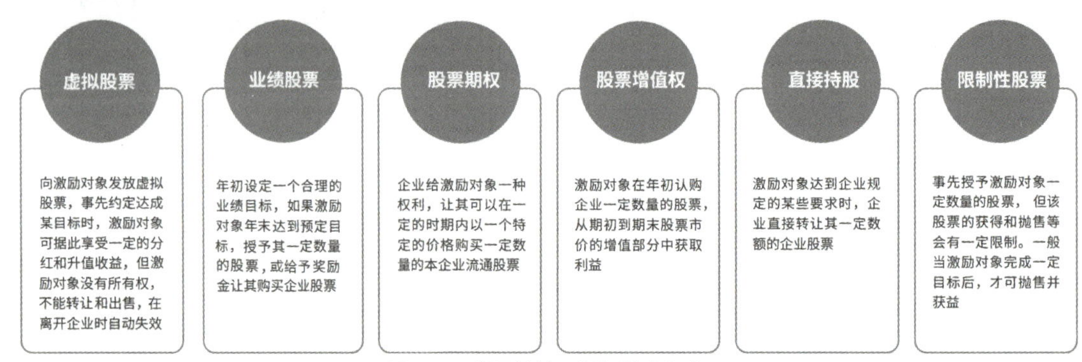

图7-2 常见的持股期权激励方式

员工持股能为员工带来长期的报酬，且该报酬与企业的经营情况息息相关，从而使员工与企业形成利益共同体，激发员工的主人翁意识，使其主动维护企业利益。

4. 文化建设

企业创立初期，对员工的吸引主要是靠人性化的管理和机会牵引。随着企业的发展、业务和人员的稳定，以及制度的规范，维系员工除了合理的薪酬激励和公平分配外，更重要的是企业文化的牵引，即企业必须提供共同奋斗的愿望、价值观念和文化氛围，激发员工目标与企业目标趋同。现在许多企业，包括一些新创企业，都是以企业文化理念来吸引员工、维系员工的，甚至以这种精神理念面向社会，输出企业文化价值，树立企业品牌形象。例如，有些初创企业注重学习性，能者为尊，这就会让追求成长的人如鱼得水。

又如，华为在建设初期崇尚“狼性文化”，并将其归纳为“学习、创新、获益与团结”，要求员工要有敏锐性、进攻精神与群体奋斗精神，这是一种战争性很强的文化，使华为人具有艰苦奋斗的精神，从而助力华为发展成一个兼具务实性、创新性与奋斗性精神的民族企业。

企业管理是一项繁复的工作，涉及许多层面。总的来说，企业的基础管理是以人力资源为核心，围绕人来展开的。因此，对企业的管理要以人为本，最好将生产经营、企业发展与员工的发展相结合，协同考虑，这样可以促进企业长远、稳定发展。

第四节 拓展阅读——海尔：永续发展范式

2021 年 6 月 29 日，“2021 年凯度 BrandZ 最具价值全球品牌”在线报告解读会在伦敦举行。会上，海尔集团董事局主席、首席执行官张瑞敏获得“物联网生态品牌创立者”称号，这也是 BrandZ 历史上的首个个人荣誉，海尔也连续 3 年以全球唯一物联网生态品牌上榜，品牌价值较 2020 年提升了 41%，获得了 BrandZ 的高度认可。

2022 年 2 月 11 日，在中央广播电视总台隆重举行的、以“中国信心 品牌力量”为主题的“中国品牌强国盛典”中，海尔荣获“国品之光”品牌称号，展现了从智慧大国到品牌强国的中国智慧与中国力量。

海尔于 1984 年创立于青岛市，前身是青岛冰箱厂。当时，这是一家资不抵债、濒临破产的小工厂，营业额只有 348 万元，而亏损高达 147 万元。张瑞敏临危受命后，便开始对海尔进行整顿，在一次突击检查仓库后，张瑞敏发现有问题的冰箱居然有 76 台，于是张瑞敏决定将这些有问题的冰箱当场砸掉，这一“砸”，不仅砸出了海尔的产品质量意识，也开启了中国制造的高质量时代，带领中国家电业成为全球的引领者。

1990 年，海尔为了向德国顺利出口冰箱，大胆与对方进行了产品技术的比拼，最终成功获得了两万台产品的大订单，让海尔成功打入欧洲市场。

1995 年，青岛市政府决定将红星电器公司整体规划到海尔。当时，海尔已经成为中国家电第一品牌，而红星亏损达 1 亿多元，这对海尔是一个考验。在思考红星的失败时，张瑞敏认识到企业文化对企业凝聚力的重要性，并在海尔实施“文化先行”的管理理念，同时讲述了自己的管理目标，即 2 ~ 3 年内争做中国洗衣机第一品牌，甚至是国际名牌，而海尔也做到了这一点，及至今天，30 多年过去，海尔不仅是中国大牌，更是国际名牌，这得益于海尔的企业文化与管理。

海尔的企业文化可以分为三层。一是物质文化，即产品、服务质量等表象的发展速度。二是制度行为文化。三是精神文化，也是最重要的价值观，例如，从创业初始，海尔就将“真诚到永远”作为品牌口号，并始终坚持以用户为中心，持续为全球用户打造美好生活，并为用户提供用心的服务。20 世纪 90 年代，在看到海外有用户丢失空调的报道后，海尔就提出“送装一体”的星级服务，以更好地满足用户需求。海尔始终坚持“好的公司满足需求，伟大的公司创造市场”的市场观、“有缺陷的产品就是废品”的质量观、“先卖信誉，再卖产品”的营销观、“用户永远是对的”的服务观、“人人是人才”的人才观、“日事日毕，日清日高”的管理观。

海尔的人才观强调人才是在竞争者中产生的，“允许各自为战，但不允许各自为政”，提倡“干部在位要受控，届满要轮流”，强调“用人要疑，疑人要用”，实行“三工并存”（优秀员工、合格员工、试用工可轮换），尊重“员工的首创精神”，努力“建设一支互动的学习型团队”。海尔的管理观则推行 OEC（Overall Every Control and Clear）管理，全方位地对每个人每一天所做的每件事进行控制和清理，每天的工作每天完成，每天工作质量要有（哪怕一点点）提高。

在人员培养与选拔上，海尔则将传统的“选育用留”颠覆为“动态合伙人”制度，即“竞争上岗，按单（项目）聚散，员工可以自创业、自组织、自驱动，自己发现市场机会”。企业则平台化、网络化，没有上下级之分，形成平台主、小微主和创客 3 类人。平台主是平台的服务员，保证小微主等创业团队创业成功；小微主则将员工等创客与其他资源整合起来，将团队做起来。同时，海尔还提出了“人单合一”双赢的商业模式，坚持以用户为中心，其中，“人”指员工，“单”指用户价值，将员工的价值与用户的价值结合起来，要求每个员工直接面对用户，为用户创造价值，并在为用户创造价值中实现自己的价值分享。该模式使员工每个人都是自己的 CEO，通过为用户创造价值实现自身价值。

海尔的企业文化强调“永远以用户为是，以自己为非”，前者指不仅要满足用户需求，还要创造用户需要，而做到后者，则需要不断否定自我、挑战自己、重塑自我，促进海尔人的自我反思与成长。另外，海尔还要求员工有“两创”精神，鼓励员工都具备企业家精神。

进入互联网时代，海尔也时刻关注用户体验，注重用户体验迭代。在物联网概念兴起之后，海尔认识到生活场景与品牌联接、共创体验的价值，在 2018 年提出了生态品牌的概念，并在 2019 年 12 月宣布海尔将进入“生态品牌”战略阶段，向物联网生态全方位迈进。这一阶段的海尔精神为诚信生态、共赢进化；海尔作风为“人单合一”，链群合约。“链群”是海尔的首创，指小微及小微合作方共同创造用户体验迭代的一种生态链，生态链上的小微叫“链群”。“链群共赢进化生态”是“人单合一”模式下的新范式。该战略吸引了许多生态方无缝加入，共创共享，形成了以共生共赢为目的、不间断地持续创造价值的创新生态体系。

该模式下以人的价值最大化为宗旨，以实现万物互联。例如，在海尔智家领域，有围绕衣物的洗、存、护、搭、购等全生命周期管理的衣联网；有以空间场景为单元，提供家装家电一体化解决方案及一站式服务的有屋科技；有满足用户饮水、洗浴、采暖等一揽子解决方案的水联网；有从采血端到用血端的全流程血液信息监测和可追溯的血联网；还有保证安全、准确接种疫苗的疫苗网等。如今海尔早已发展成为一个集智慧家庭、工业互联网、大健康、创业孵化、场景物流等多产业生态系统为一体的物联网生态系统，打造了高端品牌（以卡萨帝为代表）、场景品牌（三翼鸟）、生态品牌（卡奥斯）的三级品牌体系，实现了从引导到引领的蜕变。图 7-3 所示为卡奥斯品牌。

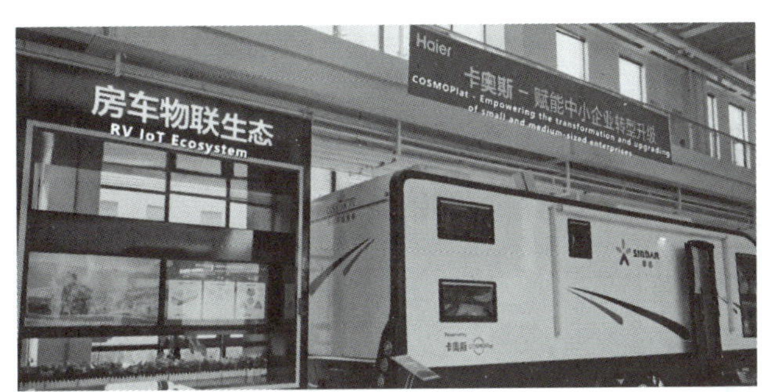

图 7-3 卡奥斯品牌

凯度研究报告指出，其评选物联网生态品牌具有三大核心标准："连接""赋能"和"共享"。这种共生逻辑也体现在海尔当前的发展中。因为它让各行各业的企业可以彼此共享资源，创造新体验、新机会，实现各方共赢，为社会创造价值循环，这也是生态品牌的导向。生态品牌可以创造用户体验迭代价值的循环，也可以为生态合作方创造增值分享的价值循环，开创出一种永续发展的新品牌范式。

更多拓展阅读

在张瑞敏看来，生态品牌是"无限的游戏"，因为它要实现的是用户体验迭代，这是无止境的。海尔希望有更多的企业加入海尔的生态品牌建设，这也是时代发展的需求。

案例启发

从海尔的发展来看，企业要想长久发展，需要找准自己的发展道路，树立发展目标，还要建立科学合理的管理制度、企业文化及激励体系，将市场驱动力与员工责任意识、绩效与个人发展结合起来，企业也可以借此培养出自己优秀的企业家，例如，海尔的创客管理等。海尔引领生态品牌建设也是时代发展的需要。在物联网时代，没有永恒的胜利，只有无限的进化。张瑞敏曾说："没有成功的企业，只有时代的企业。"大学生创业者在管理新创企业时，不仅要完善企业管理的相关工作，还要注意把握时代潮流，打造更高质量的社会生活方式。

第五节 自我评估

新企业的创立与管理是企业发展的基础，也是创业者事业起步的重要步骤，以下测试主要用于检测你对创立新企业的了解程度，以帮助有志于创业的你顺利开展创业活动。

〖测试说明〗

下面是有关企业注册与管理的问题，请根据自己的实际情况作答。回答“是”得1分，“否”得0分，将分值填写在后面的括号中。

1. 你是否了解企业名称核准的相关规则？（　　）
2. 你是否了解如何选择经验场所？（　　）
3. 你是否了解如何申领营业执照？（　　）
4. 你是否了解刻章的流程与相关知识？（　　）
5. 你是否掌握开立银行存款结算账户的流程？（　　）
6. 你是否掌握办理税务登记的流程？（　　）
7. 你是否了解以上各阶段所需准备的资料？（　　）
8. 你是否了解以上各阶段所需的具体费用？（　　）
9. 你是否掌握新创企业管理的方法？（　　）
10. 你是否有关于新创企业管理制度的明确想法？（　　）
11. 你是否有关于人员激励的明确计划？（　　）
12. 你是否有关于企业文化的具体理念？（　　）

〖测试分析〗

得分越高，说明你对注册与管理新创企业的知识越了解与熟悉，可以着手创办企业；得分低于6分，则说明你缺乏相关方面的知识，还需要根据具体情况做针对性了解与学习。

第六节 思考与练习

1. 俗话说“磨刀不误砍柴工”，从新创企业管理的角度来看，这对你有什么样的启发？

2. 有一种关于企业的说法：“企业”的“企”由“人”和“止”构成，没有人，企业就变成了“止业”，由此说明了人对企业的重要性。这体现了企业管理中的什么原理？基于该原理，应该如何管理企业？试与同学们讨论。

3. 结合本章所学知识，完成表 7-1 的填写。并回答：如果你想创业，你会选择哪种企业组织形式？为什么？

表 7-1　选择合适的企业组织形式

项目	优点	缺点
有限责任公司		
股份有限公司		
合伙企业		
个人独资企业		
个体工商户		
结论		

CHAPTER 08

第八章 大学生创新创业案例分析

学习目标

了解失败的创新创业案例。
了解成功的创新创业案例。

素养目标

能够从创新创业案例中获得经验与教训，并将好的经验运用到自己的创新创业实践活动当中。

案例导入

阿华毕业于浙江宁波城市技术学院园艺专业，后到南京林业大学、浙江农科所和中国林科院工厂化育苗中心学习了几年。在一次博览会上，阿华第一次见到了彩叶植物，萌生了种植彩叶树的想法。经过调查得知，当时国内市场上优良的彩叶树非常少。于是，阿华在当地流转了大片土地，成立了合作社，委托苗木公司从国外引进了 16 种珍稀彩叶枫，开始创业。

种苗下地后，阿华仔细观察记录彩色枫的长势、水土适应情况，慢慢开始尝试批量繁育彩叶枫苗木，但首批繁育的 6 万棵“橙色梦想”枫树因水土不服只存活了 4 000 棵，一次性损失达 200 多万元。阿华为此联系母校的老师讨教学习，在不断摸索中，珍稀彩叶枫终于扎实生根。陆陆续续地，阿华先后从国外 10 余个国家引进 500 多种彩叶枫，成功培育 356 种。

为了带动村民致富，阿华通过工厂化育苗的方式，培育标准化种苗，分发给周边农户以及社员种植。其合作社为农户免费提供技术、植保等方面的咨询及服务，并按统一价格回收，统一包装上市。

如今，村民也因此变富，来村庄欣赏“花海”的人也络绎不绝。

案例思考

1. 阿华为什么能创业成功？
2. 他的创业经验给了你怎样的启发？

阿华选择了自己感兴趣的、熟悉的行业，成功带领村民致富，而这样优秀的大学生创业者并不少见。近几年，大学生创业拥有极大的市场和潜力。许多大学毕业生大胆开拓，敢于创新，开辟了丰富多样的创业方法和途径，创业成功者的人数大大增加。虽然不是每一个创业者都能成功，但是真正成功的创业者必然经历了重重困难。学习和借鉴成功创业者的方法与经验，反思创业者失败的原因，可以使大学生避免在创业的道路上走过多的弯路，早日走向成功。

第一节 成功的创新创业案例

课堂活动

活动主题：创新创业故事大赛

活动内容：创新创业在我们的日常生活中并不少见，任何一件产品，归根溯源，都有关于它的创新创业故事，即便是在日常生活中，也有不少因创新而创业的案例。请同学们自主收集相关材料，整理出一个身边创新创业的故事，要求故事真实。然后，每个人依次到讲台上，将自己准备的故事讲给全班同学听。最后大家评比出最好的创新创业故事。同学们分享交流自己的新认识。

创业是一项充满挑战的伟大事业，成功创业的人也是经历了诸多的困难与挑战才抵达成功的终点。他们的创业故事中蕴含企业生存的故事，他们的经历也为新一代的创业者提供了重要经验。现在也有不少成功的大学生创业者，他们的经验因与大学生创业条件相当而颇具参考性，下面介绍一些成功的创新创业案例。

一、开创轮滑连锁店

陈耀从小酷爱轮滑运动，进入大学没多久，他就积极加入了学校的轮滑社团，与社团成员们一起“刷街”、练技巧，很快就成为社团有名的“老师”，日子过得很是惬意。

1．以爱好创业

在社团的日子里，他结识了许多朋友，他发现有一些学长学姐在学校附近开了餐饮店、茶吧、精品店等。他想着，自己对轮滑感兴趣，了解又深，身边喜欢轮滑的同学也有很多，自己何不以此创业呢？在做代理还是自己开店的选择中，陈耀有些犹豫不决，最终，他还是决定开一家品牌轮滑店。

2．筹集启动资金

想开店，就要做详细的市场调查，陈耀走访了附近的商铺，并请教了有创业经验的学长，学习了一些创业经验，并对当地的商铺租金、人流、经营情况、劳动力市场等有了一定的了解，制作了关于启动资金的明细表。最终他决定准备 8 万元的启动资金。通过向朋友借款、家长支持和自己的部分存款，陈耀筹集了 8 万元资金，创办了自己的品牌轮滑专卖店——“风火轮滑”，主要经营成人轮滑装备，进行轮滑技术培训与咨询，并承接各类有关轮滑的商业表演。

3．克服困难

刚开始，陈耀只是在校园发传单，在校园 QQ 群和贴吧及轮滑社团推广业务，但获得的订单只有招新期间较多，并没有引起学生们过多关注。这就导致店铺初期的经营并不令人满意，“风火轮滑”没有多大知名度。为了改变这种局面，扩大品牌的知名度，推广自己的品牌，推广轮滑运动，陈耀开始频繁在当地各大高校演出，结交志同道合的朋友，吸引更多热爱轮滑的人。

经过两年的摸索，“风火轮滑”已经初具规模，在两个市开了 3 家连锁店。此外，“风火轮滑”成为轮滑协会的推荐产品，为当地高校广大学生所熟知。大学毕业后，陈耀继续经营“风火轮滑”，并且有意经营其他体育运动装备。

4．案例总结

陈耀的品牌连锁店取得成功，一方面在于陈耀有多年的轮滑经验，专业技术过硬，另一方面在于他善于发现潜在的商业机会，并能做好创业的准备，不仅计算好了启动资金，对销售的商品或服务也有计划，这在一定程度上降低了其创业失败的风险。同时，他还能够努力克服困难，通过合理的手段开拓市场。总结此案例的经验，大学生要想创业成功，就要培养善于发现机会的“眼睛”，学习创业者精神，以支持自己成功创业。

二、大学生回乡开办创新式农场

焦阳阳毕业于扬州大学，通过层层筛选，他顺利进入一家世界 500 强企业工作。工作努力的他，在两年时间内就晋升为公司的中层领导，工作待遇非常优厚。但每天朝九晚五与平淡无奇的日子让焦阳阳渐渐感到迷惘。

1．创业想法诞生

在对未来生活渐渐失去热情的时候，焦阳阳想到了回家乡创业。他回忆起在比利时出差时，看到很多家庭农场，这些家族农场用自动化程度很高的机械设备运作，农场主依靠这些设备过得轻松又快乐。与自己家乡农民背着沉重的药水桶，在齐人高的庄稼地里喷药治虫，天气炎热时，常常全身衣服都湿透的情形相比，简直是天壤之别。焦阳阳的梦想是在家乡开办一家比利时式的农场。

2. 创业初期

焦阳阳回家创业，得到了所在乡镇的大力支持，经过做工作，他从 3 个村民小组的农民手里流转到一大片耕地，托管农民责任田。这么大的事自然也需要很大的资金投入，于是他找了一位学农业学的同学共同参股，投入资金 30 多万元，添置机械设备，组建了种植专业合作社，一起谋划生产经营，还聘用了当地 20 多个农民。

3. 利用专业升级系统

创业之路从来不是一帆风顺的。第一道难题是大片农田病虫害的防治——沿用传统的治虫方法，根本来不及治，且人工喷药不安全。通过上网查询资料，焦阳阳得知河南等地有运用智能无人机喷药防病治虫的技术。他赶紧采购相关机器回来试用，却发现这些机器并不实用，有的地方重复喷药，有的地方喷不到。

好在焦阳阳在大学时学的是机械设计专业，他的母校扬州大学的农业学专业实力也很强，焦阳阳就常回扬州大学，详细询问相关领域的教授关于农业种植和农业机械方面的知识，并运用自己所学的专业知识对这些机器的控制系统进行升级优化，解决了难题。现在，喷药时间大大缩短，500 多亩田喷药用工，由原来的 60 人减少到 3 人，由 3 人合作，只需要一天半时间就能喷完。不仅如此，与人工在田间来回走动、喷药防治的方式相比，这种喷药防治方式还不会伤害庄稼。

4. 打开市场

2016 年，焦阳阳与广州一家科技有限公司深度合作，通过代理的形式对外销售、租赁植保无人机，同时提供飞防植保服务和培训服务，让更多的农户享受全自主飞行的智能植保无人机精准喷洒和高效作业带来的实惠。与此同时，焦阳阳在当地县农委的支持下，创新“互联网 + 农业”的发展模式，投入 30 万元注册成立了一家电子商务有限公司，在网上销售粮食，全年销售粮食收入达 130 万元，年利润达 30 万元左右，并吸纳当地 40 人就业。

很快，焦阳阳的合作社和公司走上正轨，现在，在提高产量的同时，他正在谋划提高粮食种植质量，种植黑色大米、优质香米，从事粮食加工，由过去卖稻谷变成卖优质生态米。

5. 案例总结

焦阳阳成功创业，一方面在于他得到了所在乡镇、县委的支持，另一方面在于他的创业事业有扎实的专业作为支撑，同时充分利用了学校资源。通过技术创新，其农场的发展得到了保障。同时，焦阳阳找到了合作伙伴，并深入贯彻落实“互联网 +”战略，将其与农业紧密结合，开通网络销售渠道，打开了产品销路，最终获得了事业的成功。

专业是大学生就业的竞争优势，也是大学生创业的关键竞争力。尤其是具有发明专利的大学生，因为掌握了技术，甚至是核心技术，便更容易走上创业之路。这种基于专业的创业，也使大学生创业者更能发挥所长，把握机会。因此，大学生创业者要深刻意识到可以用专业创业这一创业方向，积极参与实践。另一方面，创业项目从自己熟悉的专业入手，能实现专业知识的有效运用，同时相比进入不熟悉的领域，可以在一定程度上降低创业难度。

三、让非遗走向现代生活

非物质文化遗产指各族人民世代相传，并视为其文化遗产组成部分的各种传统文化表现形式。它是一个国家和民族历史文化成就的重要标志，是优秀传统文化的重要组成部分。我国文化悠久，历史底蕴丰厚，自古代民间就传承了各式各样的工艺文化、民间艺术，例如，苏州评弹、凤阳花鼓、高邮民歌、剪纸等，这些都是我国的非物质文化遗产。常州工学院（简称常工院）的陈俊博等人，就以刻纸（剪纸的一种）为项目核心成功创业，带领非遗走入现代生活。

1．项目团队建立

早在隋唐时期，双喜、门花、堂花、灯花、鞋花、花鸟虫鱼、人物戏文等刻纸作品便散见于民间，世代沿袭。在金坛地区形成了刻纸传统，金坛也由此被誉为“刻纸之乡”。2008 年，金坛刻纸被列入第一批国家级非物质文化遗产名录。2017 年，常工院的一次“刻纸进校园”活动，让陈俊博对刻纸这门古老的民间艺术产生了浓厚的兴趣。在经管学院团委书记徐霞的指导下，陈俊博找到几位志同道合的伙伴，一起成立“知一”团队，该名字来源于“行是知之始，知是行之成”。团队共有 5 名成员，分别来自产品设计、物流、工商管理等专业，各擅胜场。

2．参加比赛并注册公司

2018 年，刚组建没多久的“知一”团队以“中国韵 + 原创”为理念，以传承和弘扬中国优秀传统文化为发力点，启动校级大学生创新创业实践项目“别具匠心：星匠创意文化开发”。初期，该项目以多元化非遗为主题，涉及茶叶、徽章、刻纸、花丝镶嵌等领域，但因各种原因，项目无法深入，后调整项目定位为原创服饰及非遗衍生品。12 月，团队开始针对性调研，并于次年 1 月，来到著名的刻纸之乡金坛。在这里，大家被金坛刻纸研究所一幅幅精美绝伦的刻纸作品所震撼，被匠人的精湛技艺和对刻纸执着的精神深深感染。于是，“将刻纸这一传统艺术与现代技术有机结合”成为“知一”团队的主攻目标。

2019 年 1 月，陈俊博等人注册成立了“常州星匠创意文化设计有限责任公司”。

3．完善项目

接下来要编写项目计划书，他们访遍南京、苏州、安徽等地，并多次往返金坛，探访老一辈技艺传承人，对刻纸故事和现状进行调查。调查中他们发现当前刻纸有些不适应市场，传统刻纸存在传承人才后继乏力、技术创新不足、普及度不高等问题。

为了更进一步了解产品开发方向，“知一”团队前往上海、南京、苏州等地多家文创店进行走访调研，并且利用平时休息时间联系厂家和实地考察，进行开版做货。同时，在该过程中，团队根据调查结果不断完善项目计划书。

4．团队危机

但成功的道路并不一帆风顺，4月底，团队设计成员因毕业离校而退出了团队，“知一”团队的设计一度进入空白期。之后，团队与金坛刻纸研究所的王文昌老师取得联系，他给“星匠”项目提出了建议，同时也给团队的设计给予了悉心的辅导。至此，“知一”团队与金坛刻纸研究所签订了合作协议。6月，团队的新媒体负责人因个人原因退出团队，但很幸运，团队也迎来了两位新成员。

5．项目成果

在金坛刻纸研究所及多位剪刻纸传承人的支持、配合下，“知一”团队产出了很多的文创构思。他们一方面将校园景观、景点地标等用作金坛刻纸的图案素材；另一方面将金坛刻纸的图案与日常用品如作业本、笔记本等结合起来，使产品既富有金坛刻纸的传统文化韵味，又具有现代的活泼气息。为了进一步宣传金坛刻纸文创产品，常州星匠创意文化设计有限责任公司陆续进驻时下流行的社交媒体——抖音、微博、微信等线上平台，不遗余力地宣传金坛刻纸产品和文化，还运用VR全景技术搭建了1.0版的在线刻纸展厅，运用3D全息投影技术捕捉刻纸的工艺步骤，全方位展现金坛刻纸的艺术特色，建立起金坛刻纸线上非遗馆、全国剪刻纸分布电子地图。同时，公司还通过淘宝店铺销售相关产品。在线下，公司也积极与高校、社区、政府机构等进行合作。

凭借先进的技术手段、富有前瞻性的设计理念，他们的项目不仅使其团队成功入驻常州嘉壹度众创空间，还获得第九届全国大学生电子商务“创新、创意及创业”挑战赛（以下简称为“三创赛”）全国总决赛特等奖和最佳创意奖。

未来，他们将探索开发更多刻纸系列衍生产品，探索更多可跨界合作的相关产业，如室内装饰、设计及园林景观等。同时，他们坚持进行公益性刻纸文化传播，致力于将中国原创精神和中国传统手工艺融入当代生活，使中国传统刻纸文化得到传承的同时，焕发出新的活力。

6．案例总结

“知一”项目团队以弘扬中华传统文化为发力点，通过参加三创赛，以“中国韵+原创”为理念，基于金坛刻纸文化，谋求跨界组合、原创设计、突破常规和资源的高效运用，让刻纸艺术焕发新生。这一创业行为不仅体现了当代年轻人对传统文化的传承与创新，其努力克服创业过程中的危机与困难更体现了不畏艰难、坚韧不拔的创业精神。传统文化中蕴含丰富的营养，不管是能带给人鼓励的精神力量，还是其本身具备的艺术审美力、国际影响力，都值得当代年轻人去继承与发扬。这也是新时代的人们应当背负的时代任务。

此外，创新创业大赛对于大学生理解创新、了解社会文化与技术发展、提升个人创新创业能力有较大价值，大学生应当勇于实践、积极参与，为创造自己的事业，发展民族产业，培养民族精神而不懈努力。

失败的创新创业案例

课堂活动

活动主题：“蛋的进化”游戏

活动内容：请同学们分为两人小组，以石头剪刀布的形式，同等级的人进行两两PK，胜出者进化一级、失败者退化一级。进化链为鸡蛋、小鸡、大鸡、凤凰，初始期所有人都是鸡蛋。然后率先进化为凤凰的人到指定区域按先后顺序排队站好。限时 8 分钟，完成游戏后，请同学们分享交流感想。

在游戏过程中，可以发现，不是所有的人都能顺利“进化”成功。有些人还在享受阶段性的胜利时，就猝不及防迎来了失败。创业的过程也是如此，不仅有成功，还有失败。须知好事多磨，大学生创业者也应当坦然面对失败的创新创业经验，并从失败的经验中汲取教训。

一、急于求成的创业

周青是某大学服装设计专业的毕业生，她很喜欢服装设计，并在这方面表现出了不错的设计天赋，得到了学校老师的夸赞。在大学校园中，周青可以锻炼自己设计能力的机会有很多，包括参与设计院系服装、文艺活动服装、社团服装等。同时，她还积极参与各类比赛，曾经多次在校级、市级及省级设计比赛中获奖。另外，她还积累了许多参加企业设计比赛的经验，有一些作品甚至被采纳并获得了奖金，还没等到毕业，就有好几家不错的企业表示出要录用她的意向，但是周青一一拒绝了，因为她心中埋藏着创业的梦想。

1. 确定团队分工

徐雯雯是周青的好朋友，她是学市场营销专业的，性格开朗，人缘极佳。同样有创业想法的她和周青一拍即合，决定在毕业后成立一家服装定制工作室，由周青负责服装设计和制作，徐雯雯负责销售、管账及进货。大学毕业后，周青和徐雯雯凑了 3 万多元，成立了一家工作室。

2. 确定营销策略

徐雯雯认为工作室必须具有一定的知名度，于是和学校舞蹈社商议，免费为参加当年“高校舞蹈大赛”的队员设计服装。周青设计的服装非常出色，帮助学校的舞蹈队取得了优秀的成绩，也提升了自己工作室的知名度。比赛结束后，工作室陆续接到了一些订单。为了赢得口碑，徐雯雯主动降低利润，果然又取得了很好的效果。树立口碑后，订单纷至沓来，工作室的规模也逐渐扩大。

但两人认为现在的流量还不够多，最好能再多引流。但怎么引流呢？刘雯雯想到，现在抖音、小红书、淘宝、哔哩哔哩等非常火爆，其中蕴藏了大量的流量，任何人都可以成为工作室潜在的客户，自己何不在上面建一些账号呢？在与周青商议之后，两人决定在抖音和哔哩哔哩建立账号，发布一些平时设计服装的视频，但一段时间下来，关注的用户数并不多。徐雯雯在分析了平台上流行的一些短视频后，觉得可以聘请模特穿店里的衣服拍视频，这一策略得到周青的肯定。但这样一来，资金就不够了。

于是，徐雯雯又吸收了 3 位合伙人，获得了 20 多万元的投资，准备大干一场。她先是聘请了专业模特和摄影师拍视频，打算经营好社交媒体账号，以此引流。之后，又产生了到市中心办一场时装秀的计划，越豪华越好。但周青对后者持反对意见，认为花费过大。徐雯雯认为自己是专业的，周青应该相信自己的决策。周青只好同意。之后徐雯雯为工作室租下全市最繁华的场馆，准备了最好的配套设施，又利用自己的渠道请了一些有一定网络知名度的专业模特，开了一场时装秀，不仅邀请模特们提前在自己的账号上发文推广，还在平台上付费曝光。这一次的时装秀现场非常火爆，随后工作室的订单量开始激增。与此同时，经营的社交媒体账号也因“人美衣美”引起了不少用户关注，工作室也开始获得网络订单。几个合伙人商议后，继续贷款扩大了生产规模。这一系列事件中，徐雯雯功劳较大，再加上她出资比例较高，徐雯雯的话语权越来越大。

3. 过度营销危机

下一步，徐雯雯建议进一步扩大营销投入，除了另一位合伙人赞同外，其余几人皆认为求稳为宜，但徐雯雯一意孤行。最终，在徐雯雯的主导下，工作室又在当地电视台和商城投放了广告，并在商业街开设了体验馆。这一系列营销活动的背后是不断增长的成本，工作室不得不几次上调服装价格，但是销量因此下降，他们不得已又开展了新一轮营销。这样恶性循环了几个月，工作室已经是债台高筑。最终，一家服装企业以代偿债务为条件收购了工作室，周青的创业梦无奈破灭，此时工作室成立还不到两年。

4. 案例总结

在创业团队中，虽然术业有专攻，但团队成员间最好就经营的重大决策达成一致，所谓“一人计短，二人计长”，创业者如果过于刚愎自用，无疑会对创业造成不良影响。在该案例中，创业团队的分工并不合理，在前期时，周青不能左右徐雯雯的决策，而后期团队仍没有明确的决策机制，在有3人反对的情况下，徐雯雯仍盲目营销，最终导致工作室因现金流枯竭而被收购。

同时，徐雯雯的做法体现了创业者在创业过程中易受眼前利益驱动而盲目投资的现象。在实际经营中，创业者应当将企业资金分批次、分阶段投入，以避免手中没有周转资金而不得不倒闭的局面。另外，创业过程中企业的资金问题随时可能出现，因此，创业者应做好良好的理财计划，以尽量避免因资金问题而出现风险。

二、贸然创业

孟炎在大学学的是企业管理，毕业后他曾在一家销售轴承的公司工作了一年。因为一直跑业务，经常与客户打交道，所以孟炎认为自己对这方面的知识和技巧已经全部掌握了，他渴望自己创业。

1．发现创业机会

一个偶然的机会，他得知同学小谢的家中有人做过机械轴承销售，而且收入颇丰，小谢也称自己有过相关的工作经历，有一些老客户可以联系。于是，孟炎心动了，就和小谢一起开始规划创业的具体细节。

2．创办企业

孟炎一直觉得自己的创业目的很明确：一是给将来打基础；二是多赚点钱。可是对于具体如何运作、目前的市场前景如何、这个行业有什么特点、具体产品的性能怎样等，两人都是外行。随即孟炎在北京城东的一座小写字楼里租了一个70多平方米的办公间，每月租金5 000多元，加上日常开支、电话费等，月支出在1万元左右（原本没必要租这么贵的办公间，但两人觉得搞轴承销售，办公间的面积、装修都要体现出一定的实力）。孟炎和小谢共借来8万元作为创业启动资金，为了节省房租，孟炎和小谢都搬到了公司住。白天，他们与请来的两个员工一起打印各种资料、报价单等，晚上他们就将这些资料装入信封发给各家企业。可是上万封信发出去后如石沉大海，他们没有等来一个业务咨询电话。

3．市场危机

4个月后，他们开始到各个机械设备展览会现场、轴承展览会现场向往来客商递送资料，没想到用这种方法竟然让他们收集了几百张中间商的名片，有国内的，也有国外的。两个人兴奋到了极点，觉得已慢慢进入状态。之后他们每天忙忙碌碌，把收集的名片输入计算机，做成数据库。借着展览会的后续效应，每天都有十几个客户给他们打电话或上门与他们谈业务。可是过了一个多月后，孟炎察觉有些不对劲。每天都有客户来咨询，要求他们提供样品或报价，但这些客户拿了资料和报价后就再没了回音。孟炎着急起来，他专门请教了一些业内的人士，并分析原因，最后才知道机械轴承这个行业情况很复杂，发展到现在，国内、国外的厂商和供应商之间的关系相对稳定，因此虽然他们公司的产品质量好、价格低，但是未能争取到客户。

孟炎心想干脆主动上门与客户洽谈，以加强与客户的沟通，他甚至动员了所有的同学、朋友、家人帮他寻找相关企业的熟人。然而，隔行如隔山，没有一个人能帮上忙。孟炎越来越觉得自己就像陷入了一个漩涡中。于是，孟炎决定招几个业务员，他草拟了一份销售计划，然而两个多月过去了，公司仍然颗粒未进，孟炎心急火燎。直到国庆节前夕，公司总算有了第一笔订单，合同金额为 7 万多元，孟炎将利润降到极低，这一单生意下来公司只赚了 4 000 多元。接着，公司又陆续签了几笔业务，都是小单子，赚了不到 1 万元。

随后，公司业务终于有了起色，几笔生意后，孟炎创下了不错的口碑，上门的客户越来越多，虽然都是很小的订单，但是所赚的利润也勉强能够维持每月的开支。孟炎再次看到了希望。

4. 管理危机

但是，暂时的成功并不能掩盖公司组织不健全、结构不合理、工作秩序混乱的问题，以及孟炎作为一名创业者在管理方面的欠缺。很快麻烦又来了，业务员之间为了争客户明争暗斗、互相拆台。孟炎起初以为这是业务员竞争过程中的必然现象，并未加以重视，没想到事态逐渐恶化。一次，一个业务员为了抢到订单，竟然与厂商做起了私下交易，可是当供货出现问题时，业务员早已走人，厂商只能找到孟炎要求赔偿。为了保证公司声誉，孟炎给予了该厂商赔偿，赚到的一点钱就这样赔光了。更严重的是，公司业务员之间的你争我夺，很快就在业内人尽皆知，厂商对孟炎的公司产生疑虑，很快，公司业务再次陷入僵局。

5. 惨淡收场

小谢终于绝望地提出散伙，并且带走了仅有的几个客户。孟炎的生意彻底陷入绝境。事后，孟炎说：“如果能在同类的外贸公司做两三年，积累一定的经验和客户资源，也许工作起来就不会这么被动。”

6. 案例总结

在创业的过程中，创业者总会遇到各种风险，包括资金短缺、销售无门、管理不善等，稍有不慎就会满盘皆输。在该案例中，孟炎虽然发现了创业机会，但没有对该机会做评估分析，也没有做出有效的市场调查，不了解客户的需求，直接导致产品推广困难，难以打开市场。同时，孟炎疏忽管理，手下业务员恶意竞争，使公司遭受很大损失，并给公司形象造成恶劣影响，最终创业团队离散，创业失败。

事实上，创业有许多的不确定性，成功的创业者往往需要克服诸多困难，这对创业者的能力和眼光有较高要求。要想成功创业，更好地应对创业风险，创业者在创业前应当做好创业市场评估，包括创业机会的可行性、市场需求情况等，并了解新创企业的管理相关工作和常见的创业风险等，防范于未然，从而提高创业成功的可能性。

创业失败的原因有很多，除了上述案例中体现出来的，还有如违规经营、创业项目不合适、心理承受能力弱、经验欠缺、能力不足等，大学生创业者可以多寻找一些创业成功或创业失败的案例，从中获得经验教训。

第三节 拓展阅读——建电商平台助民致富

2021年1月，KAB全国推广办公室发布了“寻访2019—2020年大学生创业英雄活动结果名单”，这个名单展示了“2019—2020年大学生创业英雄10强”“2019—2020年大学生返乡创业10强”“2019—2020年大学生创业英雄100强”。列入名单的大学生创业者都是经过公众点赞统计、百所高校创业社团负责人网络评审打分和专家评审等环节，基于创业企业成绩（包括商业价值、社会创新、社会责任价值）、创业者的创新创业故事（能够体现大学生创业的榜样作用）、大学生创业者具有较好的社会影响力3个标准严格评选出来的。这些都是当代优秀的大学生创业者，体现了年轻一代的创新思维与活力。

例如，安徽信息工程学院大数据与人工智能学院的毕业生、安徽省若颖网络科技有限公司创始人张浩，被评选为“2019—2020年大学生创业英雄100强”。张浩创业，提供“大棚改造＋三农平台搭建＋个性化定制”服务；整合高校、社会、企业、政府、互联网等各方面资源，实现资源的精准化配置；采用线上线下“互联网＋”农业新模式，聚焦农户服务实践，并与六安市金寨县天堂镇政府等共建实践基地。其公司项目多次斩获国家级、省市级奖项，并被多家主流媒体报道。

西安交通大学的李昊轩入选“2019—2020年大学生创业英雄10强”。李昊轩的团队成立于2017年，成员来自中科院力学所、西安交通大学机器人研究所等。团队以水下动力系统为核心，针对传统水下推进器推进方式进行颠覆式、革命性改良，形成了以变桨距和无桨推进两种世界首创水下动力结构为核心的水下机器人传动系统。2018年，李昊轩团队成立西安水泽动力科技有限公司，以民用水下探测机器人研发、水下动力系统开发及智慧水下观测组网建设为主要业务。2018年，研发团队获得“小平科技创新团队”荣誉。另外，其团队还斩获中国青年创新创业大赛金奖、中国机器人大赛冠军等数十项国家级荣誉，并取得了多项发明专利。

了解企业（Know About Business，KAB）项目是共青团组织通过国际合作推进中国创业教育发展的重要项目。大学生是充满朝气和活力的青年群体，是推动落实国家创新驱动发展战略的主力军。为了进一步营造大众创业、万众创新的良好氛围，激发大学生的创新创业精神，KAB全国推广办公室特举办了这次活动，以寻找、发现、展示和传播大学生创业英雄的创业事迹，选树一批创新创业典型人物，充分发挥青年榜样的示范引领作用，活跃高校创新创业氛围，鼓励和支持广大青年学生积极投身创新创业，建功新时代。

更多拓展阅读

在我国知识经济转型的重要时期，在高新技术兴起、创新活动层出不穷的时期，大学生更应当不断培养自己的创新创业意识与技能，走上开拓创新之路，为国家建设贡献力量。

案例启发

《中长期青年发展规划（2016—2025年）》中明确表示，要高度重视青年、关怀青年、信任青年，始终坚持把青年作为党和人民事业发展的生力军，为青年在革命、建设、改革中施展才华创造条件、提供舞台，支持青年在伟大奋斗中实现自己的人生理想。作为年轻一代，大学生应当积极响应国家号召，投身创新创业实践当中，这不仅是大学生适应快速发展的现代化社会的需要，也是维持和推动国家创新体系建设的需要。

第四节　自我评估

创业者的心理承受能力是影响其创业决策和行为的关键。心理承受能力是一项很重要的心理品质，个体心理承受能力的强弱往往决定了大学生创业者对待创业挫折和苦难的态度，决定了创业者是迎难而上、奋起反击，还是萎靡不振、自暴自弃。

下面是一个关于心理承受能力的测试，大学生可以根据测试结果，选择适当的方法来提升自己的心理承受能力，为创业打下基础。注意，该测试仅供参考。

〖测试说明〗

表8-1中有30道心理承受能力测试题，请根据自己的实际情况，做出“是”或“否”的回答，在符合你情况的选项下打“√”。记分时，第2、3、5、6、10、12、14、15、18、21、23、24、26、27、30题答“是”记1分，答“否”记0分；其余各题答“是”记0分，答“否”记1分。各题得分相加得出的总分即为你的测试得分。

表 8-1 心理承受能力测试题

题号	问题	是	否
1	你认为自己是弱者吗？		
2	你是否喜欢冒险和刺激？		
3	你所在班级使你感到快乐和温暖吗？		
4	如果现在就去睡觉，你担心自己会睡不着吗？		
5	生病时你依旧乐观吗？		
6	你是否认为家人需要你？		
7	晚睡两小时会使你第二天明显精神不振吗？		
8	看完惊悚片很长一段时间内，你会一直觉得心有余悸吗？		
9	你常常觉得生活很累吗？		
10	你是否有一些无话不谈的知心朋友？		
11	当考试成绩不理想时，你会感到非常沮丧吗？		
12	你认为自己健壮吗？		
13	当你与某个同学闹意见后，你一直无法消除与他相处时的尴尬吗？		
14	大部分时间你对未来充满信心吗？		
15	你有一个关心、爱护你的家吗？		
16	当你在课堂上回答不出问题时，你在课后还会久久地感到烦恼吗？		
17	每到一个新地方，你是否常常会出现吃不下饭、睡不着觉、拉肚子、头晕等问题？		
18	即使在困难时，你还是相信困难终将过去吗？		
19	你明显偏食吗？		
20	当你与父母发生不愉快时，你是否曾想离家出走？		
21	你是否每周至少进行一次所喜欢的体育运动，如登山、打球等？		
22	你觉得自己有些神经衰弱吗？		
23	你认为你的老师喜欢你吗？		
24	心情不痛快时，你的饭量与平时差不多吗？		
25	看到苍蝇、蟑螂等讨厌的东西，你感到害怕吗？		
26	你相信自己能够战胜任何挫折吗？		
27	你是否常常与同学们交流看法？		
28	你常常因为想心事而躺在床上久久不能入睡吗？		

续表

题号	问题	是	否
29	在人多的场合或在陌生人面前说话，你是否会感到窘迫？		
30	你是否认为你受到的挫折与其他人相比，根本算不了什么？		

〖测试分析〗

若总分在 0 ～ 9 分，说明你的心理承受能力差，遇到困难易灰心，常有挫折感。

若总分在 10 ～ 20 分，说明你的心理承受能力一般，你能轻松地承受一些小的压力，但遇到大的打击时，还是容易产生心理危机。

若总分在 21 ～ 30 分，说明你的心理承受能力强，你能在各种艰难困苦面前保持旺盛的斗志。

第五节 思考与练习

1. 西汉刘向编写的《战国策·赵策一》中记载了张孟帮助赵襄子粉碎智伯联络韩、魏两氏进攻赵氏的故事。其中张孟请辞时的一句“前事之不忘，后事之师”成为当今著名的汉语成语“前事不忘，后事之师”，由此说明了经验的重要性。当下有许多企业家都分享了自己的创业经验。请搜索你感兴趣的企业家的专访，完成表 8-2 的填写，相信你一定会有不少的体会。

表 8-2 企业家创业经验总结

企业家	专访主题	分享的内容	你的体会

2. 阅读以下材料，回答问题。

孙兵就读于西安某大学。大学最后一学期，迎接孙兵的是一场接一场的招聘会和一次又一次的失望而归。在与企业的接触中，孙兵了解到企业也存在类似的烦恼，因为缺乏对学生的了解，企业仅通过一次招聘会或一次简单的面试就签订用人协议，事后却发现招聘来的员工并不适合这份工作，为此浪费了大量人力、物力。于是，他萌生出一个想法——办一个不同寻常的求职网站，为企业和大学生搭建起一个长期稳定的接触平台。大学生和企业只要注册登录，双方就可以通过这个平台相互了解，企业甚至可以跟踪大学生在校期间的表现，在大学生毕业时决定是否予以录用。

在市政府举行的全市落实创业政策恳谈会上，孙兵提出自己想建立一个大学生求职网站的想法，得到了市领导的赞赏和支持。在市长的鼓励下，这个充满创业激情的小伙子迅速完善了先前酝酿许久的创业计划书，设计好网站的基本框架。接下来的几个月，孙兵开始了广泛的市场调研。孙兵对20多家企业进行走访调查，并与这些企业的人力资源管理部门负责人进行了沟通，发现网站的特色服务内容得到多数人的肯定。于是，孙兵计划用2～3年的时间向外界推广该网站，吸引大学生和企业登录，并向企业收取一部分会员费。几年后，当网络访问量有了一定提升时，广告将会成为网站盈利的渠道。未来，孙兵计划继续完善网站服务内容，推出一系列连带产品，相信会有更大的发展前景。

尽管编写了创业计划书，确立了盈利模式，进行了市场调研，也得到了父母兄长的资金支持，但孙兵忽视了创业中最为关键的因素——组建得力的团队。这是创业中一个不可避免的问题。孙兵自己不会编写计算机程序，而网站的建立必须由专业的技术人员完成，如何寻找这样一位技术人员呢？刚开始他以为这不是问题，直到编写创业计划书的后期，孙兵才向身边好友发布信息，结果发现目前高校内具备这方面技术的人才极少，而有丰富经验和能力的人不愿意放弃已有的工作跟他一起创业。苦苦找寻数月无果，孙兵只好暂时放下自己的创业梦想。

（1）孙兵的创业有哪些优点？

（2）请分析孙兵创业失败的原因。

（3）如果你是孙兵，你会怎样开展创业活动？

CHAPTER 09

第九章　中国国际“互联网 +”大学生创新创业大赛

学习目标

了解“互联网 +”。

认识中国国际“互联网 +”大学生创新创业大赛。

素养目标

能够积极参与中国国际“互联网 +”大学生创新创业大赛，提升自己的创新创业能力。

案例导入

最近学校正在宣传中国国际“互联网 +”大学生创新创业大赛，姚易很感兴趣，于是在老师的指导下选了一个不错的项目，并找了志同道合的同学一起组建了团队参与比赛。姚易所带领的团队的参赛项目科研性强，项目开发前期，大家觉得自己就是瞎忙，什么成果都没有，但一段时间下来，大家对项目了解更深，项目也更成熟了。

报名正式开始后，姚易通过登录“全国大学生创业服务网”成功报名。在高校初赛阶段，姚易通过路演向评委充分展示了项目重点，并从背景分析、市场需要、竞争对手、财务预测、未来规划等方面对项目进行了详细阐述，得到了评委们的一致好评，项目也顺利进入省级复赛阶段。成功晋级后，团队继续在指导老师的帮助下不断优化项目。复赛时，有了初赛时的经历，姚易团队显得更加自信，表达能力也更好。虽然最后因项目可行性不高无缘进入全国总决赛，但姚易认为自己的各项能力得到了很大的提升，也增长了不少见识。

案例思考

1. 姚易的经历给了你什么启发？
2. 你是否了解中国国际“互联网 +”大学生创新创业大赛？

在高校中，基本都有像姚易这样的参赛者，有的人成功闯入大赛决赛甚至获得奖项，有的人则遗憾败北，但不管是什么结果，他们在参与比赛的过程中都收获了成长，增长了见识。在“大众创业、万众创新”的时代环境下，中国国际“互联网＋”大学生创新创业大赛成为新热潮，而大赛的蓬勃发展，对于增强大学生的创新精神、创造意识和创业能力，深化创业实践，具有重要的推动作用，大学生应当主动了解，踊跃参赛，在实践中不断锻炼自己。

第一节 什么是“互联网＋”

课堂活动

活动主题：讨论“互联网＋”

活动内容：“互联网＋”已经成为当代的一个热词，在许多领域出现，你知道什么“互联网＋”的产品或案例吗？根据你的了解，谈谈你对“互联网＋”的认识，包括“互联网＋”的定义及其目前在我国的发展情况等。与同学分享交流你的感想，也可在全班公开交流。

“互联网＋”指“互联网＋各个传统行业”，但这并不是简单的二者相加，而是利用信息通信技术及互联网平台，让互联网与传统行业进行深度融合，创造新的行业发展形态。2012年11月14日，“易观国际”的董事长兼首席执行官首次提出“互联网＋”理念。他认为，“互联网＋”是所有行业的产品和服务在与未来多屏、全网、跨平台用户场景结合之后产生的一种化学公式。

“互联网＋”中的“互联网”是指互联网信息技术，互联网是“互联网＋”的依托、重心和出发点；“互联网＋”中的“＋”则代表“添加、联合、融入、更新、升级、创新”。通过“互联网＋”，各个行业和领域都可以与互联网的创新成果深度融合，通过优化生产要素、更新业务体系、重构商业模式等途径，以产业升级增强经济发展动力，提升效益，从而实现经济的全面转型和升级。

2015年7月4日，国务院印发《关于积极推进“互联网＋”行动的指导意见》（以下简称《指导意见》）。《指导意见》指出，在全球新一轮科技革命和产业变革中，互联网与各领域的融合发展具有广阔前景和无限潜力，已成为不可阻挡的时代潮流，正对各国经济社会发展产生战略性和全局性的影响。

《指导意见》还明确了 11 个重点行动，分别是"互联网 +"创业创新、"互联网 +"协同制造、"互联网 +"现代农业、"互联网 +"智慧能源、"互联网 +"普惠金融、"互联网 +"益民服务、"互联网 +"高效物流、"互联网 +"电子商务、"互联网 +"便捷交通、"互联网 +"绿色生态、"互联网 +"人工智能，如图 9-1 所示。

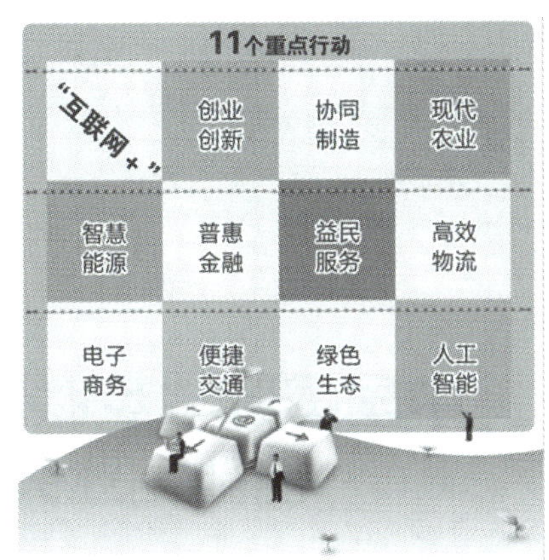

图 9-1　《关于积极推进"互联网 +"行动的指导意见》明确的 11 个重点行动

"互联网 +"的兴起为传统产业的升级和转型提供了思路，随着互联网 + 的不断发展与广泛运用，各领域均涌现出了很多创新创业项目。

阅读材料

"互联网 + 餐饮"——饿了么 App

早期的外卖服务是店外订餐，餐厅通过为消费者提供电话订餐服务满足消费者的即时用餐需求。但时常有消费者因为订餐电话没人接而烦恼。随着互联网的发展，许多行业因互联网的便利性产生了许多的创业机会，餐饮行业也不例外。"饿了么"的诞生就基于电话订餐的不方便。最初，张旭豪等上海交通大学的在校大学生团队为了方便，建立了一个线上点餐平台，后来在 2009 年成立"饿了么"公司，为消费者提供线上点餐和外送服务。

"饿了么"的外卖模式主要由线上平台、终端用户、商家和骑手组成，后三者为线下组成部分，通过"饿了么"线上平台构建商业闭环。终端用户通过"饿了么"选择商家、骑手达成快速配送；店家通过"饿了么"获得终端用户流量支撑，以及足够多的骑手保障高效配送；骑手通过"饿了么"获得订单配送以确保短时间内赚最多的钱。

“饿了么”主要通过加盟餐厅的后台管理系统和前台网站页面的年服务费、交易额提成、竞价排名费来获利。“饿了么”与许多传统餐饮企业一起，为客户提供优质服务，给更多的商家与消费者方便，同时通过招聘骑手拉动更多就业，实现多方共赢。

分析：“饿了么”的成功就是“互联网+”模式的成功。例如，共享单车是“互联网+交通出行”，支付宝是“互联网+金融”，微信里的城市服务是“互联网+益民服务”。目前，我国的“互联网+”产业正在蓬勃发展。

中国国际“互联网+”大学生创新创业大赛概况

课堂活动

活动主题：查看中国国际“互联网+”大学生创新创业大赛报名要求

活动内容：利用浏览器搜索中国国际“互联网+”大学生创新创业大赛的官网，查看相关通知文件，了解中国国际“互联网+”大学生创新创业大赛各赛道的报名要求。

《国务院关于进一步做好新形势下就业创业工作的意见》（国发〔2015〕23号）是国务院关于大学生创新创业工作的指导性文件，其中特别提到了“支持举办创业训练营、创业创新大赛、创新成果和创业项目展示推介等活动，搭建创业者交流平台”。根据文件精神，各地、各高校都纷纷号召、组织大学生积极参与中国国际“互联网+”大学生创新创业大赛。中国国际“互联网+”大学生创新创业大赛自2015年首次举办以来，截至本书出版时间，第七届中国国际“互联网+”大学生创新创业大赛已顺利完成。下面以该届比赛为例进行相关介绍。

一、大赛简介

中国国际“互联网+”大学生创新创业大赛是我国深化创新创业教育改革的重要载体和关键平台，已成长为覆盖全国所有高校、面向全体大学生、影响最大的高校“双创”盛会。2021年4月，第七届中国国际“互联网+”大学生创新创业大赛正式拉开序幕。大赛由教育部、中央统战部、中央网络安全和信息化委员会办公室、国家发展改革委、工业和信息化部、人力资源社会保障部、农业农村部、中国科学院、中国工程院、国家知识产权局、国家乡村振兴局、共青团中央和江西省人民政府共同主办，南昌大学、南昌市人民政府和井冈山市人民政府承办。大赛以“我敢闯，我会创”为主题，以“更中国、更国际、更教育、更全面、更创新”为总体目标，以赛促教、以赛促学、以赛促创，推动高等教育高质量发展，加快培养创新创业人才。图 9-2 所示为第七届中国国际“互联网 +”大学生创新创业大赛的官网宣传图。

图 9-2 第七届中国国际“互联网 +”大学生创新创业大赛

第七届中国国际“互联网 +”大学生创新创业大赛举办的是“1+1+6”系列活动，即 1 个主体赛事、1 个主题活动和 6 个同期活动。

1. 1 个主体赛事

主体赛事包括高教主赛道、“青年红色筑梦之旅”赛道、职教赛道和萌芽赛道。此外，较往届增设产业命题赛道（赛道方案）。

高教主赛道

高教主赛道包括本科生创意组、研究生创意组、初创组、成长组、师生共创组，面向普通高校学生，主要采用校级初赛、省级复赛、全国总决赛三级赛制。参赛项目类型包括“互联网 +”现代农业，包括农林牧渔等；“互联网 +”制造业，包括先进制造、智能硬件、工业自动化、生物医药、节能环保、新材料、军工等；“互联网 +”信息技术服务，包括人工智能技术、物联网技术、网络空间安全技术、大数据、云计算、工具软件、社交网络、媒体门户、企业服务、下一代通信技术、区块链等；“互联网 +”文化创意服务，包括广播影视、设计服务、文化艺术、旅游休闲、艺术品交易、广告会展、动漫娱乐、体育竞技等；“互联网 +”社会服务，包括电子商务、消费生活、金融、财经法务、房产家居、高效物流、教育培训、医疗健康、交通、人力资源服务等。

高教主赛道设置金奖、银奖、铜奖，中国大陆地区参赛项目设金奖 150 个、银奖 350 个、铜奖 1 000 个，中国港澳台地区参赛项目设金奖 5 个、银奖 15 个、铜奖另定，国际参赛项目设金奖 50 个、银奖 100 个、铜奖 350 个。此外，该赛道设置最佳带动就业奖、最佳创意奖、最具商业价值奖、最具人气奖等若干单项奖，设置高校集体奖

20个、省市优秀组织奖10个（与职教赛道合并计算）和优秀创新创业导师若干名。

“青年红色筑梦之旅”赛道

第七届中国国际“互联网+”大学生创新创业大赛“青年红色筑梦之旅”赛道包括公益组、创意组、创业组，参赛类别同样包括“互联网+”现代农业、“互联网+”制造业、“互联网+”信息技术服务、“互联网+”文化创意服务、“互联网+”社会服务5个方面。“青年红色筑梦之旅”赛道设置金奖50个、银奖100个、铜奖350个；设置乡村振兴奖、社区治理奖等若干单项奖；设置高校集体奖20个、省市优秀组织奖8个和优秀创新创业导师若干名。

职教赛道

第七届中国国际“互联网+”大学生创新创业大赛设立职教赛道，推进职业教育领域创新创业教育改革，组织学生开展就业型创业实践。职教赛道包括创意组、创业组，参赛项目包括创新类（以技术、工艺或商业模式创新为核心优势）、商业类（以商业运营潜力或实效为核心优势）、工匠类（以体现敬业、精益、专注、创新为内涵的工匠精神为核心优势）。该赛道设置金奖50个、银奖100个、铜奖350个；设置院校集体奖20个，省市优秀组织奖10个（与高教主赛道合并计算），优秀创新创业导师若干名。

萌芽赛道

第七届中国国际“互联网+”大学生创新创业大赛设立萌芽赛道，推动形成各学段有机衔接的创新创业教育链条，发现和培养基础学科及创新创业后备人才。萌芽赛道主要面向普通高级中学在校学生，设置创新潜力奖20个、单项奖若干个。

产业命题赛道（赛道方案）

为了适应行业企业创新发展需求，引导高校把创新创业教育与发展科技第一生产力、培养人才第一资源、增强创新第一动力更好结合起来，加强产学研深度融合，促进教育链、人才链与产业链、创新链有机衔接，培养创新创业人才，推动高校毕业生更高质量创业就业，第七届中国国际“互联网+”大学生创新创业大赛推出了产业命题赛道，针对企业行业技术与管理创新需求，聚焦国家“十四五”规划战略新兴产业方向，面向产业代表性企业、行业龙头企业及入选国家“大众创业万众创新示范基地”的大型企业征集面向新工科、新农科、新文科、新医科对应行业产业领域的相关命题。

该赛道旨在搭建平台，帮助生产过程中遇到问题，需要借助高校科研、技术优势的企业解决实际问题。赛道主要是企业发布命题，学生在高校教师的指导下进行研究，最终提供可行的对策解决企业实际需求。

2．1个主题活动

主题活动指的是“青年红色筑梦之旅”活动，第七届中国国际“互联网+”大学生创新创业大赛继续在更大范围、更高层次、更有温度、更深程度上开展“青年红色筑梦之旅”活动。该活动以“青春领航乡村振兴　红色筑梦创业人生”为主题，将红色教育、专业教育与创新创业教育相结合，贯穿“四史”教育，全面推进课程思政，厚植学生“爱党爱国”情怀；聚焦革命老区，开展公益创业，引导师生服务乡村振兴，在全国范围内打造一堂主题鲜明的思政大课、实践大课。

3．6 个同期活动

在大赛总决赛期间，融合高校课程思政建设、创新创业教育、在线教育、拔尖人才培养等内容举办 6 项同期活动，即“慧秀中外”国际大学生创新创业成果展、“慧智创业”中国民族品牌主理人面对面、“慧展华彩”历届大赛优秀项目对接巡展、“慧治创新”全球乡村振兴智慧化高端论坛、“慧云闪耀”全球数字化教育云上峰会、“慧聚未来”国际青年学者前沿思辨会。

二、参赛要求

中国国际“互联网 +”大学生创新创业大赛规定，参赛人员（不含师生共创参赛项目成员中的教师）年龄不超过 35 岁，在校或毕业 5 年内的中职中专、高职高专、职业教育本科、普通本科、博硕士研究生、国家开放大学学历教育学生均可参加大赛。但各赛道及赛道内各组别对参赛对象的学籍学历有不同要求，报名时须按照不同赛道、不同组别的学籍学历要求进行报名参赛。

在校或毕业 5 年内的普通本科生 / 博硕士研究生可报名参加高教主赛道、“青年红色筑梦之旅”赛道，在校或毕业 5 年内的职业教育本科、高职高专生和本科院校的高职高专生可以报名参加高教主赛道、“青年红色筑梦之旅”赛道、职教赛道。

拥有多个学籍学历，可使用任一学籍学历所在院校身份报名参赛，如专升本的学生可代表原就读专科学校参加比赛，毕业的研究生可代表本科学校参加比赛。

三、参赛指南

大学生要参加比赛，最好对大赛的报名流程、参赛项目、评审要点详细了解，以更好地筹备中国国际“互联网 +”大学生创新创业大赛。

1．报名流程

参赛团队可以通过登录“全国大学生创业服务网”或微信公众号“全国大学生创业服务网”“中国互联网 + 大学生创新创业大赛”进行报名。

以登录“全国大学生创业服务网”官网为例，参与大赛的大学生可以搜索进入“全国大学生创业服务网”的首页，单击页面中间的“报名参赛”按钮或右下角的“报名参赛”图标，打开“用户登录”页面，注册登录。在完善个人信息后，报名者根据自己想要填报的参赛项目，创建创业项目信息，完成报名。报名完成后，报名团队负责人所在院校将进行审核。具体流程及需要提供的资料可以在官网“大赛相关”板块的“资料下载”栏中下载《学生操作手册》。

学生操作手册

2．参赛项目

不同赛道，具体的参赛项目要求各不相同。以高教主赛道为例，第七届中国国际“互联网＋”大学生创新创业大赛的高教主赛道规定的参赛项目类型如表9-1所示。

表9-1 高教主赛道的参赛项目类型介绍

高教主赛道（含国际参赛项目）	
参赛项目类型	①“互联网＋”现代农业，包括农林牧渔等； ②“互联网＋”制造业，包括先进制造、智能硬件、工业自动化、生物医药、节能环保、新材料、军工等； ③“互联网＋”信息技术服务，包括人工智能技术、物联网技术、网络空间安全技术、大数据、云计算、工具软件、社交网络、媒体门户、企业服务、下一代通信技术、区块链等； ④“互联网＋”文化创意服务，包括广播影视、设计服务、文化艺术、旅游休闲、艺术品交易、广告会展、动漫娱乐、体育竞技等； ⑤“互联网＋”社会服务，包括电子商务、消费生活、金融、财经法务、房产家居、高效物流、教育培训、医疗健康、交通、人力资源服务等
	参赛项目应结合以上分类及自身项目实际，合理选择项目类型。参赛项目不只限于“互联网＋”项目，鼓励各类创新创业项目参赛，根据行业背景选择相应类型

“全国大学生创业服务网”官网提供的《大赛通知》文件提供了一些有关赛道与活动方案的附件，其中对各赛道的参赛项目类型、参赛方式和要求、参赛组别、奖项设置等做了介绍，大学生创业者可以通过官网下载进行了解。

大赛指南

3．评审要点

第七届中国国际“互联网＋”大学生创新创业大赛分别针对高教主赛道的本科生创意组、研究生创意组、初创组、成长组、师生共创组，“青年红色筑梦之旅”赛道项目的公益组、创意组、创业组，职教赛道项目的创意组、创业组，以及萌芽赛道项目设置了活动规则，明确了评审要点、评审内容和分值。高教主赛道创意组项目评审要点如表9-2所示。

表 9-2　高教主赛道创意组项目评审要点

评审要点	评审内容	分值
创新维度	① 具有原始创新或技术突破，取得一定数量和质量的创新成果（专利、创新奖励、行业认可等）。 ② 在商业模式、产品服务、管理运营、市场营销、工艺流程、应用场景等方面取得突破和创新	30 分
团队维度	① 团队成员的教育、实践、工作背景、创新能力、价值观念等情况。 ② 团队的组织构架、分工协作、能力互补、人员配置、股权结构及激励制度合理性情况。 ③ 团队与项目关系的真实性、紧密性，团队对项目的各类投入情况，团队未来投身创新创业的可能性情况。 ④ 支撑项目发展的合作伙伴等外部资源的使用，以及与项目关系的情况	25 分
商业维度	① 商业模式设计完整、可行，项目具备盈利能力或具有较好的盈利潜力。 ② 项目目标市场容量及市场前景，项目与市场需求匹配情况，项目的市场、资本、社会价值情况，项目落地执行情况。 ③ 对行业、市场、技术等方面有翔实调研，并形成可靠的一手材料，强调实地调查和实践检验。 ④ 项目对相关产业升级或颠覆的情况，项目与区域经济发展、产业转型升级相结合情况	20 分
就业维度	① 项目直接提供就业岗位的数量和质量。 ② 项目间接带动就业的能力和规模	10 分
引领教育	① 项目的产生与执行充分展现团队的创新意识、思维和能力，体现团队成员解决复杂问题的综合能力和高级思维。 ② 突出大赛的育人本质，充分体现项目成长对团队成员创新创业精神、意识、能力的锻炼和提升作用。 ③ 项目充分体现多学科交叉、专创融合、产学研协同创新等发展模式。 ④ 项目所在院校在项目的培育、孵化等方面的支持情况。 ⑤ 团队创新创业精神与实践的正向带动和示范作用	15 分

中国国际"互联网 +"大学生创新创业大赛优秀项目

课堂活动

活动主题：观看中国国际"互联网 +"大学生创新创业大赛总决赛视频

活动内容：利用课余时间在网络搜索观看第七届中国国际"互联网 +"大学生创新创业大赛总决赛视频，分析你感兴趣的项目及团队表现，并谈谈你观看后的感想。

2021 年 4 月，第七届中国国际“互联网 +”大学生创新创业大赛正式启动。报名参赛人数 956 万余人，参赛项目 228 万余个，覆盖参赛国家和地区 121 个。在如此大体量的参赛环境下，每届都会有不少杰出的创业项目脱颖而出。在“大众创业、万众创新”的政策鼓励下，中国国际“互联网 +”大学生创新创业大赛为大学生创新创业提供了新的机遇。同时，政府对于大学生基于互联网的创业又给予了政策上的扶持，鼓励大学生积极参与中国国际“互联网 +”大学生创新创业大赛。下面对第七届中国国际“互联网 +”大学生创新创业大赛的两个获奖项目进行简要介绍，帮助大学生创业者从中了解基于“互联网 +”的创新思维和大学生创业的商业模式。

一、童类人——世界一流童书创造者

2021 年 10 月，复旦大学新闻学院申报的项目“童类人——世界一流童书创造者”在第七届中国国际“互联网 +”大学生创新创业大赛全国总决赛中获高教主赛道创意组金奖。该项目由新闻学院张大伟老师指导，2017 级本科生杨俊尧担任学生负责人，复旦大学各学科专家深度参与，依托复旦大学搭建的创新创业基地，力图破解中国原创图书不足的困境，组建了全国童书创作联盟。

1．项目介绍

该项目立足于我国童书市场规模庞大，而市场中进口多、原创少，“老人”多、“新人”少的痛点。在国家《中华人民共和国国民经济和社会发展第十四个五年规划和 2035 年远景目标纲要》提出“到 2023 年建成文化强国”，增强文化自信，以及国家新闻出版总署提出“原动力”中国原创动漫出版扶持计划，鼓励支持原创漫画图书作品的背景下，项目团队立足原创，打造优质童书 IP。

该项目已成功孵化《做自己的健康小卫士》《一餐饭里的大学问》和《艺术的旅程》3 款产品。其首款产品《做自己的健康小卫士》系列丛书（见图 9-3）是国内首套系统介绍人类与传染病关系的科普绘本，由张文宏、杨亚军和张璐等复旦大学教授、专家深入参与创作。产品具有强专业性、强趣味性、强生活性和强审美性的特点，获得了业内领军人物的好评，同时还与人民邮电出版社、中信出版社等签订了意向合同，文创等衍生产品也获得了晨光、超星等公司的意向合同。其近年选题，以科普为选题的超过 60 个，涉及食物、自然、地理、天文，旨在培养儿童的创新能力与思维能力；以人文为选题的超过 90 个，涉及民俗、国粹、古典美、历史底蕴、民俗等，以培养儿童的人文素养、家国情怀等。

图 9-3 《做自己的健康小卫士》系列丛书

在创作体系上，团队搭建了创作参与平台，从选题策划、撰稿配图到定稿的整个创作过程，都有顾问专家、40 多所高校联盟及出版社、教育机构等合作伙伴深度参与。其项目以原创童书 IP 为核心，将产品内容转化为音视频、线下教育机构科普课程等，打造以线上线下产品融合的 OMO（Online-Merge-Offline）产品体系，并规划在未来实现从聚焦内容原创、开发产品衍生品到建立面向全国原创者的内容社区的发展。

目前，项目产品的销售主要以经销（与书店、出版社合作销售）、直销（向社会机构推荐产品）和自营（建立自己的网店）为主。项目团队开放 A 轮融资，计划释放 10% 的股权融资 500 万元人民币，用于引进创作人才、铺设销售渠道和维持公司运营管理。

该团队秉持“学校有围墙，但知识没有围墙；让优秀的人带领下一代成为更优秀的人”的理念，在童书领域取得的实绩获得了评委的肯定。

2．项目赏析

该项目团队抓住了童书市场中原创少、新人少，以及儿童图书市场庞大，父母关注儿童读物的痛点，凭借学校提供的专家资源、教师提供的商业资源与渠道，创建了以原创童书 IP 为核心的创业项目，并精心打造了兼具趣味化、专业化、生活化、审美化等特点的图书产品，其成绩得到了广泛的认可。从项目来看，其项目理念贴合我国建立“文化强国”的发展战略，同时项目资源稳定、选题贴合实际，创作流程较为成熟，具有较大的市场发展前景和社会价值。

二、未来农机——无人农场的领航者

“未来农机——无人农场的领航者”项目由华南农业大学工程学院的黄辉同学担任负责人，罗锡文院士、胡炼教授等参与指导，项目以无人农机技术商业化运用为核心。项目团队成员多为来自农村的“95 后”，他们深感农民耕种的艰苦，希望可以为农业科技的进步贡献自己的力量。

1．项目介绍

随着城镇化的加快，我国农村劳动力出现季节性和结构性短缺，无人农场关键技术的出现为我国现代农业智慧生产提供了重要支撑。无人农场是智慧农业的一种生产方式，是实现智慧农业的一种途径。“未来农机——无人农场的领航者”项目依托华南农业大学罗锡文院士团队科研成果——无人农场关键技术与应用，项目的目的是尝试提出智能农机和无人农场整体解决方案。

项目团队包括科研组、实践组、经管组。科研组由老师负责，从事北斗系统的研发升级等关键技术的研制；实践组到各地农场一线去实验，到现场采集数据，保证一切数据的可靠性；经管组管财务，包括整理财务资料和总结商业模式等。

项目突破的北斗自动驾驶螺旋式技术由定位、导航控制、集成应用3部分组成，通过智能装备技术实现自动驾驶，通过物联网信息技术实现精准管控，实现“耕收管种”完全“无人化”。在实际运用上，一方面，团队与大型农机企业合作，将核心技术嵌入产品里面，增加产品附加值；另一方面，提供与这种智能农机应用相适应的服务，如无人农场精准作业技术（见图9-4）。

最终，该项目以“产品+服务”的模式，定位大型农场，以农机自动导航作业系统为核心产品，衍生出精准作业的一整套服务体系，包括精准耕整、精量播种、处方施药、精准收获四大服务。团队完成了智能农机装备十大关键技术突破，研制了具有自主知识产权的农机自动导航作业线控装置和农机北斗自动导航产品，满足了旱地/水田耕整、种植、植保和收获等环节精准作业需要。这种无人农场模式打破了国外技术垄断，为我国现代农业智慧生产提供了重要支撑。

图9-4 无人农场精准作业——无人驾驶播种效果图

2021年，项目团队在国内6个省启动了14个无人农场建设。其中广东省有8个，作业包括水稻、小麦、玉米和花生种植。团队在广东增城区和三水区建成了世界上第一个水稻无人农场和第一个花生无人农场。建设的水稻无人农场2021年的早稻亩产达到662.29公斤（优质丝苗米“19香”），高于广东省平均产量500公斤/亩。在广东三水区建设的花生无人农场2021年的亩产量达到187.50公斤，高于广东省平均产量160公斤/亩。

罗锡文教授带领学生们突破了无人农场的关键技术，成果总体达到了国际先进水平。其中水田自动导航作业和主从导航技术居国际领先水平，打破了国外技术垄断。最终，该项目一举摘得高教主赛道师生共创组金奖。

2. 项目赏析

2018年，中共中央、国务院印发《乡村振兴战略规划（2018—2022年）》，提出要大力发展数字农业，实施智慧农业工程和“互联网+”现代农业行动，鼓励对农业生产进行数字化改造，加强农业遥感技术、物联网技术应用，提高农业精准化水平。2021年，国家“十四五”规划纲要提出要加快发展智慧农业，推进农业生产经营和管理服务数字化改造。

智慧农业是未来农业的发展方向，是现代农业的高级形式。罗锡文教授带领的“未来农机——无人农场的领航者”项目组依托华南农业大学国际领先的无人农场关键技术，实现了大田农业的“耕、种、管、收”全程无人化作业，代表了国际最前沿的发展方向。该项目将带动我国农业现代化加速发展，为我国农业转型升级、实现高质量发展注入强大动力。

同时，项目的推进将有利于项目执行区农民掌握先进实用的农业科技，成为一批有文化、懂技术的新型农民，有效推进乡村振兴战略和美丽乡村战略的实施，并提升当地的农业水平，促进当地农业产业结构进一步优化和升级，带动当地及周边乃至全国农业科技进步。

2022 年，中央一号文件（即《中共中央 国务院关于做好 2022 年全面推进乡村振兴重点工作的意见》）提出，大力推进数字乡村建设，推进智慧农业发展，促进信息技术与农机农艺融合应用。可以看出，智慧农业是我国未来大力发展的领域，有条件的创业者可以此为参考。另外，创新创业大赛总是与我国政策相关联，大学生可以通过了解我国相关政策，选择合适的参赛项目。

第四节　拓展阅读——创新创业大赛获奖项目

中国国际“互联网 +”大学生创新创业大赛是我国深化创新创业教育改革的重要载体和关键平台，是覆盖全国所有高校、面向全体大学生、影响最大的高校双创盛会。在中国国际“互联网 +”大学生创新创业大赛中，诞生了无数覆盖各个领域的优秀创新创业项目，第七届“互联网 +”大学生创新创业大赛的获奖项目涉及多个领域，下面是一些优秀的获奖项目介绍。

南昌大学的“中科光芯——硅基无荧光粉发光芯片产业化应用”项目：该项目研发“硅衬底高光效 GaN 基蓝色发光二极管”，致力于“硅基无荧光粉发光芯片”产业化推广，技术产业应用涵盖户外照明、家居照明、教育照明、特种照明、农业照明等领域。该项目全球首创“无蓝”金黄光 LED 芯片，该光源能促进人体褪黑素的分泌，提高深度睡眠比，具有低色温、高显指、无频闪等功能。在金黄光 LED 芯片中，黄光的发光效率属于世界领先地位，高于世界水平一倍以上。该项目获第七届“互联网 +”大学生创新创业大赛冠军。

北京航空航天大学的“中发天信——万米高空无人守护者”项目：该项目开展大型无人机运行保障、涡轮式航空发动机研发及生产、高性能任务载荷设计及研制、大型无人机维修维护和地面保障设备生产等相关业务。项目的“ZF850”发动机突破了多项重大核心技术，实现 100% 国产化，将航空发动机推力提高了 30%。装配

"ZF850"发动机的翼龙无人机可飞到14千米高空，摆脱常规地对空武器威胁。另外，该项目团队向政府及相关部门机构提供大型无人飞行器的运营及衍生服务，覆盖气象、地质、海事、物流、消防、边防等多应用场景。该项目最终获本届大赛亚军。

深圳职业技术学院的"乡味U选——致力于成为乡村产业振兴的领跑者"项目：该项目与政府、农户形成命运共同体，共同做好产业规划，推动农业全产业链发展，拓展价值链增值环节。该项目团队成立于2016年，5年来整合35家农业基地，拥有了13项核心技术专利，23项生产技术规程。项目通过构建良种选育、科学管理、保鲜物流、品牌发展等全产业链体系，在广东河源、广西河池、江西吉安、新疆喀什等地建立生产基地，以科技为农业赋能，实现生产流通全过程管控；实施"互联网+"农产品出村进城工程，充分发挥"福和直通车""圳帮扶"电商平台；发展直播带货、智慧零售等新业态，有力促进了当地原产食材与都市家庭消费市场的连接，解决农产品产销，实现以销定产、以销促产、以产业兴旺带动乡村振兴。该项目最终获得了本届"青年红色筑梦之旅"赛道创业组金奖。

广州大学的"芯立创半导体——用AI和IP授权加速芯片设计"项目：该项目团队致力于打造新一代的模拟IP核授权业务，旨在为芯片设计企业提供一站式电源管理模块解决方案；围绕IP核授权业务，提供具有电路生成及优化能力、用于适配客户制程工艺的AI优化平台。通过提供全覆盖的标准化电源IP核和配套的AI平台，客户可自行使用AI平台进行IP核的工艺适配与需求定制，让模拟IP核业务的标准化程度大大提高。该项目团队大胆进行商业创新，针对痛点研发核心技术，现已拥有领先于业内并通过验证的3类12项IP核及知识产权和投入使用的AI平台，拥有不重复的16项专利。该项目最终获本届高教主赛道金奖。

比赛中的优秀项目还有很多，各参赛队伍分别围绕人工智能、航空航天、高端制造、新材料、新基建、医学生物等关键领域，展示了我国新一代在创新领域的锐意开拓精神。大学是新科技产生的温床。第七届"互联网+"创新创业大赛的决赛点评嘉宾吴晓波表示："在全球范围内，大学在创新与技术产业化中扮演着重要的角色，我国高校经过数十年的发展，已经跑在了世界前列。"

更多拓展阅读

案例启发

举办中国国际"互联网+"大学生创新创业大赛是教育部根据党中央、国务院的决策部署，促进创新创业教育改革的重要措施。该大赛也成为高等教育领域落实立德树人根本任务、提高人才培养质量的重要举措，成为展示新时代高等教育教学改革成果的重要窗口，成为世界大学生实现创新创业梦想的全球盛会。大赛为大学生提供了很好的创新创业锻炼机会，同时打造了一个融通中外的双创交流平台，对大学生结交志同道合的朋友也有较大的帮助。大学生创业者应积极参加该大赛，绽放自我、展现风采，促进自己向创新创业型人才转变。

第五节　自我评估

下面是关于“互联网 +”与中国国际“互联网 +”大学生创新创业大赛的测试，完成该测试，可帮助大学生评估自己对相关知识的掌握程度，了解自己是否做好了参加中国国际“互联网 +”大学生创新创业大赛的准备。

〖测试说明〗

请你根据自己的的实际情况，依次回答表 9-3 中问题，每个问题只有“是”与“否”两个选项可供选择，在符合你情况的选项下打“√”。

表 9-3　测试题

题号	问题	是	否
1	你知道“互联网 +”吗？		
2	你对“互联网 +”各个领域的发展有一定的了解吗？		
3	你了解“互联网 +”的未来发展方向吗？		
4	你有感兴趣的“互联网 +”项目吗？		
5	你有对此项目感兴趣的伙伴吗？		
6	他们愿意与你一起研究吗？		
7	这个项目是否已初具雏形或在发展之中？		
8	你是否参与过中国国际“互联网 +”大学生创新创业大赛？		
9	你了解相关报名流程吗？		
10	你了解适合参赛的赛道吗？		
11	你了解整个赛事的过程安排吗？		
12	你打算参赛吗？		
13	这个项目适合你参赛吗？		
14	学校是否有孵化的其他适合参赛项目？		
15	学校是否有进入过中国国际“互联网 +”大学生创新创业大赛决赛的队伍？		
16	是否获得了奖项？		

续表

题号	问题	是	否
17	你做好了参赛的所有准备吗？		
18	你是否已经建成了参赛队伍？		

〖测试分析〗

选“是”的题目若不足一半，则说明你对参赛的准备不足，还需要加强对大赛的了解与准备。选“是”的题目越多，说明你越适合参赛，可以做参赛的尝试。

第六节 思考与练习

1. “互联网＋”作为一种新的经济形态，不断推动传统行业变革和转型，而传统行业的“破与立”也促进了更多的“互联网＋”创业项目诞生。根据你对现在社会各行业的理解，你认为哪些是“互联网＋”？为什么？

2. 王洋是某高校大学生，想要参加新一届的中国国际“互联网＋”大学生创新创业大赛，根据你对该大赛的了解，你认为王洋可以报名参加什么赛道？

3. 除了中国国际“互联网＋”大学生创新创业大赛，我国各级人民政府、各高校、各社会组织还举办了各种类型、各种方式的大学生创新创业比赛，同学们可以利用多种途径收集相关比赛的信息，如比赛主题、比赛时间、比赛规模、比赛奖励等，看看还有哪些适合大学生创业者参加的比赛，并将相关信息记录下来，填写表9-4。

表9-4 其他创新创新比赛信息

创新创业比赛	面向对象	参赛资格	赛事安排

参考文献

[1] 杰弗里·蒂蒙斯，小斯蒂芬·斯皮内利. 创业学 [M]. 6 版. 周伟民，吕长春，译. 北京：人民邮电出版社，2005.

[2] 史蒂夫·布兰克，鲍勃·多夫. 创业者手册 [M]. 新华都商学院，译. 北京：机械工业出版社，2013.

[3] 通识教育规划教材编写组. 大学生创新创业教程（慕课版 双色版）[M]. 2 版. 北京：人民邮电出版社，2019.

[4] 丁栋虹 . 企业家精神 [M]. 北京：清华大学出版社，2010.

[5] 埃里克·莱斯. 精益创业 [M]. 吴彤，译. 北京：中信出版社，2012.

[6] 桂曙光. 创业之初你不可不知的融资知识 [M]. 北京：机械工业出版社，2010.

[7] 彼得·F. 德鲁克. 创新与创业精神 [M]. 张炜，译. 上海：上海人民出版社，2002.

[8] 杰伊·戈尔兹. 创业真经 [M]. 徐丹，译. 北京：中信出版社，2003.

[9] 爱德华·德·博诺. 六顶思考帽 [M]. 冯杨，译. 太原：山西人民出版社，2008.

[10] 爱德华·德·博诺. 水平思考法 [M]. 冯杨，译. 太原：山西人民出版社，2008.

[11] 付遥. 创业时代 [M]. 北京：中信出版社，2015.

[12] 李爱卿，叶华，吴璇华，等. 大学生创业基础 [M]. 北京：清华大学出版社，2015.

[13] 侯慧君，林光彬. 中国大学生创业教育蓝皮书 [M]. 北京：经济科学出版社，2011.

[14] 万炜，朱国玮. 创业案例集锦 [M]. 北京：中国人民大学出版社，2013.

[15] 李华强. 创业的革命 [M]. 长沙：湖南人民出版社，2010.

[16] 吴运迪. 大学生创业指导 [M]. 北京：清华大学出版社，2012.

[17] 葛玉辉，李肖鸣，申舒萌. 大学生创业测评 [M]. 北京：清华大学出版社，2010.

[18] 张小强. 今天，你创业了吗 [M]. 北京：清华大学出版社，2010.

[19] 张玉利，薛红志，陈寒松，等. 创业管理 [M]. 4 版. 北京：机械工业出版社，2016.

[20] 杨华东. 中国青年创业案例精选（第 2 辑）[M]. 北京：清华大学出版社，2012.

[21] 熊飞，李军. 创办一个企业 [M]. 北京：机械工业出版社，2005.

[22] 韩雪，周颂. 大学生创业宝典 [M]. 北京：中国金融出版社，2013.

[23] 李娟. 科技创业 [M]. 武汉：华中科技大学出版社，2011.

[24] 姜博仁. 创业成功的秘诀 [M]. 北京：当代中国出版社，2009.

[25] 许庆瑞. 全面创新管理——理论与实践 [M]. 北京：科学出版社，2007.

[26] 张汝山，张林. 大学生创业案例解析 [M]. 南京：南京大学出版社，2013.

[27] 孙陶然．创业 36 条军规 [M]．北京：中信出版社，2015.
[28] 丁栋虹．企业家精神——全球价值的道商解析 [M]．上海：复旦大学出版社，2015.
[29] 丁栋虹．创业学 [M]．上海：复旦大学出版社，2014.
[30] 杜海东．创业启动 [M]．北京：清华大学出版社，2009.
[31] 储盈．创业兵团 [M]．北京：中华工商联合出版社，2012.
[32] 朗宏文，郝婷，高晶．创业管理 [M]．北京：科学出版社，2015.
[33] 李肖鸣，朱建新．大学生创业基础 [M]．2 版．北京：清华大学出版社，2013.
[34] 林左鸣，用企业家精神点燃时代引擎 [M]．北京：航空工业出版社，2013.